여성의 미래를 펀딩하다

한국여성재단
20년의 기록

한국여성재단 엮음

이혜경 홍미희
김은희 송다영
김영선 김엘리

KOREA
FOUNDATION
FOR WOMEN
20 YEARS

if
BOOKS

| 차 례 |

발간사

한국여성재단이 20주년을 맞았습니다. 1999년 한국 최초 민간 여성기금인 '한국여성기금'을 만들고, 여성을 위한 한국 유일의 시민 사회 공익재단으로 함께 해 온 한국여성재단은 한국의 민주주의와 시민사회의 성장, 민간 공익 활동 단체들과 기부문화의 확산, 한국여성 운동의 오랜 역사적 토양에서 가능하였습니다.

한국여성재단의 탄생부터 故 이희호 명예위원장, 윤후정 수석 위원장을 비롯하여 여성계, 종교계, 학계, 경제계, 법조계 등 각계각 층을 대표하는 53명의 한국여성기금추진위원회 공동위원장, 전국을 아우르는 124개 여성단체와 지역네트워크가 참여한 300여 명의 발족위원들의 규모와 면모를 보아도 그렇습니다.

딸들에게 희망을 전하기 위해 조성한 여성기금 78억은 소중한 밑거름이 되어 이후 연령, 성별, 세대, 지역을 막론하고 시민 개개인의 기부와 국내외 기업 후원, 시민 단체들의 파트너십으로 이어졌고 지난 20년간 500억이 넘는 모금을 견인해왔습니다. 이는 1,600여 개 지원사업으로 펼쳐졌고, 함께 한 지원단체만 해도 5,300여 개가 넘습니다.

한국여성재단은 성평등 가치를 깃발로 사회적으로 소외되어 있는 여성들을 가장 먼저 주목하였고, 여성가장지원을 필두로 노동자, 농민, 빈곤 계층 여성들의 경제적 자립을 돕고, 사회적 편견과 낙인으로 고립된 장애여성, 양육미혼모, 한부모, 탈북, 이주, 탈성매매, 성폭력 피해 여성들의 공동체 참여와 회복을 지원해왔습니다. 또한 재단은 성평등 사회를 만들어가는 2,000개가 넘는 여성시민단체와 4,000여 명의 여성활동가들의 활동과 교육, 그리고 쉼을 지원하면서 지속가능한 운동과 우리 사회 모든 딸들의 목소리를 전달하는 일에 힘써왔습니다.

한국여성재단이 시민들이 신뢰할 수 있는 재단으로 모습을 갖추는 데에는 이사회, 고문, 위원회, 전문위원, 홍보대사, 수많은 분들의 숨은 재능과 지혜의 나눔이 바탕이 되었습니다. 故 박영숙 전 이사장님, 조형 전 이사장님, 이혜경 전 이사장님과 지난 20년간 헌신적으로 일해 온 사무처 사람들을 기억합니다.

이 책은 20주년을 기념하여 한국여성재단의 지난 활동과 성과를 한국여성운동의 도전과 성장을 함께 해온 역사 속에서 비판적으로 분석하고, 국내외 사회 환경의 변동에 따른 여성재단의 위상과 새로운 리더십의 요청을 겸허히 성찰함으로써, 미래 시민 사회의 변화와 지속가능성의 문제, 호혜와 돌봄이 실현되는 성평등 사회의 전략을 고민하는 과정에서 만들어졌습니다.

작년 5월 한국여성재단 이혜경 전 이사장님의 새로운 뜻이 없었다면 이 책은 시작하지 못했을 것입니다. 이숙진 전 상임이사, 홍미희 박사가 이 책의 첫 삽을 뜨는 큰 원동력이 되어 주었습니다. 이명선 박사와 손이선 전 사무총장도 기획에 함께 하였고, 무엇보다 쉽지 않은 일에 열정적으로 참여해 주신 다섯 분의 전문 필진 여러분에게 감사드립니다. 그리고 책을 만드는 전 과정을 엮어내는 일을 맡아준 노지은 사무총장과 윤연숙 팀장, 이프북스 출판사 유숙열 대표와 조박선영 편집장님의 노고에 감사를 전합니다.

안타깝게도 2020년의 시작은 코로나19 펜데믹으로 기억될 것입니다. 하지만 1997년 IMF위기에도 오히려 새천년을 열기 위한 한국여성재단이 출발했듯이, 오늘날의 이 변화와 위기 역시 모두의 지혜로 새로운 기회로 발전시켜 갈 것입니다. 한국여성재단은 기부와 연결되는 우정을 키우는 프렌드레이징으로, 일회적 시혜가 아니라 사람을 키우는 재단으로, 풀뿌리 여성운동의 비빌 언덕으로, 미래여성들의 디딤돌로 끝까지 곁을 지켜나가겠습니다.

2020년 7월 장필화
(재) 한국여성재단 이사장

한국여성재단 20년 타임라인

한국여성재단 20년 타임라인

1999
- 한국여성기금추진위원회 발족 ·············

2000
- 지역여성단체장 간담회, 13개 지역 네트워크 조직
- 저소득모자가정돕기 SBS 특별모금생방송
  '희망을 우리 가슴에'
- '저소득모자가정겨울나기' 성금 전달(최초 배분) ·············

2001
- '일본군 위안부 피해자 일본군 성노예전범 국제법정'
  참가비 지원
- 가정의 달 캠페인 '딸들에게 희망을' ·············
- 한국여성재단(Korea Foundation for Women)으로
  재단 명칭 변경, 박영숙 초대 이사장 취임

2002
- 2003년 '딸들에게 희망을 주는 사업' 공모
- 한국여성재단 1호 번역출판물, 『성공적인 모금전략』 출간

2003
- 5월 집중모금캠페인 100인 기부릴레이(1회) ·············
- '짧은 여행, 긴 호흡' 여성단체 실무자 연수 프로그램
  공모 시작

2004

- 17대 총선대비 '맑은정치여성기금운동본부' 구성 ·········
  (여성계공동) 운영
- (사)미래포럼 발족

2005

- 여성노숙인을 위한 드롭인센터 개소식
- '새 생명 새 희망!' 불임치료 지원사업 협약식 ·········
- '기빙엑스포 2005' 공동개최

2006

- 여성공익활동가와 소외여성 장학금 전달식
  (우림건설 후원)
- CJ홈쇼핑과 함께하는 '엄마에게 희망을!' 특별모금방송 ···

2007

- 제1회 여성공익단체활동가를 위한 모금전략워크숍
  (교보생명 후원)
- 제1회 결혼이주여성과 가족들의
  친정방문 NAL자 프로젝트 (삼성생명 후원) ·········
- 미래여성장학사업 공모(유한킴벌리 후원)

2008

- '여성가장 긴급지원 캐쉬SOS사업단' 발대식
- 여성활동가와 다문화가정 자녀에게
  장학금 전달 (풀무원 후원) ·········
- 아이다마을(아시아 이주여성 다문화공동체 마을)
  개소식 (생명보험사회공헌위원회 후원)

2009

- 조형 한국여성재단 제2대 이사장 취임
- 여성생활시설개보수지원을 위한 태평양복지재단
  기금 전달식
- 2009 삼일투명경영대상 여성부분 대상 수상 ....

2010

- 여성창업을 위한 보건복지가족부 위탁 '희망키움뱅크'
  사업 Micro Credit 대출 시작
- 한국여성재단 교육장(1층) 오픈식
  (아모레퍼시픽복지재단 후원)
- 여성활동가 암치료를 위한 최명숙기금 전달식 ....
- 『한국여성재단 10년, 기억과 상상』출판

2011

- 2011 미혼모 긴급주거지원사업 'HEATER' 시작
  (한국미혼모가족협회 후원)
- 고사리손기금 네팔 초등학생 학용품 지원 ....
- 1차 여성회의 '여성운동 새로운 전환의 모색'

2012

- 조세현 작가 다문화가정 사진전 'the Family' 개최 ....
- 보육사각지대를 해소하는 보육사업 아동돌봄센터
  개소식 (생명보험사회공헌재단 후원)
- 여성폭력없는 안전안심사회만들기 만만클럽
  모금 캠페인

2013

- 안전안심 우리동네프로젝트 협약체결 ·············
  (생명보험사회공헌위원회와 한화생명 후원)
- 고사리손기금 선물캠페인
  (조부모님이 손자녀의 이름으로 기부)
- 변화를 만드는 여성리더 지원사업
  (풀뿌리 활동가, 여성문화예술인) 공모

2014

- 박영숙홀 열림식
- 성평등 사회 조성사업 연구사업
  〈성평등 사회 조성사업의 성과와 과제〉 연구사업
- 2차 여성회의 '한국여성운동의 전환을 꿈꾸다' ·············

2015

- 이혜경 한국여성재단 제3대 이사장 취임
- 미래포럼 창립 10주년 기념 컨퍼런스
  '빅데이터를 통해 본 2030년대 한국사회 메가트렌드'
- 제7회 삼일투명경영대상 수상 ·············

2016

- 베트남 다문화아동 외가방문 10주년 행사 ·············
  (생명보험사회공헌위원회, 삼성생명 후원)
- 3차 여성회의 '새로운 물결, 페미니즘 이어달리기'
- 양육미혼모 모자가정 지원사업 건강실태조사 통합분석
  연구보고서 발간

◆ 2017

- 미래여성NGO리더십과정 실천여성학 출판회
  (유한킴벌리 후원)
- 미래포럼 30%클럽 세미나, 다양성과 포용의 한국사회를
  위한 30%클럽의 3가지 정책제안
- 양육미혼모 행복만들기 맘업프로젝트 기부 협약식 ·········
  (이케아코리아 후원)

◆ 2018

- #미투기금, '#미투의 진정한 응답은 위드유' 캠페인 ·········
- 여성장애인 산전 검진비용 지원사업 '행복든든 고운맘'
  기부금 전달식 (故 이종욱 WHO 사무총장 추모기금)
- 다문화여성 경제적 자립 지원사업 협약식 (JP 모간 후원)
- 4차 여성회의 '페미니즘 함께 달리기'

◆ 2019

- 경력보유여성 마을버스 취업지원사업: 여성일자리
  W-ing (현대자동차그룹, 사회복지공동모금회 후원)
- 다문화 한부모 가족 역량 강화 지원사업 (동서식품 후원)
- '짧은 여행 긴 호흡' 독일여성운동탐방 연수 (교보생명 후원) ·········

◆ 2020

- 장필화 한국여성재단 제4대 이사장 취임 ·········
- 한국여성재단 20주년 기념 책자
  『여성의 미래를 펀딩하다 – 한국여성재단 20년의 기록』
  발간
- 코로나19 해피빈 긴급모금 지원사업

서 문

———

한국여성운동의 미래를 위한 기록

글 이혜경

연세대학교 명예교수(사회복지학)이고, 한국여성재단의 제3대 이사장(2015.1
~2020.3)을 역임했다. 경제성장과 민주화에 성공한 후발 한국이 선택해야 할
복지국가 발달의 경로와 모델을 찾는 연구를 계속해 오면서, 성 분업을 전제로
한 전후 복지국가 모델의 시대적 부적합성을 확인하고, 젠더불평등에 눈을 감은
채 계층 간 불평등 문제를 논의할 수 없는 시대에 이르렀음을 강조해 왔다. 한국
여성학회, 세계여성학회 공동대표, 한국사회보장학회장, 대통령자문 빈부
격차차별시정위원장을 지냈다.

창립 20돌을 맞은 한국여성재단의 지난 역사를 돌아본다. 역사를 돌아보는 것은 과거를 통해 현재를 진단하고, 미래에의 통찰을 얻기 위함이다. 사회는 끊임없이 변화하고 현실은 항상 복합적이고 역동적이다. 지난 20년 동안, 한국사회는 엄청나게 변화했다. 일인당 국민소득이 1만 달러(1996)에서 3만 달러(2018)로 높아졌고, IT 보급률 세계 1위의 초연결사회가 되었다. 그동안 신자유주의 세계화라는 전지구적 거시경향적 전환의 흐름 속에서 경제사회적 격차는 심화되었고, 사회지출의 가파른 증가에도 불구하고 노인 빈곤율 40%, 자살률 OECD 최고라는 부끄러운 기록을 못 벗어나고 있다.

그동안 한국의 여성운동도 정치적 민주화와 시민사회부문의 성장과 함께 많은 것을 이루었으나, 유리천장지수 OECD 최하, 성별 임금격차 OECD 최고의 자리를 지키며, 합계출산율은 1.0 미만으로 떨어졌다. 세계적으로 높은 평판을 받아온 한국의 여성운동도 2010년대 중반 이후부터는 IT와 SNS에 강하고 자기표현욕구가 강한 밀레니얼들이 한국여성운동의 리부팅을 주도하게 되면서 그 지형이 빠른 속도로 변화하고 있다. 한국여성재단을 창립하던 당시 "하나로 뭉친" 여성운동이 기적 같아 보이는 시대가 되었다. 이 같은 복합적인 대전환의 맥락에서 한국여성재단은 여성주의 연대의 20년 역사를 써내려왔다. 5명의 저자가 나누어 쓴 한국여성재단 20년사 『여성의 미래를 펀딩하다-한국여성재단 20년의 기록』에는 동시대의 중견 여성주의 연구자들 개개인의 한국여성재단에 대한 살아있는 감동과 미래에 대한 사명감이 담겨있다. 그들의 애정이 한국여성재단 20년을 복합적이고 입체적인 현실로 읽게 해주고, 그들의 여성주의적 상상력이 한국여성재단의 내일을 준비하게 한다.

서문이 필요치 않은 이 책에 서문을 쓰게 된 것은 큰 영광이다. 시대를 앞서 태어난 한국여성재단의 신뢰와 연대의 역사에 깊이 감사하며, 한국에서 유일한 모금형 여성주의 공익재단, 한국여성재단의 20년을 한국여성운동의 미래를 위한 역사로 돌아보며 한국여성재단의 미래를 향한 도약은 이미 시작되었음을 본다.

1. 모금형 여성주의 공익재단의 탄생

이숙진 박사와 함께 이 책의 총괄기획을 맡은 홍미희 박사가 제1장에서 잘 정리하고 있는 바와 같이 한국여성재단은 1999년 12월, 53명의 공동위원장과 전국의 124개 여성단체가 진영의 구분 없이 한마음으로 출범시킨 한국 최초의 여성을 위한 민간공익재단이다. 전국의 여성지도자들과 여성단체들이 하나로 뭉쳐, 3년에 걸친 집중모금으로 78억 원의 기본재산을 조성하여, 각계각층의 지지를 받으며 한국 최초의 여성을 위한 공익재단을 탄생시킨 것이다.

여성운동사로 보나 시민사회역사로 보나 국내에서는 물론 세계적으로도 예를 찾아보기 어려운 위대한 출발이다. 개인자산가의 기부로 설립된 개인재단이나 기업의 출연으로 운영되는 기업재단, 정부가 출연하는 정부출연 재단과는 독립성이나 연대성, 개방성, 시민사회성에서 태생적으로 차원을 달리한다. 한국여성재단은 한국의 모든 여성이 주인이자 수혜자인 특별한 사회재로 태어났다. 한국여성재단은 한국여성운동사의 빛나는 금자탑이고, 한국여성운동뿐 아니라 한국의 시민사회운동이 지키고 키워가야 할 소중한 유산이다.

한국여성재단의 미션은 대중모금과 배분을 통해 여성운동단체들을 재정적으로 지원함으로써 여성인권이 보장되고 호혜와 돌봄이 실현되는 성평등 사회의 실현을 앞당기는 것이다. 한국여성재단은 모금과 배분이라는 양 바퀴로 성평등 사회를 향해 달리는 마차와 같은 모습의 사회적 건축물이다. 마차가 달려갈 방향에 관해서는 "딸들에게 희망을"이라는 슬로건에 진영의 구분없는 합의를 담았다. 다만 어떻게 얼마나 모금하여, 얼마나 투명하고 공정하고 적절하게 한국의 여성운동을 지원하고 견인할 것인가가 한국여성재단의 실존의 질문이었다. 모금의 효과성이 배분의 규모를 결정하고, 배분의 책임성과 회계의 투명성이 모금의 조건이 되기 때문이다.

20년 전 한국사회는 IMF 위기를 극복해야 하는 국난의 시기였다. 한편으로는 강력한 신자유주의 세계화가 추진되고, 다른 한편으로는 오랜 민주화운동의 결실로 정권교체가 이루어지고, 생산적 복지와 성주류화 담론이 별개로 논의되기 시작했다. 여성운동단체들을 포함하여 인권, 환경, 소비자 등 다양한 분야의 공익활동을 표방하는 자발적이고 자율적인 시민사회단체들이 수직 성장한 시기였다.

그러나 지금도 그렇지만 1990년대 한국 시민사회단체들의 재정은 열악했다. 열악할 수밖에 없었다. 자발적이고 자율적인 시민사회단체들이 증가하였지만 시민사회부문으로의 재정적 흐름, 특히 공익을 위한 재정적 중개자로서의 민간재단이나 개인 기부는 일반 시민의 일상과는 먼 이야기였다. 당시 국가의 민간단체 지원이 없었던 것은 아니지만 대개 특별법에 의한 관변단체(새마을 운동, 자유총연맹 등) 지원이었고, 1970년대부터 대기업 중심으로 기업재단들이 등장하기 시작했지만, 기업가와 기업의 공익적 기부는 축적된 부의 사회 환원으로 이해되고, 활동분야도 주로 장학학술사업과 자선과 복지에 집중되었다. 기업재단에 대한 정부의 태도도 장려보다는 규제 쪽에 무게가 실렸다.

불특정 다수를 향한 대중모금은 오랫동안 아예 법률로 금지되어 있었다. 한국전쟁 직후에 만들어진 기부금품모집 금지법이 1995년에 비로소 기부금품모집 규제법으로 완화된 정도였다. 당시 한국의 시민사회단체들의 재정적 어려움은 척박한 기부문화 토양 전반의 문제였다. 가족관계를 벗어난 개인의 자발적 기부란 뿌리 깊은 혈연중심 가족주의의 대척점에 있었다.

그런 시대에 한국여성재단의 창립선배들은 대규모 기금을 만들어 형편이 어려운 여성운동단체들에게 재정적 버팀목이 되게 하려 했다. 100만 명이 1만 원씩 1,000억 원 모금의 꿈은 무산되었고, 해마다 모금 캠페인으로 재원을 조성해야 하는 대중모금형 여성주의 공익재단을 탄생시킨 것이다. 1990년대 말까지만 해도 한국사회에서 성평등을 위한 여성주의 대중모금이란 거의 형용모순에 가까운 목표였다. 여성주의 대중화가 미미하고, 가족을 넘어선 기부는 극히 제한적인 자선과 구호의 범위를 벗어나지 못했다. 당시 한국여성재단의 창립은 뿌리가 엉켜있는 두 개의 험준한 산, 뿌리 깊은 가부장주의와 척박한 나눔(기부)문화토양을 향해 동시에 싸움을 거는 이중삼중의 거대한 도전이었다. 시대를 앞서 한국여성재단을 탄생시킨 선배들의 놀라운 용기와 열정에 감탄하며, 그들을 가슴 설레는 존경을 담아 영웅이라 부르는 이유이다.

2. 100인 기부릴레이와 기업모금 전략의 선택

모금형 여성주의 공익재단의 구상은 시대를 앞선 것이었으나 지난 20년 동안 한국여성재단은 성실하게 창립의 뜻을 받들어 왔다. 창립 당시 형용모순 같았던 대중모금의 명령도 두 가지 모금 전략으로 성과를 냈고, 여성단체 지원도 3개의 영역으로 느슨한 체계를 잡고 있다. 지난 20년 동안 500여억 원의 재원을 조성하여 1,600여 개 사업, 5,300여 단체를 지원한 것으로 집계되었다. 20년에 500여억 원이라는 모금 규모에 관해서는 견해가 다를 수 있겠다.

한국여성재단은 모금의 투명성, 배분의 공정성과 책임성에 관한 한 최고의 모범이 되고자 노력했다. 그것이 기부자들과의 약속이고, 충성스러운 기부자들의 깊은 신뢰에 대한 보답이었다. 2015년에는 삼일투명경영 대상을 받기도 하였다. 그렇게 해서 쌓아 올린 사회적 신뢰와 촘촘한 연대가 20년 한국여성재단의 최고 자산이다.

한국여성재단이 선택한 모금전략은 두 가지였다. 하나는 '100인 기부릴레이'라는 창의적인 개인모금 전략이고 다른 하나는 기업의 사회공헌을 여성주의로 연계하는 기업모금 전략이었다. 먼저 100인 기부릴레이를 보면, 기본 아이디어는 100인의 이끔이가 가정의 달 5월 한 달 동안 매일 한 명씩 새로운 릴레이 주자가 이어 달리게 하면 3,000명의 기부자를 확보하게 된다는 것이다. 2003년부터 시작된 100인 기부릴레이는 해마다 4,000명에서 5,000명이 참여하는 한국여성재단의 브랜드 모금 캠페인이 되었다. 네팔 같은 아시아 국가들에서는 배우러 오기도 한다.

성평등 가치의 대중적 공감대가 형성되지 않은 상황에서 직접지원이 아니라 간접지원을 하는 한국여성재단이 불특정 다수 대중을 대상으로 하는 성평등 모금캠페인에 무리하게 집중하기보다, 성평등 가치에 이미 우호적인 지도층(명사) 이끔이들을 통해 한국여성재단에 충성도가 높은 친구와 가족을 늘려가는 인간사슬형 접근을 선택한 것이다. 그것은 한국여성재단 모금 커뮤니티 특유의 촘촘하고 깊은 신뢰와 연대의 문화를 만들어내는 데 중요한 강점을 발휘했다. 그러나 아는 사람 중심 아날로그식 개인모금전략은 충성스러운 이끔이들의 연령이 높아지고 새로운 이끔이의 확보가 어려워지면서 규모의 확장성에서 한계에 부딪치게 되었다.

지난 20년에 걸쳐 한국사회의 시민사회부문이 역동적으로 성장하면서, 정부등록 비영리법인과 비영리단체의 숫자가 증가하였을 뿐 아니라 협동조합과 사회적 기업 등 "사회적 경제"의 성장이 두드러지고, 기업들의 사회공헌활동이 확대되고 공익재단 설립도 잇달았다. 대중모금의 환경도 많이 달라졌다. 기부금품모집 관련 법률들이 개정되고, 기부금 지정단체가 확대되는 등 제도개선뿐 아니라 시민들의 기부문화의식도 개선되고, 디지털 모금 기법도 다양해졌다. 단위 NGO의 천억 원대 대중모금이 낯설지 않은 시대가 되었다. 온라인, 오프라인 페미니즘의 대중화도 상당 정도 진전되었으므로 여성주의 대중모금의 가능성도 그만큼 높아졌다. 근년 들어 한국여성재단도 온라인 모금의 실험들을 시도하면서 본격화를 준비하고 있다.

디지털 대중모금의 획기적인 확대를 시도하되, 인간사슬형 아날로그식 모금도 확실하고 기본적인 여성주의 연대의 전략이라는 강점을 감안하여 100인 기부릴레이의 확장성과 효과성을 제고하기 위한 혁신과 변형의 실험들은 병행해야 할 것이다. 소통의 문법이 달라진 디지털시대의 불특정다수를 향한 여성주의 대중모금은 한국여성재단의 대중인지도를 높이는 방법이고, 성평등 가치를 대중화하는 실질적인 여성운동이며, 새로운 디지털 세대를 끌어안는 전략이기도 하다.

한국여성재단의 또 하나의 모금전략은 기업의 사회공헌 협업이었다. 지난 20년 동안 한국여성재단 모금 총액의 80%가 기업의 후원으로 집계되고, 2019년 모금총액의 75%가 기업모금이었다. 이렇게 기업모금 비중이 높아진 배경에는 故 박영숙 초대 이사장의 특별한 리더십이 있었다. 건강한 미래사회를 위해서는 기업시민의 사회적 책임이 중요하고 특히 성평등사회 실현에 기업의 역할이 중요하다고 강조하던 박영숙 이사장은 2004년 한국에서 존경받는 윤리기업 CEO들과 함께 각계각층의 오피니언리더들이 참여하는 미래포럼을 발족시켰다.

미래포럼의 관심과 활동은 광범위했지만, 무엇보다 한국사회에 여성친화적 기업문화, 가족친화적 기업문화라는 새로운 담론을 확산시키는 데 크게 기여했다. 미래포럼은 사무국을 한국여성재단에 두고, 10년 가까이 한국여성재단을 직접 후원하기도 하는 막강한 우군이 되었고, 한국여성재단이 기업커뮤니티에 여성주의 가치를 확산시키는 새로운 창을 열어주었다. 유한킴벌리나 교보생명 같은 미래포럼의 기업회원들은 한국여성재단의 핵심사업을 안정적이고 지속적으로 후원하는 오랜 든든한 기업파트너가 되었다.

기업모금은 대중개인모금에 비해 용처의 결정에 기업파트너와의 협업이 진행된다는 점에서 재단 운영의 자율성과 독립성에 제약이 된다고 볼 수 있다. 그러나 한국여성재단은 기업의 사회적 책임을 유도하고, 성평등 가치와 연계함으로써 기업의 여성주의적 사회공헌 활동의 전략적 파트너가 되기를 스스로 선택하였다.

다시 말해서 한국여성재단은 시민사회와 시장(기업) 간의 관계유형들 중에서 대립·갈등형이 아니라 전략적 파트너십형 관계유형을 선택한 것이다.

한국여성재단이 해야 할 일은 파트너 기업이 진정한 기업시민정신으로 성평등 가치 구현에 적극적으로 솔선 이행하게 하는 것일 것이다. 다시 말해서 국가와 시장 양자를 견제하는 시민사회부문의 독립성과 자율성의 범위 안에서 기업과의 상생적 여성주의적 파트너십을 심화 발전시켜야 한다는 것이다. 모금과 배분구조의 문제는 기업모금 비중이 높기 때문이라기 보다 개인대중모금 비중이 낮기 때문이다. 답은 대중모금의 비중을 획기적으로 높이는 데 있다.

3. 모금형 여성주의 공익재단의 책임성

한국여성재단은 이렇게 조성된 재원의 배분을 통해 여성운동의 발전을 견인하고 성평등 사회 구현을 앞당긴다. 한국여성재단은 기부자들이 믿고 맡긴 기부금을 얼마나 투명하게 관리하고, 얼마나 공정하고 적절하게 배분하여 얼마나 여성운동을 발전시켰는가로 평가받는다. 모금형 공익재단으로서 한국여성재단은 개인기부자들은 물론 파트너 기업, 파트너 단체, 한국여성재단의 활동의 영향을 받는 지역사회, 일반시민, 오늘의 딸들뿐 아니라 내일의 딸들에 이르는 모든 이해관계자들에게 투명성, 공정성, 적절성과 책임성으로 답해야 한다.

지난 20년 동안 한국여성재단이 성평등 사회 구현을 위해 지원해 온 수 많은 사업들은 크게 3개 군으로 분류된다. 첫째가 여성운동단체들의 다양한 고유목적 사업을 공모로 지원하는 성평등 사회 조성사업이고, 둘째가 활동가들의 역량강화사업, 그리고 셋째가 취약계층여성의 여성주의적 사회통합 지원사업이다.

김은희 연구자가 제2장에서 잘 설명하고 있듯이 '성평등 사회 조성사업'은 한국여성재단의 창립취지를 대표하는 가장 기본적이고 고유한 지원사업이고, "성평등 사회 조성사업이 지원한 사업들의 목록은 한국여성운동의 이슈와 현안, 변화의 방향을 읽어내는 역사"이기도 하다. 정치, 환경, 인권, 노동 등 다양한 활동분야의 기존 여성단체들의 다양하고 창의적인 사업을 해마다 자유공모사업으로 지원한다. 그 외에 풀뿌리 지역사회 여성운동, 여성문화예술인 지원, 신생여성단체, 차세대여성단체 지원과 같이 재단기획 공모사업도 병행하여, 한국여성운동의 흐름을 선제적으로 이끌어왔다. 또한 여성계의 긴급현안에 신속하게 대응하기 위해 수시지원제도를 두어 2016년 강남역 여성 살해사건 관련 긴급 집담회, 2017년 대통령후보 여성단체 간담회, 2018년 #미투운동 시민단체 연대활동 등을 지원할 수 있었다. 이 사업군의 재원은 주로 100인 기부릴레이로 조성되기 때문에 재원의 규모가 작은 것이 문제다. 2019년 성평등 사회 조성사업 예산 규모는 배분총액의 12%에 불과했다. 여성운동의 발전을 위해 재단이 자율적으로, 창의적으로 사용할 수 있는 재원의 규모를 키우는 것이 우선순위가 높은 과제인 이유이다.

두 번째 사업군은 여성운동의 핵심 인적자본인 현장 활동가들의 역량강화를 목표로 하는 사업들이다. 김영선 교수가 제4장에서 상세히 다루고 있다. 현장 활동가들의 인적자원투자로서의 역량강화사업의 중요성은 아무리 강조해도 지나칠 것이 없다. 활동가들 자신은 물론 단체들 모두가 높은 우선순위로 요청하는 사업이며, 창립 이래 한국여성재단의 중핵사업으로 지속되어왔고, 오랜 신뢰를 바탕으로 하는 기업파트너들과의 안정적인 협업사업이다. 2019년 배분 총액의 35%가 여기에 해당했다. 교보생명과 함께 해온 '짧은 여행 긴 호흡' 프로그램은 17년째, 유한킴벌리와의 'NGO여성리더십교육'은 13년째, 유한킴벌리와 성공회대학교, 한국여성단체연합과 협업하는 성공회대학교 실천여성학 석사과정은 10년째 계속되고 있다. 이 사업은 민간공익재단과 기업파트너 간의 장기적이고 안정적인 협업의 가능성을 말해주는 흔하지 않은 예라 할 수 있다.

현장이 요구하는 활동가들의 역량은 매우 다양하고 시간이 흐름에 따라 변화하는 것이기도 하므로 프로그램의 다양성, 혁신성, 현장성, 유연성을 확보하기 위해서는 재단과 파트너 기업간의 소통을 한층 더 심화시키는 과제가 남아있다. 이들 역량강화사업들은 참여한 활동가들 사이의 형태와 밀도가 다양한 연대와 네트워크라는 한국여성운동의 보이지 않는 사회적 자본도 선물한다.

세 번째 사업군은 소외·취약계층 여성을 위한 인권보장, 자립지원 사업으로 송다영 교수가 제3장에서 훌륭하게 분석하고 있다. 양육미혼모, 결혼이주여성, 폭력 피해 여성, 저소득여성가장 등을 주요 대상으로 하며, 불우이웃 개념에 가까워서 대중적 호소력이 있고, 성대결적, 저항적 성격이 옅다고 인식되기 때문에 기업 후원이 몰리는 사업군이다. 개별 사업단위로 개별기업이 후원 협업하는 재정방식이고, 2019년에는 재단의 배분총액의 55%가 이 사업군에 쓰였다.

취약계층 여성의 보호와 지원은 공공복지정책의 친숙한 아젠다가 된 지 오래고, 실제로 보건복지부와 여성가족부의 중요한 예산사업으로 포함되게 되어 있다. 그럼에도 불구하고 한국여성재단이 소외·취약계층 여성 지원사업을 지속하는 이유는 소외·취약계층 여성의 여성주의적 사회통합이 중요하기 때문이다. 한국여성재단의 소외·취약계층 여성 지원사업은 공공복지의 중복이 아니라, 공공부문을 감시하고 선도하는 민간부문의 기본적인 역할수행이고 실질적인 여성운동이다.

10여 년 전에 미혼모의 자녀 양육권이라는 개념조차 생소하던 때, 한국여성재단이 시작한 양육미혼모 지원사업은 오늘날 소외와 배제의 대명사였던 양육미혼모들로 하여금 당사자 단체를 만들어 관련 단체들과 연대하여 양육미혼모 지원 관련 법률정비를 요구하고 "미혼모의 날" 제정을 주장할 정도로 실질적인 변화의 주체로 성장하게 하였다. 갈 길은 아직 멀지만 진행되고 있는 작은 여성해방을 여기서 본다. 2000년대에 한국여성재단이 시작한 다문화가족 외가방문사업(삼성생명, KEB-하나금융)도 결혼이주여성과 그 가족들의 다문화적 자존감을 제고하는 다양성과 다문화주의적 접근을 선도하였고, 4년차에 들어선 다문화여성 협동조합형 창업지원사업(JP모간)과 2019년에 시작한 경력단절 여성들의 재취업을 위한 마을버스기사 취업지원사업(현대자동차)도 공공부문에 기대할 수 없는 선도적 실험들이다.

공공복지의 시계를 벗어나 있는 여성해방과 성평등 가치가 취약계층 여성을 위한 공공복지서비스의 중심에 위치하게 될 때까지 여성주의적 혁신의 실험은 계속되어야 할 것이다. 공공부문 서비스의 감시자, 선도자, 보충자, 경쟁자로서의 역할이야말로 민간시민사회부문에 맡겨진 기본적인 역할이다.

3대 지원사업 각각의 정당성은 차고 넘친다. 문제는 배분구조에 있다. 2019년 재단이 자율적으로 사업을 선정하고 기획하는 성평등 사회 조성사업 지원에 지원예산 총액의 12%, 기업파트너들과 협업하는 활동가 역량강화 지원사업과 소외·취약계층 여성의 여성주의적 사회통합 지원사업에 각각 32%, 55%가 배분되었다. 활동가들의 역량강화의 중요성은 아무리 강조해도 지나칠 것이 없고, 한국여성재단의 소외·취약계층 여성 지원사업도 공공서비스의 중복이 아니라, 놓칠 수 없는 여성운동이다. 그러나 창립취지를 대표하는 가장 기본적이고 고유한 지원사업인 성평등 사회 조성사업 비중이 12%에 불과하고 기업파트너들과 협업해야 하는 지원사업 비중이 90%에 가까운 배분구조에 대해서는 우려가 표명되어 왔다.

기업후원의 경우 어떤 사업을 어떻게 지원할지를 결정하는 데 기업의 선호가 반영되고 단기성 지원이 되기 쉽기 때문에 사업이 불안정해지고, 여성운동의 큰 그림을 놓치는 등 배분의 책임성에 부정적인 요인이 될 가능성이 높다. 이 같은 배분구조의 불균형은 과도하게 기업의존적인 모금구조를 반영하는 것이다. 답은 자율성이 높은 개인대중모금 비율을 높이고 그리하여 성평등 사회 조성사업의 비중을 높이는 것에 있다. 그와 함께 기업파트너들과의 관계를 심화 발전시킴으로써 기업후원도 보다 혁신적이고 유연한 성평등 사회 조성사업 기획을 가능하게 하는 노력이 병행되어야 할 것이다.

한국여성재단은 20년에 걸친 엄청난 사회변화 속에서 두 개의 모금전략(100인 기부릴레이와 기업의 여성주의 사회공헌)과 세 개 군의 지원사업(성평등 조성사업, 활동가 역량 강화사업, 취약여성의 여성주의적 사회통합)을 기본골격으로 하는 독특한 사회적 구조물, 모금형 여성주의 공익재단을 축조하였다. 한국여성재단은 모금의 조건이기도 한 배분의 공정성과 전문성 확보를 위해 학계와 현장의 최고의 전문가들로 구성된 배분위원회를 두고, 배분위원회의 배분 심의 결과를 이사회가 최종 승인하게 하고 있다.

최고의 전문성과 절차적 공정성이 구조화된 최고 역량의 사명감 넘치는 배분위원회의 권위야말로 한국여성재단의 무엇보다 소중한 전통이다. 이렇게 20년 동안 여성을 위한 공익재단으로서의 투명성, 공정성, 책임성을 인정받으며, 신뢰와 연대, 헌신이라는 시민사회 고유의 사회적 자본의 전통을 쌓아왔다는 것은 대단한 성취라 하지 않을 수 없다.

4. 내일을 위한 또 다른 시작, 여성회의

그러나 이미 언급한 바와 같이 한국사회는 끊임없이 변화했고, 특히 여성운동 역시 그 지형과 역동이 빠른 속도로 변화하였다. 한국의 진보여성운동은 1987년 민주항쟁 이후 진보적인 여성단체들의 등장으로 시작되었고, 1990년대를 거쳐 2000년대까지 한국의 여성운동은 국제적으로 주목받는 법제도화의 눈부신 성과를 거두었다.

1999년 한국여성재단의 탄생도 1980년대 1990년대의 활발한 여성운동의 결과물이었다. 그러나 여성운동의제가 국가의 정책의제로 수용되고 2005년 가족법개정에 성공하면서, 한국여성운동의 집합적 추동력과 급진성은 급속히 약화되었다. 2000년대 중반부터는 국가페미니즘을 비판하고 일상의 혁명을 강조하는 이른바 영페미들과 함께 지역 여성, 20~30대 여성, 한부모, 비혼모, 성적소수자 등 다양한 집단들이 새롭게 등장하게 되었다.

2010년대 후반에 이르면, 군 복무 가산점제 위헌판결(1999년 12월)을 계기로 본격화된 인터넷상의 여성혐오에 대항하여, 온라인 여성주의가 적극적인 행동에 나서게 되었다. 1990년대 PC통신시대부터 온라인을 기반으로 성장해온 그들이 현실의 성별권력 차이가 그대로 투영된 남성중심 인터넷 문화의 고질적 폐해를 고발하기 시작했다. 여성 혐오와 희롱, 여성의 사물화(성적대상화)와 상품화가 일상화된 온라인 환경의 성차별적 구조를 전복하려는 온라인 여성주의가 미러링을 시작하고 독립적 웹사이트 메갈리아를 등장시킨 것이 2015년이었다. 2016년에는 강남역 살인사건을 계기로 수많은 온라인 기반 페미니스트 모임이 오프라인으로 뛰쳐나오게 되었고, 2018년 '#미투운동'의 전방위적 확산과 디지털 포르노그라피 반대, 낙태죄 반대, 불법촬영 금지 및 유통근절을 위한 혜화역 시위 등이 모두 넷페미들의 적극적인 온라인 페미니즘 실천과 거리투쟁의 연장선상에서 진행되게 되었다.

IT 강국 한국의 온라인 공간에서 빠른 속도로 성장한 사이버 페미니스트들의 행동주의가 한국여성운동의 중심으로 이동하면서 여성운동의 갈래가 급증하고 미(me)세대라 일컬어지는 이들 밀레니얼 그룹 각각의 과격하고 급진적이고 분리주의적인 접근은 한국의 여성운동이 어디로 가고 있는지를 많은 사람들이 심각하게 묻지 않을 수 없게 하였다. 한국여성재단은 한국여성운동의 역동적인 흐름을 읽어내고 한국여성운동의 바람직한 방향을 찾아 합의를 도출해야 했다. 그러한 합의가 전제되어야 한국의 여성운동을 바람직한 방향으로 견인하라는 미션수행이 가능했기 때문이다.

한국여성재단은 이러한 근본적인 도전에 "여성회의"라고 하는 혁신적 실험으로 대응했다. 국가페미니즘 이후 2000년대 중반부터 여성운동의 새로운 방향성에 대한 질문은 시작되었으나, 2011년 조형 제2대 한국여성재단 이사장은 세대와 지역, 이슈와 전략을 가로지르는 현장의 활동가와 연구자들의 "여성회의"를 소집했다. 그리고 이 새로운 집단지성의 회의체를 정규화하는 데 성공하였다.

"새로운 전환의 모색"이라는 제목으로 소집한 2011년 첫 여성회의에는 20대에서 70대까지 각 연령층의 한국여성운동 역사의 주체 189명이 전국에서 모여, 2박 3일 동안 한국여성운동의 내부 차이와 다양성을 확인하며 신자유주의 시대의 한국여성운동의 건강한 다양성과 지속가능성을 토론했다. 1차 여성회의 이후 한국여성재단은 기존의 여성단체 중심의 성평등 사회 조성사업과 별개로 풀뿌리 여성 활동가들과 여성문화예술인 개인을 지원하는 "변화를 만드는 여성리더 지원사업"을 시작했고(2014), 2차 여성회의 이후에는 비혼모, 여성 가장, 한부모가족, 농촌여성, 마을지역 여성 등 신생여성단체 지원사업을 기획공모하였다(2015).

강남역 사건 이후에 소집된 2016년 3차 여성회의에는 1990년 대에서 2000년대 초까지 성주류화와 법 제도화를 향해 달린 1세대, 2000년대 국가페미니즘을 비판하며 풀뿌리 혁명을 주장한 영페미, 그리고 2010년대 중반부터 온·오프라인에서 사이버공간의 가부장주의와 싸워온 넷페미(영영페미)의 3세대가 함께 했다. 다음 해 한국여성재단은 새롭게 등장하는 차세대 페미니스트들의 온·오프라인의 다양한 활동들을 지원하기 시작하였다.

여성회의 개최는 한국여성재단의 대중모금과 배분의 정당성과 책임성 확보를 위한 최고의 선택이었고, 한국여성재단 말고는 어떤 누구도 시도하여 성공할 수 없는 한국여성운동의 명령이었다. 한국여성재단의 여성회의는 페미니즘 운동이라는 큰 틀 안에서 세대, 관심, 지역, 전략의 차이가 교차하는 다양성이 각각의 길을 고집하며 대립한다 해도, 차이가 발생시키는 긴장이 여성운동의 힘과 가능성이라는 확신과 남성중심적인 가부장주의에 대항하는 거대한 문제의식이 공유되고 있음을 확인해 주었다.

한국여성재단의 여성회의는 회를 거듭하면서 대전환의 시대에 한국여성운동의 방향을 찾는 범여성계의 소통과 포용, 대화와 토론의 중심이 되고 있다. 김엘리 박사가 제5장에서 쓰고 있듯이 한국여성재단의 여성회의는 그 자체가 전환기 페미니즘 여성운동이자 자원이자 역사가 되고 있다. 이 글의 모두에서 20년 전 한국여성재단의 탄생은 1990년대 한국여성운동의 금자탑이라고 말했다. 2011년 시작하여 앞으로도 계속될 한국여성재단의 여성회의는 한국여성운동의 방향을 찾고 합의를 도출하는 금자탑의 금자탑이 될 것이다.

5. 한국시민사회의 건강한 지표로

역사에 완벽한 단절이란 없다. 어제가 만든 오늘이 곧 내일을 품은 어제가 된다. 한국여성재단의 20년은 모금형 여성주의 공익재단이 시대변화와 적극적으로 소통하며 매일매일 공정성과 투명성, 책임성을 스스로 성찰하며 내일을 준비해 온 여성주의 연대의 20년이었다. 한국여성재단의 새로운 도약은 이미 시작되었다.

마지막으로 덧붙일 것은 한국여성재단의 시민사회(혹은 제3섹터) 구성원으로서의 정체성이다. 한국여성재단은 창립이래 기업과의 관계에서는 직접적인 도전보다 윤리경영의 착한기업들과의 전략적 파트너십을 선택하였고, 국가와의 재정적 관계에서는 확실한 독립을 선택하였다. 한국여성재단은 대중모금의 어려움에도 불구하고, 정부지원 제로의 수입구조를 유지하며 정부로부터의 독립성과 정치적 중립성의 전통을 만들어왔다.

시민사회단체에 대한 정부지원이 제도화되면서 모금형 여성주의 공익재단의 재정중립의 원칙에 관하여 질문이 없었던 것은 아니다. 시민사회란 국가(공공 정치영역)와 시장(사적 경제영역) 사이의 강제받지 않는 자발적 시민 결사체들이 자발적으로 활동하는 제3의 영역을 가리킨다. 시민사회부문의 기본적인 특징은 국가와 시장으로부터의 독립성과 자율성이고, 시장과 국가 양자에 대한 견제와 비판, 대안의 실험과 개발이 핵심기능이다. 20세기 말 복지국가 위기론 이후 전 세계적으로 시민사회의 폭발적 성장이 뒤따른 것도 이 제3섹터가 시장의 실패와 국가의 실패를 동시에 보정할 수 있다는 새로운 패러다임으로서의 가능성에 주목했기 때문이다.

나라마다 시민사회의 역사와 발달, 구조, 역할이 다르고 이를 설명하는 이론적, 이데올로기적 접근도 다양하지만, 공통적으로 강조되는 것은 국가와 시장에 대한 건강한 견제를 가능하게 하는 국가와 시장으로부터의 독립성이다. 그것이 제3의 자발적인 연대와 자율의 영역에서 구속받지 않는 사회적 혁신, 창의, 다양성이 유연하게 주창되고, 실험되고, 변화를 선도하는 동력이라는 것이다. 그러나 현실에서는 시민사회부문의 성장 자체가 국가와 시장에 의해 결정되고, 국가와 시장과 시민사회, 삼자간의 관계가 국가에 의해 압도되는 경우가 적지 않다. 특히 국가와 시민단체간의 재정적 관계에서 양측의 독립성과 자율성의 존중이라는 기본원칙이 훼손되고, 비영리조직들이 정부의 종속적 대행자로 전락하는 경우가 빈번하다.

한국여성재단이 선택한 국가로부터의 재정적 독립성과 정치적 중립성은 진영의 구분없이 힘을 합쳐 재단을 출범시킨 창립선배들의 뜻이기도 하였지만, 국가(정부)와 시장(기업)행동의 건강한 감시와 견제라는 시민사회부문의 본연의 모습의 확실한 밑돌이 되고자 하는 중요한 선택이기도 하였다. 물론 국가와 시민사회 양측이 각각의 자율성을 상호 존중하여 진정한 파트너십이 가능해지는 날이 온다면, 한국여성재단은 우리사회에서 가장 광범위한 사회적 소수자로서의 여성의 여성주의적 사회통합을 위하여, 국가와의 파트너십을 불가능한 선택이라고 보지는 않을 것이다.

국가로부터의 자율성과 독립성을 지키며 공정성과 투명성, 책임성으로 신뢰를 쌓아온 한국여성재단은 한국여성운동의 자랑스러운 유산일 뿐 아니라 한국 시민사회의 건강한 미래의 지표가 될 것이다.

———

제1장

한국여성재단 설립,
여성운동사에 한 획을 긋다

글 홍미희

독일에서 한국여성운동에 대한 박사논문을 쓰면서, 한국여성운동이 얼마나 많은 성과를 냈는지를 인식하게 되었다. 이런 성과를 열정과 패기로 일군 여성운동가들에게 깊은 존경심을 가지고 있다. 2007년부터 인천과 서울에서 지역 여성정책을 연구해왔으며, 2015~2016년에 한국여성재단 연구사업팀장으로 일했다. 현재 성남시 여성비전센터장으로 근무하고 있다.

1. 재단의 설립 과정과 의의
― 여성운동의 위대한 성과물

한국여성재단은 한국여성운동의 위대한 성과물이라 할 수 있다. 세계의 여성운동 역사에서 한국여성재단의 설립과 같은 독특한 성과물을 찾아보기는 쉽지 않을 것이다.

재단이 만들어진 과정을 되짚어보면, 이 위대한 성과물을 만들어낸 선배 활동가들의 혜안, 열정과 패기에 다시 한 번 감탄하게 된다. 그들은 재단설립 전 헌신으로 이미 많은 것을 이루어냈다.

민주화 운동에 동참하여 민주화를 앞당기는 데 중요한 역할을 하기도 했고, 이후 여성계가 연대하여 가족법 개정, 고용평등법 제정, 가정폭력 및 성폭력 관련 법과 제도를 만들어내기도 했다. 이러한 성과에 자족하지 않고, 재단설립자들은 여성운동에 우호적이었던 정치적 기회를 포착하여 후대 여성들이 더 나은 조건에서 역량을 펼칠 수 있는 기반을 만들고자 했다.

여성들을 위한 최초의, 그리고 유일한 민간공익재단인 한국여성재단은 어떤 배경에서 만들어졌고, 재단을 만든 사람들은 누구이고, 무엇을 지향하였는가?

기회와 배경

한국여성재단이 설립될 당시, 한국여성들의 상황은 당시의 경제위기에 크게 영향을 받았다. 1997년부터 시작된 IMF 경제위기로 인해 수많은 사람이 실업으로 내몰리는 상황에서 여성들은 가장 먼저 위기의 피해자가 되었다.

1980년대 말부터 남녀고용평등법이 제·개정되면서 노동시장에서의 성 불평등 문제가 다소 완화되는 듯하였으나, 경제위기 상황에서 여성에 대한 차별은 더욱 극명하게 드러났다. 실업이 급격하게 증가하는 상황에서 가족의 생계를 책임져야 하는 사람은 남성 가장이라는 규범이 소환되면서 여성은 우선 해고대상이 되었다. 맞벌이 여성은 남성 가장에게 일자리를 양보해야 한다는 압력에 시달렸다. 매스컴은 연일 '가장 기 살리기' 담론을 쏟아내고 있었고, 여성은 한편으로는 실업으로 내몰리고, 다른 한편으로는 실업위기에 처한 가장을 돕기 위해 아무 일이나 찾아 생계전선으로 뛰어들어야 했다. 여성운동은 이런 여성의 현실과 '남성 생계부양자' 담론과 힘겹게 싸우고 있었다.

그러나 당시의 정치적 상황은 아주 드물게 여성운동에 우호적이었다. 당시 대한민국 정부수립 이후 최초로 수평적인 정권교체가 이루어져 민주화는 한 단계 진전되었다. 故 김대중 대통령이 이끄는 '국민의 정부'는 민주화운동의 결실이기도 했던 만큼, 다양한 시민사회와 협력적인 관계에 있었고, 시민사회는 더욱 활성화되고 있었다. 시민사회의 중요한 일부였던 여성운동단체들은 이러한 기회를 포착하고 적극 활용하였다. 오랫동안 여성운동에 참여해온 활동가이기도 했던 故 이희호 여사가 대통령 부인이 되면서 여성계는 그 어느 때보다 여성운동에 우호적인 정부를 만난 것이었다.

여성단체들이 연대해서 하나의 목소리를 낼 수 있었던 것도 여성재단이 만들어질 수 있었던 중요한 요인이다. 한국의 여성운동이 한국여성단체연합 중심의 '진보적' 여성운동과 한국여성단체협의회 중심의 '보수적' 여성운동으로 구별되기도 하지만, 이 두 진영은 호주제 폐지나 여성의 정치참여 확대 등과 같은 이슈에서는 같은 입장을 견지하고 연대하였고, 다음 세대 여성들을 위한 기금을 마련하는 일에 함께 나섰다. 정파성과 이념성을 초월해서 모든 단체가 함께 나선 것은 경제위기 속에서 모든 단체들이 재정난을 공히 겪고 있기 때문이기도 했다.

또한, '민간기부'가 합법화되고 활성화되기 시작한 시기이기도 했다. 민간기부금 모금은 1995년까지 법적으로 금지되어 있었다. 1951년 제정되고 1970년에 개정된 모금 관련 법률명은 '기부금품 모집 금지법'이었고, 이 법의 목적은 '기부금품의 모집을 금지하여 국민의 재산권을 보장하며 그 생활안정에 기여함을 목적으로 한다'고

명시되어 있다.[1]

1995년이 되어서야 이 법은 '기부금품 모집 규제법'[2]으로 개정되었고, 2007년에 '기부금품 모집 및 사용에 관한 법률'로 전면 개정되게 되었다.[3] 1998년 12월 사회복지공동모금회가 준정부기관으로 설립되었다. 실업극복국민운동이 민간 주도의 기금으로 이루어지기도 하면서, 차츰 나눔의 중요성과 성숙한 기부문화를 조성하는 것이 사회적 이슈가 되었다. 즉, 기부문화에 대한 사회적 인식이 전반적으로 낮은 상황에서, 한국여성재단은 나눔문화 확산이라는 사회적 이슈를 선도적으로 제기하고, 성숙한 기부문화를 만드는 데 핵심적 역할을 했다.

딸들에게 희망을 주는 큰 일을 시작하다

21세기를 눈앞에 둔 1999년, 우리의 여성운동 선배들은 독창적이고도 감동적인 방식으로 새천년을 준비하였다. 그들이 세운 계획은 21세기를 살아가는 딸들이 맘껏 능력을 펼칠 수 있도록 기금을 조성하는 일, 즉 돈을 모으는 것이었다.

1999년 12월에 발족한 한국여성기금추진위원회는 기금 조성

---

1 1970년에 개정된 '기부금품 모집 금지법' 중 '누구든지 기부금품의 모집을 할 수 없다'고 규정한 조항이 1995년에 위헌으로 판결이 나면서, 1995년 12월 '기부금품 모집 규제법'으로 개정되었다.

2 "이 법은 기부금품의 모집절차 및 사용방법등에 관하여 필요한 사항을 규정함으로써 기부금품의 무분별한 모집을 규제하고, 모집된 기부금품이 적정하게 사용될 수 있게 함을 목적으로 한다"고 규정되어 있다(국가법령정보센터).

3 "이 법은 기부금품(寄附金品)의 모집절차 및 사용방법 등에 관하여 필요한 사항을 규정함으로써 성숙한 기부문화를 조성하고 건전한 기부금품 모집제도를 정착시키며, 모집된 기부금품이 적정하게 사용될 수 있게 함을 목적으로 한다."(국가법령정보센터)

취지를 '우리 딸들의 밝은 새천년을 연다'는 슬로건으로 집약하고, 다음과 같이 선언하였다.

"새천년 우리의 후손에게 새로운 세상을 남겨주고 싶습니다.
불평등과 소외에서 벗어나 남녀의 조화로운 공존 속에 위대한 모성을 꽃피우게 하고 싶습니다.
자라나는 우리 딸들만큼은 아들들과 더불어 21세기 한국을 떠받치는 기둥으로 우뚝 서야 한다고 믿습니다.
이 나라에서 세계의 여성 지도자가 나오고 각 분야의 훌륭한 여성인력이 국가경쟁력을 높이며, 이 나라에서 딸로 태어난 것을 무한한 자랑으로 여기도록 하고 싶습니다.
여기, 그 큰 뜻을 펼칠 한국여성기금 천억 원을 모으려 합니다.
우리 딸들에게 희망이 되어 주십시오."[4]

기금조성 취지문에서 드러나는 것처럼 한국여성재단은 무엇보다도 세대 간 연대를 지향하고 기금마련이 후대 여성들을 위한 것임을 분명히 하고 있다. 동시에 아버지로 대변되는 남성들의 동참을 요구하고 있다. 무엇보다도 교육영역에서 형식적인 성차별이 사라지고 여학생들이 약진하고 있던 당시 사회적 분위기에서, 아버지들 또한 딸들을 응원하리라는 점을 잘 활용한 것이다.

딸들에게 희망을 주는 큰 일을 도모하는 선배들은 후대 여성들이 '돈 걱정 없이' 여성운동을 비롯하여 무엇이든 할 수 있는 세상을

---

4 한국여성기금추진위원회(1999) 한국여성기금조성 기획서. 한국여성재단 내부자료.

만들려고 했다. 여성운동에 몸담았던 그들은 여성운동을 하기 위해서 돈을 마련하는 것이 얼마나 어려운 일인지를 너무나 잘 알고 있었기 때문이다.

"이 시점에서 여성운동이 너무 힘들게 버텨왔고 날마다 참기름 팔고 뱃지 팔고, 티셔츠 팔고, 이렇게 해서 지탱을 해왔는데 이것을 지속적이고 안정적으로 효율적으로 하기 위하여 여성운동을 지원하는 재단, 기금이 필요하다고 생각을 했습니다."[5]

신속한 행동, 한국여성기금추진위원회에서 한국여성재단 설립까지

계획을 실행에 옮긴 과정은 신속했다. 1999년 9월부터 기금조성의 필요성에 대한 토론회나 기자회견을 통해 사회적 관심을 환기하고, 뜻을 같이하는 단체들과 사람들을 모아, 불과 4개월만에 한국여성기금추진위원회를 발족하였다.[6] 1999년 12월, 한국여성기금이 비영리공익재단으로 공식 출범하였고, 한국여성기금은 2001년 5월 한국여성재단으로 명칭을 바꾸었다. (자세한 내용은 '한국여성재단 20년 타임라인' 참조)

---

5 한국여성재단 (2019), '한국여성재단 20주년 기념. 한국여성재단 추진위원회 인터뷰_이연숙 추진위원, 지은희 추진위원을 만나다.' 딸들에게 희망을. 4~7쪽.
6 취지문 전문, 당시 설립자 및 설립단체 명단 부록 참조

설립 주체들,
53명의 공동위원장과 124개 단체

여성을 위한 기금을 조성하는 데 사회 각 분야의 지도자들이 나섰다. 더 정확하게 표현하자면, 여성재단을 만들고자 나섰던 핵심주역들은 여성재단의 설립에 각 분야의 대표자들이 참여할 수 있도록 조직하였다.

핵심주역들은 여성 지도자들이었다. 故 박영숙 선생(당시 한국환경사회정책연구소장)이 집행위원장과 초기 재단 이사장을 맡았고, 윤후정 당시 이화여자대학교 명예총장이 수석위원장이었다. 故 이희호 여사(당시 대통령 부인)는 명예이사장 직을 맡아서 기금조성을 지원하였다. 한국여성단체연합(지은희 상임대표)과 한국여성단체협의회(이연숙 회장) 대표를 비롯한 여성운동 리더들이 정파와 상관없이 모두 나섰다. 53명의 공동위원장은 경제계 7명, 여성단체 한국여성단체연합 외 4개 단체 대표, 여성계, 학계, 종교계, 방송언론계 등 사회 각 분야를 망라하고 있다. 또한 124개의 개별 단체들이 여성들을 위한 기금을 모으는 데 의기투합했다.

성평등 이슈를 둘러싸고 사회적 갈등이 첨예하게 나타나고 있는 현재 상황에서 본다면, 여성들을 위한 기금을 모으는 데 사회 각계각층이 합의하고 참여했다는 사실 자체가 놀랍다.

1,000억의 꿈 78억의 현실

한국여성기금추진위원회가 목표로 삼은 조성액은 1,000억이었다. 1,000억의 기금조성이라는 목표를 세우고, 소액다수 기부자, 고

액 기부자, 기업명의 기부 등의 다양한 방식으로 전방위적 모금활동
을 펼쳤다. (65p 표 1 참조)

1,000억의 산출근거는 당시의 모금계획에 제시되어 있다. 기업
이나 개인명의 기부금 외에도 100만 명 이상의 소액기부자들을 모아
1000억의 기금을 조성하고자 하였다. (65p 표 2 참조)

이 목표를 향해 당시의 설립주체들은 전방위적 모금활동을 펼
쳤다. 수도권 지역에 한정하지 않고 지역순회 간담회를 열어 전국적
차원으로 활동을 전개했다. 여성재단 엠블럼도 제작하여7 엠블럼 판
매도 했다. 여성이라면 누구든지 1만 원씩 내자는 모토를 내걸고 100
만 명을 모으고자 했다. 당시 한국여성기금추진위원장을 맡았던 윤
후정 교수는 당시의 전방위적 모금활동을 다음과 같이 생생하게 묘
사하고 있다.

"동전 모으기에서부터 ARS 생방송 모금, 월급 나눔, 유산 나눔, 의
료계, 가게판매수익 나눔, 모금함 놓기, 브로치 제작판매, 국민카드
발행, 콘서트 개최, 여성친화적 기업공동캠페인 등등 비빌 언덕이
되는 일들은 마다한 일없이 했다."8

추진위원회가 3년의 기금조성 활동을 마무리했을 때 기금조성

---

7   2000년 1월 여성재단의 로고가 공모로 만들어졌다. 로고는 서울시립대 산업디자인학과 김혜원
    교수의 작품이었다. 여성의 첫 글자인 W와 남녀의 모습을 합해서 남녀가 함께 전진, 발전하는 모
    습을 의미한다. 당시 엠블럼 디자인을 한 김혜원 교수는 당시 중2였던 딸의 미래를 생각하면서 신
    나게 디자인했다고 한다.(한국여성재단 소식지)
8   이후정, 『딸들에게 희망을: 한국여성재단 10년, 기억과 상상』, 한국여성재단 14~16쪽.

액은 78억이었다. 당시 기금조성을 위해 활동했던 한 추진위원은 그 결과를 다음과 같이 평가하였다.

"결과는 만만치 않았다. 적은 돈이 모여서 억이 되는 것은 대단히 어려운 일이었다. 이만하면 큰 일을 해냈다고 생각할 무렵, 챙겨본 금액은 100억에도 못 미치는 금액이었다. 남자들은 돈 모으기가 쉽고 큰 돈을 모았지만, 여성들은 한계가 많던 시절이었다."[9]

이런 현실을 마주하면서 재단설립 발의자들이 깨달은 것은 여성을 위한 모금이 또 다른 형태의 여성운동일 수밖에 없다는 것이었다.

"재단의 활동이 또 다른 하나의 여성운동이 될 수밖에 없었던 것은 기부문화에도 뿌리깊게 자리하고 있는 성차별을 걷어내야 했기 때문이다"[10]

78억이 애초의 목표액에는 한참 못 미치는 결과였지만, 추진위원회가 활동을 펼친 3년 동안 78억을 모았다는 것은 놀라운 성과이기도 하다. 그 기금으로 한국여성재단 건물을 마련했고, 성평등 사회를 위한 다양한 활동을 지원하고 여성운동 활동가들을 지원해올 수 있었다.

---

9 이연숙, "한국여성재단 10년을 맞이하며", 『딸들에게 희망을: 한국여성재단 10년, 기억과 상상』, 17~19쪽.
10 박영숙, "한국여성재단 10년을 되돌아보며", 『딸들에게 희망을: 한국여성재단 10년, 기억과 상상』, 10~13쪽.

2. 지원사업의 특징과 의의

숫자로 본 지원사업

재단설립 이후 1999년부터 2019년까지 한국여성재단은 1,605개 사업을 지원하였고, 이 사업을 지원받은 단체의 숫자는 5,373이다. 연평균 80여 개 사업으로 250여 개 단체가 지원받은 셈이다.

한국여성재단 지원사업과 단체(1999~2019)

지원사업
1,605개

지원단체
5,373단체

출처: 한국여성재단 2019년, 20주년 기념행사 자료

지원사업의 내용과 특징

한국여성재단은 기금을 모아 어떤 일에 사용하고자 하였는가? 한국여성기금조성 기획서에서 제시된 재단설립 후 사업은 66페이지의 표 3과 같다.

표에 제시된 사업 중 특별사업인 '(가칭)한국 여성의 전당 건립'은 애초의 계획대로 실행되지 못하였고 한국여성재단 건물을 마련하는 것으로 만족해야 했다. 특별사업을 제외한다면, 한국여성재단은 지난 20년 동안 설립 발의자들의 취지대로 일관성 있게 지원사업을 수행해왔다.

최초의 배분사업은 소외계층 여성에 대한 지원이었다. 2000년 11월, SBS 특별 생방송 '희망을 우리 가슴에'와 소외계층 여성돕기 ARS 전화 모금으로 7,000여만 원을 모아 자녀를 키우는 여성가장을 지원하는 단체에 기금을 전달하였다. 또한 여성노숙인의 자활을 지원하기 위해서도 사용되었다. 한부모 및 양육미혼모 지원사업은 한국여성재단이 초장기부터 현재까지도 계속하고 있는 사업이다.

2000년대 들어 결혼이주여성이 증가하면서 결혼이주여성 지원사업도 활발하게 했다. 여성가장, 양육미혼모 및 결혼이주여성을 지원하는 사업에서 한국여성재단은 국가정책이 포괄하지 못한 영역을 주목하였다. 가족정책이 소위 '정상가족'을 전제로 하여, 혼자 아이를 키우는 어머니의 상황을 고려하지 못할 때, 한국여성재단은 여성들이 자립적인 가구를 구성하고 아이를 양육할 수 있는 권리를 누릴 수 있도록 지원하였다.

이주여성 관련해서도 국가정책은 인구정책의 관점에서 결혼이주를 장려하고, 이주여성들에게 한국어 교육과 일방적 한국사회적응을 최우선과제로 삼아 여러 가지 복지서비스를 제공했다. 그러나 한국여성재단은 다른 관점으로 이주여성을 지원하였다. 경제적 자립을 위한 능력개발과 공동체의 주체적 참여를 지원하였고 창업도 지원하였다. 국가정책이 결혼이주여성들에게 한국문화를 전수하는 데 몰두할 때, 한국여성재단은 기업의 사회공헌 사업으로 친정방문프로젝트를 통해 결혼이주여성이 자신의 출신국을 방문할 수 있도록 도왔다. 자신의 정체성을 스스로 정립해나갈 수 있도록 문화적, 정서적으로 지원한 것이었다. 이주여성들이 네트워크를 만들 수 있도록 동아리

모임을 지원하여 자기목소리를 낼 수 있도록 하고, 다문화가족 자녀들이 엄마 나라 문화체험을 통해 글로벌 리더로 성장할 수 있도록 비전을 제시하였다.

2004년에는 맑은정치여성기금을 조성하여, 여성의 정치진출을 돕고 투명한 정치를 실현하고자 하였다. 여성운동은 1990년대부터 여성의 정치진출을 위해 적극적으로 노력하였다. 활동가들이 지방의회에 직접 출마하기도 하였다. 그러나 여성의 정치참여 비율은 매우 낮았고, 국회의원 여성비율은 10%를 넘지 못하고 있었다. 한국여성재단은 2004년 국회의원 선거를 앞두고 맑은정치여성기금을 조성하여, 총선여성연대와 맑은정치네트워크(맑은넷) 활동을 지원하였다.

여성의 국회진출을 넘어서 깨끗하고 투명한 정치문화를 만들고자 낙선자 리스트와 추천자 리스트를 만들어 배포하였다. 특히 '맑은넷' 운동은 17대 총선을 앞두고, 정치에 진출하여 깨끗한 정치를 실현할 여성들을 검증하고 리스트를 만들어 각 당에 배포하여, 기존의 정당들이 공천할 여성이 없어서 못한다는 변명에 대안을 제시하였다. 이렇게 작성된 맑은넷 리스트는 100여 명에 달했다.

맑은넷 운동으로 많은 여성정치가들이 배출되었다. 17대 국회의원의 여성비율은 역사상 처음으로 두 자리 숫자인 13%를 기록하였다. 물론 이러한 성과는 당시 기존 부패한 정치권의 여러 문제가 드러나면서, 여성이 깨끗한 정치를 할 수 있으리라는 사회적 기대감과 비례대표제를 도입한 선거제 영향이기도 하였다.

2004년을 맑은정치 원년으로 선포하고, 맑은정치희망지기 2004명을 모집하여 맑은여성정치 기금을 조성하고자 했던 한국여성재단은 643명의 참여자만을 모을 수 있었고, 우리나라의 정치개혁수

준이 643년도 수준에 머물고 있다는 평가를 내렸다.[11]

한국여성재단이 생길 때, 여성단체 활동가들의 활동비 지원에 대한 기대는 매우 컸다. 재단이 활동가들의 활동비를 직접 지원할 수는 없었으나, 활동가 지원사업은 언제나 재단의 핵심적인 사업이었다. 2004년부터 기업 후원으로 진행된 '짧은 여행, 긴 호흡'은 활동가들에게 쉼과 재충전의 기회를 주기 위한 사업으로 2020년까지 17년을 이어오면서, 활동가들의 역량강화에 기여하고 있다.

여성장학 사업은 초기 석박사 과정을 지원하고 리더십과정 운영을 지원하였다. 유한킴벌리의 후원으로 성공회대학교에 실천여성학 석사과정을 개설하여 활동가들이 역량을 키울 수 있도록 지원해왔다. 규모는 작아도 풀뿌리 활동가와 여성문화예술가를 위한 직접적 활동비도 지원하고 있다.

활동가들이 국제회의에 참석할 수 있도록 비용을 지원하거나, 스스로 국제행사를 개최할 수 있도록 하는 등의 국제활동 지원도 하였다. 특히 1990년대부터 이어져 온 '일본군 위안부' 문제해결을 위한 운동은 국제활동을 활발하게 펼쳤고, 여러 영역에서 국제적 교류와 연대의 필요성이 증대하여, 한국여성재단은 활동가들이 국제적 활동 역량강화를 위한 지원사업을 적극적으로 펼쳤다.

한국여성재단의 최근 지원사업의 주요 내용과 지원 규모를 보면, 사업의 내용 면에서 기금조성 당시의 지원사업체계와 크게 다르지 않음을 알 수 있다. (65p 표 2 참조)

재단의 지원사업은 기금의 성격에 따라서도 구별된다. 성평등

---

11 한국여성재단 (2004), 한국여성재단소식 47호.

사회 조성사업은 100인 기부릴레이를 통해 개인들로부터 모은 기금으로 여성운동단체들이 자율적으로 기획한 사업을 공모를 통해 선정하고 시행한다. 이를 통해서 성평등 이슈는 확장되고 있다. 귀농한 젊은 여성들이 농촌의 가부장적인 문화에 대항하고 대안적인 문화를 찾아가기 위한 운동, 이성애 중심주의적 문화를 비판하고 다양한 성별 정체성을 추구하는 활동들은 새로운 성평등 이슈지만, 한국여성재단이 아니고는 후원처를 찾기 어려운 사업들이다. 최근의 디지털성폭력이나 미투운동에 대한 대응을 위한 지원 또한 개인모금으로 이루어진다. (66p 표 4 참조)

규모 면에서 보면, 성평등 사회 조성사업과 같이 주로 개인들의 기부금으로 지원되는 사업보다도 기업의 사회공헌프로그램으로 이루어지는 지원사업들이 훨씬 많다. 한국여성재단은 기업의 사회공헌을 여성재단답게 디자인하여 시행하였다. 17년째 이어지고 있는 활동가들의 쉼과 재충전을 통한 역량강화 사업이나 실천여성학 과정의 개설과 같은 사업은 재단이 비전과 미션에 기반해서 기업의 사회공헌 사업을 디자인한 대표적인 예이다.

> "파트너 기업으로 만난 여성재단은 방대하기보다 주제와 대상을 정해 집중 지원하는 기관이었어요. 굉장히 인상적이었습니다. (중략) 비전과 미션에 기반하면서도 유연하게 성평등 이슈를 기획해 후원을 제안하는 과정이 좋았기 때문입니다."
>
> 출처: 한국여성재단 (2019), 2018 지속가능경영보고서 24

한국여성재단의 지원사업은 따라서 '규모는 작지만' 비전과 미션에 기반한, 즉 애초의 기금조성 취지에 충실한 내용으로 구성되고, 그렇게 수행되었다는 특징을 가진다.

지원사업을 수행하는 투명성과 민주성이라는 기본 원칙에도 충실했다. 재단사업의 지원과 선정절차는 공정하고 투명하다. 20년이라는 긴 시간 동안, 한국여성재단은 이 원칙을 훼손하지 않았으며, 이런 노력이 2015년 삼일투명경영 대상 수상으로 이어지기도 했다.

지원사업을 하는 단체나 개인과의 관계는 수평적이고 민주적으로 설정된다. 한국여성재단은 '지원단체', '후원기업'이라고 명명하는 것이 아니라, 파트너 단체, 파트너 기업으로 부른다.

한국여성재단은 여성운동을 지원하기 위해 여성운동이 힘을 모아 만든 재단이니만큼, 여성단체와 경쟁하는 직접사업을 수행하지 않는다는 원칙도 지키고 있다. 여성재단이 지원한 사업 중 눈부신 성과를 낸 사업들은 많지만, 재단은 이러한 사업들을 재단만의 성과로 홍보하거나 점유하지 않는다. 사업을 직접 수행한 것은 파트너 단체들이기 때문에, 이를 오롯이 재단의 성과라 할 수 없고, 한국여성재단은 이 점을 잘 알고 있기 때문이다.

3. 모금성과와 특징

숫자로 본 모금성과

한국여성재단은 설립 이후 20년간 500억 이상 모금했다. 이 중 80% 이상이 기업 후원이고, 개인 후원금액은 총 93.4억이다.

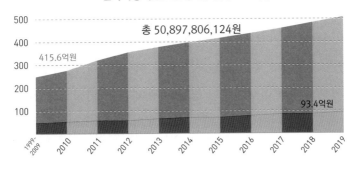

한국여성재단 모금성과(1999~2019)

총 50,897,806,124원

415.6억원

93.4억원

● 개인 ● 기업 (단위:억)

출처: 한국여성재단 내부자료

특징 — 우정을 키우는 재단

한국여성재단의 모금방식의 특징은 'Fundraising? Friendraising! - 우정을 키우는 재단이 되겠습니다'라는 재단이 표방한 사명에서 잘 드러난다. 이는 모금을 단순히 사업을 위한 수단으로만이 아니라, 모금과정을 통해 여성운동을 확장하고자 하는 전략이다. 이러한 사명이 가장 잘 드러나는 것이 '100인 기부릴레이'다.

100인 기부릴레이는 한국여성재단의 브랜드 모금사업으로, 먼저 내가 나눔을 실천하고 주변 사람들에게 권하는 방식으로 나눔을 이어간다. 애초의 설계는 가정의 달 5월에 이끔이의 기부를 시작으로 한 달 동안 주자가 매일 매일 한 명씩 이어 달리도록 하는 방식이다. 이끔이는 처음으로 모금에 참여하는 기부자이자 한 달 동안 나눔이 계속되도록 주자들을 지지하는 역할을 하게 된다. 기부가 특별한 소수만의 특권이 아니라 모두에게 열려있어야 한다는 생각으로 다수가 적은 돈을 모아 '여성기금'에 보낼 수 있는 방법을 연구하던 중 '칭

찬 릴레이'에서 아이디어를 얻은 '기부릴레이'가 탄생했다. "때로는 기금의 필요성을 홍보해 불특정 다수에게 모금하는 것도 필요하지만 '나눔'이라는 끈으로 묶인 인간사슬을 엮어가는 것도 의미있다고 생각"했기 때문이다.[12] 2003년 처음으로 시작된 100인 기부릴레이는 한국일보와 한국여성재단이 공동 주관하였다. 한국일보 일면에는 '소외계층 돕는 나눔축제로'라는 제목의 기사에서 100인 기부릴레이의 의미는 다음과 같이 소개되었다.

> "단순한 기부가 아니라 우리 사회의 튼튼한 끈을 만드는 일에 함께 참여하는 '나눔친구'를 모으고 여성 등 소외계층에 대한 따뜻한 시선을 확산시켜 나간다는 것이 이번 릴레이의 진정한 의미입니다."[13]

기부문화를 확산하고 단순히 기금을 모으는 것을 넘어서 한국여성재단의 가족과 친구들을 모으는 방법으로 고안된 캠페인에 첫해 1,500명이 넘게 참여했다. 당시 이끔이 역할은 故 김수환 추기경과 故 이희호 여사를 포함한 각계의 사회지도층이 나섰다. 기부에 대한 사회적 인식이 낮을 당시에 1,500명이 넘게 캠페인에 참여한 것 자체가 매우 큰 성과로 평가될 수 있다.

그래프는 지난 20년간 기부릴레이 참여자 수를 보여준다. 기부릴레이 참여자는 계속 증가하다가 최근 감소했으나 2018년에는 4,000명이 넘는 기부자가 참여했다.

---

12 박영숙 이사장, 2003년 4월 30일 A15면(한국일보), 한국여성재단: 2003 100인 기부릴레이, 31일간의 이야기
13 한국일보 2003년 5월 3일 1면,

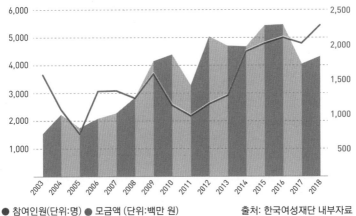

100인 기부릴레이 참여인원과 모금액 그래프

● 참여인원(단위:명) ● 모금액 (단위:백만 원)　　　出處: 한국여성재단 내부자료

　재단 초기에 SBS 특별 생방송 모금, CJ홈쇼핑 특별 생방송을 통한 모금활동을 펼쳤고, 100인 기부릴레이는 한국일보와 공동주관하는 방식으로 기존의 언론, 방송매체를 활용하였다. 2000년대 초반까지 여성재단의 기금조성에는 국무총리와 장관들이 나설 정도였고, 기존의 미디어를 활용할 수 있는 조건이었다. 이런 유리한 정치, 사회적 환경에서 한국여성재단은 100인 기부릴레이라는 모금브랜드를 개발하여, 기부문화를 확산해나갔다.

　2009년부터 100인 기부릴레이는 더욱 대중화되었다. 위의 표에서 보듯이 참여자 수는 급격하게 증가하였지만, 모금액은 그에 비례해서 증가하지는 않았음을 알 수 있다. 사회지도층이 전면적으로 나서지도 않았고, 기존의 방송이나 언론의 도움을 받을 수 있는 환경도 아니었다. 사회 전반적으로 우호적인 분위기가 없어진 상황에서, 한국여성재단은 소액기부자들을 더욱 늘리는 방식으로 대처했음을 추론할 수 있다.

기업의 후원도 점차로 증가하여 2011년에 44여억 원에 이르기도 했다. 프로젝트가 새로 시작하거나, 한시적 프로젝트의 종료에 따른 기업 후원액은 변화가 있으며, 2018년 기업 후원액은 22여억 원이다.

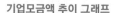

기업모금액 추이 그래프

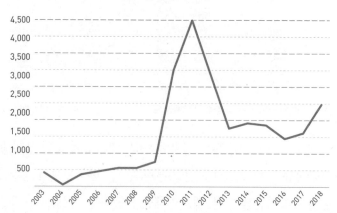

단위: 백만 원 　　　　출처: 한국여성재단 내부자료. 10년사, 각년도 지속가능보고서

한국여성재단의 모금성과 중에서 기업모금 비중은 70%를 넘는다. 전체 모금성과에서 개인모금 비중이 작다는 점은 한국여성재단이 해결해야 할 과제로 지적되어왔다. 이는 개인모금으로 이루어지는 지원사업이 자율성과 지속성이 강한 반면, 기업모금에 의존한 사업들은 그렇지 않기 때문이다.

그러나 한국여성재단은 여성재단다운 방식으로 파트너 기업과의 신뢰관계를 형성하고 사업을 해왔다. 파트너 기업 사원들이 100인 기부릴레이를 통해 개인모금에도 참여하고 있으며, 사업의 내용 또한 여성재단의 취지에 맞게 설계되고 있기 때문이다. 기업의 사회적 책임에 대한 인식이 높아지면서 사회공헌액이 절대적으로 증가하고 있는 상황에서, 여성재단다운 방식으로 사업을 기획하고 양적으로도 확대해나가는 노력이 필요한 이유이다.

4. 환경변화와 한국여성재단의 대응

설립 이후 재단을 둘러싼 사회적 환경은 계속 변화하고 있으며, 재단은 이에 대응하면서 발전하는 것이 중요한 과제가 되고 있다. 재단발전에 도전이 되는 몇 가지 환경변화를 나열해보자.

우선 기부환경이 크게 달라졌다. 여성재단이 설립될 당시 민간 공익재단은 많지 않았고 '건전한 기부문화 확산'을 내건 여성재단의 모금활동에 사회 각계 지도층이 적극적으로 나섰다. 그러나 차츰 공익을 위한 모금기관은 양적으로 늘어났을 뿐 아니라 지원 이슈별로도 분화되었다. 딸들에게 희망을 주기 위한 기금을 마련하기 위해 사회 전체가 나서는 우호적인 환경은 이제는 존재하지 않는다. 설립 당시 성차별적 현실에 대해 어느 정도 사회적 합의가 있었지만, 오늘날은 통계로 너무나도 명확하게 드러나고 있는 성차별 현실 자체도 하나의 논쟁거리가 되어버렸다. 여성의 경제활동 참가율은 남성보다 20% 이상 낮고, 여성의 평균임금은 남성의 65% 수준이고, 성별격차를 나타내는 통계지표는 수도 없이 많다. 그렇지만 성평등한 사회를 위한 모금의 필요성에 대한 사회적 공감을 끌어내기는 쉽지 않은 것이 오늘날의 현실이다.

정치적으로도 우호적인 환경은 사라졌다. 재단창립 당시의 정부는 대통령 부인이 한국여성재단 명예이사장에 이름을 올릴 만큼 한국여성재단에 우호적이었다. 뒤이은 참여정부에서 권양숙 여사는 명예이사장 직을 맡지는 않았지만, 재단의 모금활동을 적극적으로 지원하였다. 그러나 2008년 이후 정부는 전반적으로 시민사회와 불화하였으며, 시민사회의 일부이기도 한 한국여성재단 또한 정부나 정부 관계자들의 지원을 기대할 수 없었다. 2003년부터 시작한 재단의 100인 기부릴레이에 국무총리와 장관들이 대거 참여했던 것과 비교한다면 너무도 큰 변화이다.

이러한 환경변화에 한국여성재단은 정치적 중립을 강조하고, 여성운동으로서의 정체성을 강화하는 방향으로 대처했다. 방송이나 언론의 도움을 받을 수 없는 환경에서 사람 사슬로 이어지는 100인 기부릴레이에 소액기부자들이 더 많이 참여할 수 있도록 하였다. 재단의 지원사업을 체계화하고 재단을 더 효율적으로 운영하고자 노력했다. 여성운동에 대한 성찰의 기회를 마련하기 위해, 여성회의를 기획하고 개최하였다. 여성회의는 2011년에 처음 개최될 때, 직접 사업을 해오지 않은 한국여성재단이 여성회의를 주관하는 것이 적절한가에 대한 논쟁이 있었지만, 현재까지 총 4차례 열린 여성회의는 '여성운동의 현재를 성찰하고 미래를 진단'하는 역할로 자리매김하였다.

최근 몇 년간 페미니즘 운동은 다각도로 확장되고 있다. 2016년 5월의 강남역 사건을 계기로[14] '여성혐오' 이슈가 본격적으로 제기되

---

14 2016년 5월 강남역 인근 노래방 화장실에서 젊은 여성이 전혀 알지 못했던 남성에 의해 살해당했다. '여성들이 평소 자신을 무시해서 죽였다'라는 살인자의 최초 진술이 알려지면서, 여성들은 추모를 통한 행동에 나섰다. '나는 우연히 살아남았다'라는 추모메시지는 여성이라는 이유로 죽임을 당할 수 있다는 여성혐오현실에 대한 인식이 담겨있다. 이 사건을 계기로 전국에서 수많은 직접행동 네트워크가 만들어졌다.

고, 이에 대항하는 새로운 운동주체들이 형성되었다. 이들은 디지털 소통공간에서 광범위하게 퍼져있는 여성혐오와 폭력을 일상적으로 경험했고, 댓글로 대응하면서 여성주의 의식을 키워온 세대이다. 한국여성재단은 제3차 여성회의에서 이들을 초청하여 이들의 이야기를 들었으며, 시니어 페미니스트들은 이들과 만나는 기회를 가졌다. 한국여성재단은 등록된 단체에 속해있지도 않은 소규모 행동네트워크를 지원함으로써 페미니즘 운동의 확장에 기여하였다.

2018년에는 한 여검사의 폭로로 미투운동이 촉발되어, 문화예술계, 체육계, 대학캠퍼스와 학교로까지 퍼져나갔다. 이를 통해 우리 사회 곳곳에 깊이 뿌리내리고 있는 성희롱, 성폭력 실태가 드러났다. 재단은 위드유기금을 조성해서 미투대응을 지원하였다.

여성정책이 제도화되고 여러 지방자치단체에서 여성발전기금이 설치·운영된 것도 중요한 변화라 할 수 있다. 여성발전기금(현재는 양성평등기금)이 중앙정부와 지방자치단체 차원에서 설치·운영되면서 여성단체들이 도움을 받을 곳은 많이 늘어났다 할 수 있다. 그러나 한국여성재단의 기금은 정부에서 지원하는 기금과는 운영방식이나 내용에 있어서 차이가 있다. 정부지원보조금의 경우, 사업 수행 인력에 대한 인건비를 전혀 사용할 수 없어서, 정부보조금 사업수행이 단체의 역량을 오히려 약화시키는 결과를 초래하기도 한다.

그러나 한국여성재단 기금은 지원액의 일부를 활동비로 사용할 수 있도록 하고, 풀뿌리 여성기금과 같이 활동비를 직접 지원하기도 한다. 반면, 정부 보조금은 자치단체에 따라, 내용이나 금액에 제약이 따른다. 한국여성재단 기금은 파트너단체의 자율성을 최대한 보장하고 있다. 한국여성재단의 기금이 정부기금이 생겨도 가장 매력적인 기금인 이유이다.

5. 한국여성재단의 친구들
— 미래포럼과 세계여성재단네트워크 'Prospera'

한국여성재단의 역사와 활동을 살피는 데 있어서, (사)미래포럼
과 세계여성재단네트워크에 대해 짧게나마 언급할 필요가 있다.
한국여성재단은 재단 사무국 외에도 기부자, 파트너 기업과 파트너
단체가 긴밀하게 협력해서 움직이는 조직이며, 많은 전문가들이 위원
회 등을 통해 재능을 기부하고 있다. 이런 점에서 재단은 기본적으로
다양한 방식의 네트워크로 움직인다고 해도 과언이 아니다.

재단이 가진 여러 네트워크 중에서 미래포럼은 독립된 사단법
인이면서 그 사무국을 한국여성재단 내에 두고 있는 점에서 재단과
특별한 관계에 있다. 세계여성재단네트워크는 2000년대 초에 개별
나라들이나 지역 여성재단들의 네트워크로 구성되어 2016년 'Pros-
pera'로 명명하고 지역네트워크를 운영하고 있다. 한국여성재단은
2004년부터 회원으로 가입하여 활동하고 있다.

국제적 네트워크 안에서 한국여성재단은 어떠한 역할을 요구받
고 있으며, 스스로 어떠한 역할을 하고자 하는가?

사단법인 미래포럼

미래포럼은 2005년 "사회 각 분야의 오피니언 리더가 모여서

미래 세대의 터전인 가정과 사회가 서로 신뢰하며 더불어 발전할 수 있도록 하기 위하여 함께 연구하고 토론하며 실천하는 것을 목적"으로 설립되었다.[15] 미래포럼은 생명존중 문화확산과 미래세대 주체인 아동의 존중, 청년, 여성, 고령자 실직자들을 위한 창조적, 생산적, 사회적 일자리 창출, 저출산 고령화 문제 해결을 위한 가족친화적 사회운동 전개, 투명하고 공정한 신뢰사회 구축, 평생학습 지식사회 건설을 위한 연구와 사업전개, 글로벌 시대에 맞는 21세기 여성리더십 함양의 6대 과제를 제시하고 있다.[16] 미래포럼은 기업회원과 개인회원 두 가지 회원구조를 갖는다.

미래포럼은 창립초기부터 미래포럼의 핵심가치를 공론화하고 실천과제를 도출하여 이를 실행할 수 있는 장으로 한국여성재단을 선택하였다. 미래포럼은 설립 당시 사무국을 한국여성재단에 두고, 한국여성재단의 운영비 20%를 지원하기로 하였다. 한국여성재단의 활동이 곧 미래포럼이 추구하는 가치를 구현하는 것이기도 했기 때문이다. 또한 매출액의 만분의 일을 기부하는 만분클럽[17]을 결성하여 기금을 조성하고, 이 기금으로 사회공헌사업을 했다. 만분클럽 기금으로 추진된 대표적 사업은 '마을도서관' 사업이다. 미래포럼의 이러한 활동은 한국여성재단과 밀접한 관계 속에서 이루어졌고, 미래포럼의 회원기업들은 한국여성재단의 파트너 기업이기도 했다.

만분클럽은 개별 기업들의 상황변화로 인해 2014년 말에 종료되었고, 미래포럼 회원기업의 수도 감소하였다. 동시에 한국여성재

15, 16 사단법인 미래포럼 홈페이지(www.meerae.org)
17 2014년 12월 31일 종료.

단 운영비 규모가 확대됨에 따라, 미래포럼이 한국여성재단 운영비의 20%를 지원하는 구조는 지속되지 못하였다. 여러 가지 변화에도 불구하고, 업무협약에 따른 사무국 운영은 여전히 한국여성재단이 맡고 있으며, 미래포럼의 이사장 직을 전직 혹은 현직 한국여성재단 이사장이 맡음으로써 미래포럼과 한국여성재단의 밀접한 관계는 지속되고 있다.

미래포럼은 미래사회의 이슈에 대한 공론화 활동을 지속하면서, 최근 성별다양성 증진을 위한 '30%클럽'과 '초고령사회디자인 클럽'을 핵심적인 실천 이슈로 채택하고 지속적인 프로젝트를 수행하고 있다. 기업들은 미래포럼을 통해 후원기업의 역할을 넘어 스스로 가치실천의 주체로 나서고 있다. 이러한 미래포럼의 변화와 함께 한국여성재단과 미래포럼의 관계 또한 서로에게 힘이 될 수 있는 방식으로 재정립되어야 하는 과제를 안게 되었다. 위에서 언급한대로 창립 당시 미래포럼은 미래사회 가치에 대한 공론화를 주요 활동으로 삼았고, 한국여성재단은 실천의 장이었다. 현재 미래포럼의 회원들이 한국여성재단의 파트너 기업이나 기부자이기도 하고, 사무국 운영 등에서 미래포럼과 한국여성재단은 불가분의 관계이지만, 활동내용이나 역할 면에서 두 조직의 관계는 초기와는 다른 양상이기 때문이다.

세계여성재단네트워크와 아시아 네트워크 재단들
Prospera와 Prospera-Pacific Asia

현재 33개국의 38개 여성재단이 'Prospera'라는 이름의 네트워크에 결합되어 있고, 한국여성재단은 그중 하나다. 여성재단이라는 형태가 처음 만들어진 곳은 미국과 유럽의 나라들에서였다. 여성의 권리증진을 사회변화의 핵심고리로 보는 여성들이 선구적으로 여성단체나 여성들을 지원하기 위한 자선단체를 만들어 개발도상국의 여성단체들을 지원하였다. 2000년대 초 라틴아메리카, 미국, 유럽, 아시아의 여성재단들이 모여 세계여성재단네트워크(INWF)를 결성하였고, 2016년 세계여성재단네트워크는 'Prospera'라고 명명하였다. Prospera는 여성재단이라는 형태로 세상을 변화시키고자 하는 전 지구적 사회운동의 허브라 할 수 있다. 매해 Prospera 회원들이 모금하는 금액은 평균 66.3백만 달러에 이르고 있으며, 지원사업의 수는 173개국 1,800여 개에 이른다. Prospera는 2년에 한 번 정기적으로 회의를 개최하여, 회원간 교류한다.

지역별 네트워크는 각 지역에서 더 자주, 더 밀접하게 교류한다. 아시아여성재단네트워크(ANWF)는 2004년에 국제여성재단네트워크의 지역네트워크로 구성되었다. ANWF의 초기 구성원은 네팔의 Tewa, 몽고의 Mones, India의 Nirnaya, 홍콩의 Herfund이며, 후에 남아시아여성재단(SWAF), 방글라데시 여성재단과 한국여성재단이 결합하였다.

한국여성재단은 2004년부터 세계여성재단네트워크와 아시아여성재단네트워크에 회원으로 활동하고 있다. Prospera 회원들, 특히 아시아지역 회원들은 한국여성재단으로부터 많은 것을 배우고 싶어 한다. 한국여성재단은 기본재산을 가지고 있는 몇 안 되는 재단이고, 기업모금 액수도 다른 재단과 비교할 수 없을 정도로 많으며, 모금 노하우 또한 뛰어나다고 평가받기 때문이다. 한 예로 몽고의 여성재단은 한국에 방문하여 100인 기부릴레이에 대해 배우고 난 후,

매우 큰 감흥을 받아 이를 몽고에도 도입하였고, 한국의 100인 기부 릴레이에 직접 참여하기도 하였다.

그러나 한국여성재단은 국제적 네트워크 안에서 적극적인 역할을 하고 있지는 못하다는 것이 솔직한 평가일 것이다. 현재의 국제여성재단네트워크는 선진국의 여성재단이 개발도상국의 여성재단을 통해 여러 가지 사업을 수행하도록 지원하는 경우가 많고, 역량강화 노하우 또한 비교적 형편이 좋은 지역이나 나라에서 상대적으로 열악한 지역으로 전수된다.

한국여성재단은 국제네트워크 속에서 금전적, 혹은 비금전적 자원을 우리보다 어려운 지역 여성들을 위해서도 사용해야 하며, 다른 재단들도 이러한 역할을 기대한다. 그러나 한국여성재단은 국내에서의 모금과 배분활동에 전념하고 있는 상황이고, 아직 국제활동을 위한 모금성과를 크게 내지 못하고 있다. 특히 아시아 지역에서 한국여성재단이 더 많은 역할을 해 주기를 기대하는 것이 현실이고, 한국여성재단은 멤버들을 위해 더 든든한 친구가 되어야 하는 과제를 가지고 있다.

6. 스무 살의 한국여성재단, 새로운 도전들

한국여성재단의 20년을 돌아보면, 여성과 여성운동에 힘이 되고자 하는 활동을 일관성 있게 해왔음을 알 수 있다. 여성활동가들이 쉼과 재충전을 가질 수 있도록 지원하였고, 여성리더들의 역량강화를 위한 장학사업을 10년이 넘도록 해왔다. 모든 활동가에게 활동비를 지급하지는 못했지만, 풀뿌리 여성활동가와 문화활동가를 위한 활동비도 지원했다. 여성가장이나 결혼이주여성 등의 경제적, 사회적 측면에서의 역량강화를 위한 지원사업도 충실히 해왔다. 자원이 상대적으로 부족한 지역 여성단체들에게도 비빌 언덕이 되어 주었다 .

또한, 여성운동이 시급하게 대응해야 할 현안에 대해서도 여성재단은 필요한 역할을 해왔다. 재단설립 이후 여성의 정치참여가 극히 제한되어 있었을 때, 맑은여성정치기금을 모아서 정파를 초월하여 여성들의 정치적 진출을 도왔다. 가장 최근에 한 여검사의 폭로로 문화예술계, 체육계, 학교 등으로 퍼져나간 미투운동에 대해서, 재단은 위드유기금을 모아 미투대응을 지원하였고, 2016년 강남역 사건을 계기로 페미니즘 활동을 시작한 여성주의 신생단체도 신속하게 지원하였다. 여성재단을 만든 선배들이 이러한 사례들을 보고 '이래서 재단이 필요했다'고 평가해주지 않을까?

이 모든 성과는 선배들이 닦아 놓은 터전 위에서 이룬 것이다. 이제 스무 살이 된 한국여성재단은 더 멀리, 더 주도적으로 우리의 후대들까지 생각하면서 재단을 키우고 운영해야 하는 과제를 가지고 있다. 이를 위해서는 우리의 선배들이 제시했던 지점들을 하나씩 다시 점검해보면서, 미래의 도약을 준비해야 한다.

20년 전, 재단의 설립 취지는 '딸들에게 희망을!'이라는 슬로건으로 쉽고 분명하게 표현되었다. 당시 이 슬로건은 누구에게나 쉽게 다가가 감동을 주고 공감을 끌어냈다. 20년이 지난 지금, 우리는 어떤 슬로건에 우리가 지향하는 바를 담을 것인가?

한국여성재단의 비전은 '한국여성재단은 여성인권이 보장되고 호혜와 돌봄이 실현되는 성평등 사회를 지향한다'이며 재단의 미션은

'한국여성재단은 성평등과 돌봄의 사회를 만들어가는 여성들의 활동 및 리더십 함양을 지원하며, 이를 위해 적극적으로 자원을 확보하고 투명하게 운영한다'이다. 이러한 비전과 미션에는 분명한 철학이 담겨있고, 올바른 방향이 제시되어 있다. 이러한 비전과 미션을 현재의 상황 속에서 '딸들에게 희망을!'이라는 슬로건에 어느 정도 적절하게 담을 수 있을 것인가? 이러한 슬로건은 누구를 향하고 있고, 그들은 어느 정도 공감하고 재단의 친구가 될 수 있을 것인가?

모금전략이나 장기재정 운영계획도 재점검할 필요가 있다. 한국여성재단은 모금을 통해 단순히 돈만 모으는 것이 아니라, 성평등 사회를 지향하는 네트워크를 확대하는 방식으로 모금전략을 개발했고, 이에 대한 대표적인 모금방식이 '100인 기부릴레이'이다. 100인 기부릴레이는 기부 이끔이들의 여성재단에 대한 애정과 성평등 사회를 위한 책무감으로 지속되고 있다. 그러나 이끔이의 사회적 관계에 의존해 있어 확장성이 부족하다. 이는 모금액이 일정한 데서 알 수 있다. 또한 열정적으로 참여해왔던 이끔이들이 이미 은퇴했거나 차츰 은퇴기로 접어들고 있어, 새로운 영역에서 한국여성재단의 친구들을 만들어갈 수 있는 전략이 필요하다. 조성된 기금을 효과적으로 운용할 수 있는 전략도 필요하다. 현재 한국여성재단은 초기 조성된 기금을 대부분 예금이나 적금형태로 운용하고 있다. 그러나 이율이 계속 낮아지면서 기금운용에 어려움을 겪고 있다. 선배들이 애써 모은 기금을 적극적으로 활용하여, 재단의 여러 가지 사업이 확장성을 가질 수 있도록 하는 전략을 개발해야 한다.

현재 기업의 사회공헌에 관한 관심이 증대하고 있고 전반적으로 기부에 대한 사회적 인식이 확산되고 있다. 그러나 동시에 모금활동을 펼치는 재단 및 단체의 수 또한 증가하고 있고, 이런 점에서 모금시장에서의 경쟁은 매우 치열해지고 있다. 또한, 준정부 모금기관인 사회복지공동모금회나 대규모 전문 모금기관들이 오프라인 모금뿐 아니라, 다양한 모금채널을 동원하여 적극적으로 기부금을 모으고 있다.

최근 젊은 세대는 특정 단체에 정기적인 후원을 하는 경우보다 온라인 플랫폼을 통한 모금 형태로 특정 이슈를 위한 일시적 모금이나 굿즈 구입을 통한 모금방식을 더 친숙하게 느낀다. 모금 이슈나 모금채널이 다양해져가고 있는 현실에서 한국여성재단의 친구들을 모으는 방식 또한 다양화할 필요가 있다.

재단의 인지도를 높이는 것 또한 매해 한국여성재단 중대 이슈로 등장하고 있다. 한국여성재단은 여성을 위한 최초의, 유일한 민간 공익재단이다. 설립 당시 영향력이나 파급력은 매우 강했으나, 20년 역사와 비교하면 현재 한국여성재단의 대중적 인지도는 낮은 편이다. 재단이 설립된 과정에는 감동적인 스토리가 담겨있고, 재단이 기획한 모금사업이나 지원사업은 창의적이며, 투명하게 운영되고 있다. 한국여성재단과 함께하는 파트너 기업이나 파트너 단체들의 만족도는 전반적으로 매우 높다. 또한 한국여성재단에는 조용히, 열심히 재능과 돈을 기부하는 열정적인 기부자들도 많다. 이렇게 많은 장점과 긴 역사에도 한국여성재단이 인지도를 고민해야 한다는 사실은 안타깝다. 인지도를 높인다는 것이 반드시 여성재단에 관한 모든 내용을 대중적으로 알린다는 의미는 아니다. 한국여성재단이라는 이름으로 기부를 요청했을 때, 특정 사업이나 특정 인물을 떠올리면서, '아, 그 재단!'이라고 연상할 수 있으면 충분할 것이다. 여성을 위해서 무엇인가를 한다는 것은 이름 자체에 표현되어 있기 때문이다.

재단이 여러 가지 도전적 과제에 부딪혔을 때, 재단의 역사를 돌아보는 것은 언제나 유익하다. 선배들은 맨땅에서 성평등 사회를 향한 열망과 후대 여성들에 대한 애정으로 78억이라는 거액의 기금을 조성하고, 20년 동안 변화하는 환경 속에서도 비전과 미션에 충실하게 여성운동의 지지자 역할을 해왔다. 성년이 된 지금, 그간 여성재단이 맺어온 친구들과 함께 큰 그림을 그리고 멀리뛰기를 위한 도움닫기를 할 때다.

표 1. 한국여성기금 조성 계획

명칭		한국여성기금 추진위원회
사업목적		기금조성 및 재단법인 한국여성기금 설립
활동기간		1999년 11월부터 활동 시작 2000년 초 공익재단으로 재단법인 한국여성기금 설립 때까지 활동
기금조성 목표액		1,000억
기금조성 기본개념		우리 딸들의 밝은 새천년을 연다
기금 조성 방안	소액다수 기부자	각계 각층이 모금에 참여할 수 있도록 신문, 방송광고를 통한 국민 캠페인
	고액기부자	유산의 일정비율을 기금으로 기부하도록 조직
		개인별 섭외 또는 그룹별 모임 조직
	기업명의 기부	여성을 위한 기업이윤의 사회환원 권장
		기업명의의 지정사업 지원기금 설치
		특별기획 사업 추진

출처: 한국여성기금추진위원회(1999), '딸들에게 희망을 주는 큰 일을 시작합니다'

표 2. 설립 당시 모금계획

회원명	참여 인원	목표액	모금방법
기부자명의의 특정기부금		500억	기업, 개인
무궁화 회원(1억 이상)	100명	100억	개별교섭
동백회원(1000만 원 이상)	1,000명	100억	개별교섭 또는 그룹모임
백합회원(100만 원 이상)	10,000명	100억	
진달래회원	100,000명	100억	광고 캠페인
개나리회원	1,000,000명	100억	
채송화회원			ARS 등 행사모금
합계	1,111,100명	1,000억	

출처: 한국여성기금추진위원회(1999), '딸들에게 희망을 주는 큰 일을 시작합니다'

표 3. 재단설립추진위원회가 제시한 여성재단 설립 후 사업내용

사업항목	사업내용
21세기 프로젝트	21세기 남녀공조의 시대적 비전 수립 및 현실화를 위한 실행프로젝트 지원 21세기 새로운 가족관계, 남녀역할 모델정립을 위한 활동 지원
국가경쟁력 향상을 위한 여성인력개발	여성인력의 경쟁력 제고를 위한 사업지원 여성장학 사업/정보화 사회를 선도하는 여성활동 지원 문화산업 발전을 선도하는 여성활동 지원
소외여성 지원	노동자, 농민, 빈민 등 소외계층 여성을 위한 사업 지원 가난한 여성의 자립을 위한 신용대부 사업 및 절박한 상황에 처한 위기여성 지원 피해 여성의 법적, 행정소송을 위한 긴급지원
여성의 정치적 능력개발	여성의 정치세력화를 위한 조직사업 지원, 여성의 정치적 지위향상에 기여하는 활동 지원 여성인재 양성사업 지원
국제사회에서의 여성활동 지원	국제사회에 진출할 여성지도력 양성 외국의 여성활동 및 국제연대활동을 위한 지원
여성활동 지원	여성단체활동 지원 여성단체활동가의 복지와 처우개선을 위한 지원
특별사업	여성역사관·미래관·박물관·여성단체관 등을 갖춘 종합시설 (가칭)한국여성의 전당 건립

출처: 한국여성기금추진위원회, 한국여성기금조성기획서. 한국여성재단 내부자료.

표 4. 2018년 지원사업 주요 내용 및 성과

분류	사업의 내용	지원단체 수 및 인원	지원금액(원)
성평등 사회 조성사업	여성에 대한 폭력, 여성의 경제적 지위 향상, 여성의 대표성 강화 등 성평등한 사회를 만들기 위해 당면한 과제와 주요 여성 이슈를 해결하기 위해 필요한 사업 지원 차세대 페미니스트들의 온·오프라인 활동 지원	16개 단체	25,632,640
수시지원 사업	여성계와 시민사회가 연대하여 긴급하게 대응해야 할 사회적 문제 해결에 필요한 지원으로 연중 진행 2018년 미투이슈 중심의 연대활동 지원	4개 단체	18,243,320

여성이 안전한 세상 만들기 지원사업	여성에 대한 성폭력문제 해결을 위해 필요한 사업을 지원 사이버 성폭력 피해자 지원을 위한 국제공조체계 구축 지원 성폭력 피해자를 지지하고 연대하는 문화조성 활동 성폭력 피해 이주여성 지원 및 이주 분야 성폭력 예방활동 지원	3개 단체 1,752명	95,000,000
#MeToo 지원사업	피해자 권익 증진 및 인권 보호, 2차 피해 방지, 미투운동 활성화 및 폭력에 대한 사회적 안전망 구축 등의 목적으로 마련된 '미투기금' 조성 및 으로 지원 성폭력 피해자에 대한 법률 및 심리 상담, 의료 지원 연계 사업. 2018년 한해 스쿨미투, 이주여성들의 미투, 성폭력 피해자 지원 프로젝트 등 각 영역별 미투활동과 함께 성폭력 예방과 미투운동 활성화를 모색하는 사업 지원	7개 단체 2,590명	30,000,000
여성 임파워먼트	여성단체 활동가들의 쉼과 재충전기회를 마련하여 역량강화에 기여 활동가 쉼 지원 활동가 해외 연수 지원	52개 단체 92명	150,000,000
공간문화 개선	여성들을 위한 공간을 개선하기 위한 지원 사업	28개 단체 6,236명	700,000,000
여성NGO 장학사업	유한킴벌리 여성NGO장학사업은 현장의 여성운동과 여성주의 학문을 연결함으로써 새로운 가치와 담론을 형성하고 우리 사회를 이끌어나갈 여성리더를 발굴하는 한편 다양한 맞춤형 교육과정을 통해 여성 활동가의 전문성을 강화	69개 단체 515명	97,000,000
	다양성 존중과 돌봄사회 지원 다문화가정 모국방문 프로젝트	3개 단체 85명	200,000,000
	다문화여성의 경제적 자립 지원: 창업지원 역량강화 프로그램도 함께 진행해 다문화여성들의 자존감 향상 및 삶의 질 향상에 기여	참여자 수 총 10개팀 86명	220,000,000
고사리손 캠페인, 김은하기금	여아라는 이유만으로 학교에 가지 못하고, 학대당하는 여아들을 위한 교육환경 조성, 교재 및 학습자료 지원	1개 단체 105명	5,000,000

출처: 한국여성재단 (2019), 2018 지속가능경영보고서.

▌참고문헌

- 한국여성재단 (2011, 2014, 2015, 2016), 『아시아여성재단네트워크(ANWF, Asian Network of Women's Fund) 연례 지역회의 출장보고서』
- 한국여성재단 (2014;2015;2016), 『아시아여성재단네트워크(ANWF, Asian Network of Women's Fund) 연례 지역회의 발표자료』
- 한국여성재단 (2015), 『세계여성재단네트워크(INWF, International Network of Women's Fund) Biennial Conference 출장보고서』
- 한국여성재단 (2015), 『세계여성재단네트워크(INWF, International Network of Women's Fund) Biennial Conference 발표자료』
- ANWF. 2014, 2015, 『ANWF collaboration proposal』
- 기타: 2014 몽골여성재단 방문 관련 자료, 2013년 INWF 매니저 방문 관련 자료, INWF/ANWF 메일 기록

제2장

여성운동의 벗바리,
지역 풀뿌리 활동가들의
비빌 언덕

글 김은희

여성세력화와 민주주의를 주제로 삼아 활동가의 삶을 지속해왔다. 젠더법학을 공부하고 대학원을 마칠 즈음이 한국여성재단도 첫 발을 떼던 시절이었으니, 여성운동의 역사에서 우리는 또래 친구와도 같다. 성평등 사업의 지난 20년 기록을 거슬러 살펴보면서 오래전 신참활동가였던 나를 만나기도 했고, 새로운 젠더이슈가 발견되고 목소리를 내던 순간을 다시 보게도 되었다. 지나온 시간이 그러했듯이 앞으로도 재단이 여성운동 곁에 선 동료가 될 것이기에 든든하고, 새삼 고마운 마음이다.

1. 무엇보다, 절실했던 시작

예나 지금이나 여성운동단체들은 살림살이가 여유롭고 넉넉하진 못하다. 20년 전 한국여성재단이 '한국여성기금추진위원회(이하 추진위)'라는 이름을 걸고 전에 없던 민간공익재단을 만들기 위해 발걸음 재촉하던 그때는, 진보적 여성운동의 저변이 확대되고 의제별로 전문화된 단체들이 분화를 이루면서 막 빛을 발하던 시기이기도 했지만, 한편으로 운동의 지속가능성을 위해 이전과는 전혀 다른 재원확보방안을 모색해나가지 않을 수 없는 다급한 때이기도 했다.

추진위는 1999년 11월 발기인대회 개최 이후 속도를 내면서 2000년 1월부터 3개월간 부산, 광주, 대구 등 12개 지역을 돌면서 순회간담회를 열어 재단 설립을 위한 지역네트워크 구성에 발품을 팔았다. 윤후정 발기인대회 수석위원장은 한국여성재단 10년을 맞아 진행한 인터뷰에서도 전국의 여성단체장들이 여성을 위한 역사적 사업이라면서 적극적으로 참여했다고 당시를 회고하기도 했다.

그럴 수밖에 없었던 것이 개인의 기부문화가 부족했던 시절 여성운동은 해외기금원조에 적잖이 의지해왔는데,[1] 한국이 1996년 OECD 가입국이 되면서 지원이 끊기게 되는 상황에 직면했고, 대부분 대안을 마련하고 준비할 유예기간을 2000년까지로 두고 있는 경우가 많았던 것이다.

일례로, 한국성폭력상담소의 경우 1992년부터 국제여성재단의 지원을 받기 시작해서 1993년부터는 독일 개신교회개발원조처(이하 EZE)의 재정지원이 시작되었는데, 그 규모가 1993~1997년 기간에는 상담소 예산의 72.5%, 1997~1999년까지는 65% 정도로 큰 비중을 차지했고, 2001년부터는 지원이 중단되었다.[2]

여성단체들은 당장 활동이 축소될 수밖에 없는 현실에 맞닥뜨렸기에 자립과 생존을 위한 비상대책을 마련해야만 했다. "재단의 존재 이유는 여성단체의 사업을 지원하는 데 있다"[3]는 故 박영숙 한국여성재단 초대 이사장의 말은 빈말이 아니다.

지역 여성운동의 사정은 더 열악했다. 실상 1990년대 "(중앙)여성운동의 저변확대와 제도화 과제의 성공적 수행"이라는 평가와 담

1 국제여성재단(The Global Fund for Women), 미국에 본부를 둔 아시아재단(The Asia Foundation) 한국사무소, 독일 개신교회개발원조처(Evangelische Zentralstelle für Entwicklungshilfe, EZE)와 구호재단인 Bread for the World(Brot für die Welt), 프리드리히 에베르트 재단(Friedrich-Ebert-Stiftung, FES), 한스자이델재단(Hans-Seidel Stiftung), 하인리히-뵐재단(Heinrich Boell stiftung) 등 정당계열 재단 한국사무소들이 여성운동단체들을 지원했다.
2 보다 자세한 내용은 김경애(2013), "우리나라 여성운동에 대한 해외지원 — 1970년대 후반부터 2000년까지를 중심으로", 『여성과 역사』 제18집 참조.
3 김현아(2008), 『박영숙을 만나다』, 도서출판 또하나의 문화, 350쪽.

론은 지역에서의 운동현실과는 상당한 거리감이 존재했다. 당시는 서울과 그다지 멀지 않은 수도권 경기지역조차도 여전히 여성단체로서의 정체성을 드러낼 수 있는 여성운동은 매우 미약했으며, 단체로서의 인적·물적 조직기반이 열악하고, 사회적 관계망도 빈약해서 합리적인 자원 동원과 이슈 중심의 사업을 가능케 하는 기반이 마련되어 있지 못했다.[4]

지역에도 해외재단 지원이 없지는 않았다. 지역의 여성운동가들은 직접적인 네트워크를 구축하기가 어려운 상황이었기에, 한국기독교사회발전협회[5]의 역할을 통해 독일 EZE 지원 소액프로젝트 사업이 시작되어 혜택을 받을 수 있었다. EZE의 지원은 지역 여성운동과 지역 여성들이 전개한 환경운동, 보육운동의 활성화에 기여했지만, 역시 2000년 이후 지원이 종료되면서 한국기독교사회발전협회의 프로젝트 지원사업도 중단이 되었다.

당시 국가 및 지방자치단체 차원에서 여성운동과의 협력지원을 위한 법제화가 막 첫걸음을 떼고는 있었다. 1995년 말 「여성발전기본법」이 제정되었고, 제29조에서 "사업 등의 지원에 필요한 재원을 확보하기 위하여 여성발전기금 설치"를 명시했다. 1996년 서울시에 최초로 여성발전기금(현 성평등 기금)이 설치되었고, 뒤이어 정부 차원

---

4 김혜경(1999), "지역 여성운동의 성격연구—경기도 여성단체를 중심으로", 『사회과학연구논총』 제3권, 197~226쪽.
5 한국기독교사회발전협회(1986)는 한국의 민중들이 "민주적이고 인간화된 공동체적 삶을 향유할 수 있는 터전을 마련하기 위한 사업을 지원하는 것"을 사업 목적으로 설정하고, 도시빈민, 노동자, 농민과 더불어 여성의 의식화와 인간개발을 위해 기여한다는 운영지침하에 6개의 지원 사업 부문을 정하였는데, 그 4번째로 "여성의 인간화와 사회발전을 위한 참여운동"을 명시했고, 1990년부터 1999년까지 주로 지역의 여성 관련 활동을 지원하였다.

에서도 여성발전기금이 조성되었다. 1998년부터는 정부가 여성발전기금 공모사업을 통해 여성단체 사업을 지원하기 시작했지만, 초기에는 기금 조성에 중점을 두어야 했고, 지원사업은 소규모에 그쳤기에 여성운동단체들의 필요를 충족하기에는 턱없이 부족했다. 게다가 여성발전기금이 자리를 잡고 안정적으로 확대되기도 전인 2001년 여성정책전담부처인 여성부가 설치되면서 역설적으로 국회에서는 여성발전기금의 폐지가 제기되기도 했고, 정부의 기금 통폐합 논의와 맞물려 여성발전기금 폐지가 검토되면서6 여성운동은 여성발전기금 존치를 위해 나서야 했다. 한국여성재단은 이 활동에도 맏언니 역할을 감당했다.

2. 여성운동이라는
아름드리나무의 밑동 같은 존재

성평등 사회 조성사업 개요와 흐름

스무 살 한국여성재단은 지난 20년간 여성운동의 든든한 뒷배가 되어왔다. 특히 성평등 사회 조성사업은 매년 "여성관련 비영리민간단체 및 시설에서 성평등 사회 조성을 위한 사업을 수행할 수 있도록 지원하는 한국여성재단의 가장 기본적이고 고유한 지원사업"으로 자리 잡았다. 사업의 성격에 관한 개념정의도 조금씩 섬세해지고

---

6 2003년 당시 기획예산처 기금운용평가단의 평가 결과가 나오면서 여성발전기금 폐지 논의가 본격화되었다.

있어서, 현재 한국여성재단은 성평등 사회 조성사업을 "여성을 비롯해 우리 사회의 모든 사회적 약자들이 더 이상 성, 인종, 계급, 나이 등으로 차별받지 않는 사회를 만들기 위해, 비영리여성단체의 고유 목적 사업을 지원하는 한국여성재단의 핵심 사업"으로 소개하고 있다.[7] 그렇기에 재단이 이것저것 정리하더라도 끝까지 쥐고 가야 할 역할이 뭘까 생각해보면 아마도 성평등 사회 조성사업이 첫 손에 꼽히지 않을까 싶다.

> "여성재단이 만들어지는 과정에서 여성단체들은 지원대상이기만 한 것이 아니라 모금의 주체이기도 했어요. 지금도 기억이 나는 게, 일테면 명망가라 할 만한 분들로 구성된 53명의 공동위원장 외에도 광주를 비롯해서 지역 여성단체들이 모금에 적극적으로 참여했습니다. 그리고 초기 지원사업을 보면, 그곳이 현장이기에 발굴되는 의제들이 있었어요. 예를 들어 결혼이주여성이 사회적으로 의제가 되기 전부터 지역 여성단체에서 관련된 사업들이 제안되었고, 이런 것들이 기업의 사회공헌과 연결되면서 친정방문 프로젝트가 만들어질 수 있는 계기로 이어지기도 했습니다."
>
> 이유미, 한국여성재단 전 배분팀장 (인터뷰: 2020. 4. 4.)

설립 초기 기금 조성을 위해 애쓰는 한편, 배분사업도 미루지 않고 시작했다. 3년간 조성한 78억 원의 이자수입으로 시작한 2002년 성평등 사회 조성사업은 정기공모를 통해 45개 사업에 대해 283,880천

---

7 한국여성재단(2017), 『2016 성평등사회조성사업 결과보고서』 참조.

원을 지원했다.[8] 아쉽게도 기금 조성액이 계획했던 목표액에 미치지 못한 이유도 있었겠지만, 여성단체 고유목적사업을 지원하는 성평등 사회 조성사업의 경우 기업모금이 여의치 않았기에 재원조달방식에 관한 고민이 각별했다. 한국여성재단의 대표적인 모금캠페인이자 지금도 성평등 사회 조성사업의 밑천이 되고 있는 '100인 기부릴레이'는 이런 배경 속에서 2003년 탄생했고, 이후 십시일반으로 만들어진 재원으로 더 큰 규모로 공모사업과 지원사업을 배분할 수 있었다. 이 꿈이가 앞줄에 나서서 다음 사람에서 함께 하자 손을 내미는 '100인 기부릴레이'라는 새로운 모금방식은 "민간 여성공익활동에 순수한 뜻을 함께하는 일반 시민들과의 우정"[9]이다.

2004~2005년 초기 성평등 사회 조성사업 정기공모사업 규모

구분	성평등 사회 조성분야		여성복지분야	
	사업수	지원액	사업수	지원액
2004년	26개 사업	292,678천 원	12개 사업	96,170천 원
2005년	22개 사업	248,900천 원	12개 사업	99,590천 원

출처 : 2003~2005년 『성평등 사회 조성사업 결과보고서』 참조

---

8 세부적으로 보면, 성평등 사회 조성사업분야에 30개 사업 193,070천 원이, 소외여성복지사업분야에 15개 사업 90,810천 원이 지원되었으며, 성평등 사회 조성사업은 하위 카테고리로 조사연구, 정책개발 사업, 국제여성활동 촉진사업, 성평등 사회 조성 문화사업, 여성인력개발사업, 지역여성활동 촉진클럽, 여성운동 활성화 사업를 두었다. 한국여성재단(2002), 『2002 딸들에게 희망을 주는 사업 결과보고서』 참조.

9 한국여성재단(2004), "박영숙 이사장 발간사", 『한국여성재단 나눔의 열매—2003 성평등 사회 조성사업 결과보고서』 참조.

하지만 한국여성재단 연차보고서에 따르면,[10] 2018년 현재 성평등 사회 조성사업이 포함된 "성차별 제도와 문화의 변화"[11]분야는 재단 전체 지원사업의 17% 수준으로, 비중으로 따지자면 첫 손에 꼽히는 사업은 아니다. 한국여성재단의 성평등 사회 조성 배분사업 10년 시점인 2012년에는 자유공모 11개 사업, 기획공모 3개 사업에 총 지원금액은 151,539천 원이었고, 최근인 2018년에는 자유공모 10개 사업, 차세대 여성운동지원 3개 사업 총 지원금액은 256,633천 원으로 초기에 비해 규모면에서도 확대되었다고 보기는 어렵다. 물론 배분사업의 다각화에 따른 결과이기도 하겠지만, 한국여성재단의 핵심 사업인 성평등 사회 조성사업의 모금과 배분이 늘어나지 못하고 있는 점은 재단이 끌어안고 풀어나가야 할 숙제일 것이다.

성평등 사회 조성사업은 2002년부터 계속 이어져 오면서 공모 사업의 유형이 조금씩 변화해왔음을 알 수 있다. 초기인 2002~2003년에는 여성의 지역사회 활동을 활성화하여 여성주의적인 방식으로 삶의 터전을 마련하기 위한 풀뿌리 지역 여성공익활동을 지원하기 위해 성평등 사회 조성사업 내에 '지역 여성활동 촉진클럽' 분야를 두어 지원하기도 했고, 첫 해인 2002년에는 조사연구사업으로 '농촌지역중심 여성건강증진 교육프로그램 개발'이 수행되기도 했다. 2009년까지는 정기공모사업을 성평등 사회 조성사업과 (소외)여성복지사업으로 구분하였으나, 2010년부터는 성평등 사회 조성사업으로 통

---

10 한국여성재단(2019), 『딸들에게 희망을—2018년도 한국여성재단 지속가능성보고서』 15쪽 참조.
11 한국여성재단 연도별 연차보고서를 보면 시기에 따라 각 사업의 분류가 다소 유동적인데, 2018년 "성차별 제도와 문화의 변화"분야에는 성평등 사회 조성사업, 미투(#metoo) 지원사업, 수시 지원사업, 여성이 안전한 세상 만들기 지원사업, 성평등 문화정책포럼이 포함되었다.

합하고 그 안에서 자유공모사업과 기획공모사업을 구분하여 시행했다. 2015년부터는 자유공모사업 외에 '여성운동의 성장 및 확산을 위한 신생여성단체/차세대단체 지원사업'과 '여성과 아동 폭력의 예방 및 해결을 위한 지원사업'이 생겨났고, 2017년 들어서는 신생단체와 차세대를 분리해 '여성운동의 성장 및 확산을 위한 차세대 여성운동 지원사업' 분야가 만들어졌다.

신생여성단체 지원의 경우 풀뿌리 여성단체를 염두에 둔 것이며,[12] 차세대 여성운동 지원의 경우 2016년 강남역 여성혐오살해 이후의 역동을 반영한 것으로 10개 사업이 선정되었다. 2018년에는 신생여성단체 지원사업 선정은 없었고, 차세대여성운동 지원에만 3개 사업을 선정했다. 그 외에도 2018년의 경우 자유공모사업 중에서 단년도 지원사업이 아닌 2년차 지원사업으로 2개 사업이 선정되는 변화가 있었다.

짧은 지면에 2018년까지 지원한 300여 개에 달하는 사업들을 하나하나 소개하고 그 의미를 새기지 못하는 점은 아쉽지만, 한국여성재단 성평등 사회 조성사업이 지원한 사업들의 목록은 지난 20년 여성운동 이슈와 현안, 변화의 방향 등을 읽어낼 수 있는 역사이기도 이다. 최근들어 더욱 주목받고 있는 다양한 가족형태와 비혼의 삶에 관한 사업들은 2000년대 초반부터 이미 성평등 사회 조성사업으로

---

12 김경희·신경아(2014)는 '생활정치-지역사회-풀뿌리운동-여성주의-차이의 정치'의 공존과 연대를 강조하고(40~42쪽), "성평등 사회 조성사업을 자유공모사업과 기획공모사업으로 구분하되 기획공모사업의 대상을 '설립한지 3년 이내의 신생 여성단체 또는 단체의 설립목적에 여성주의나 성평등을 포함하고 있는 단체'로 제한하거나 단기 사업 중심으로 운영'할 것을 제안하고 있다. ; 김경희·신경아(2014), 『성평등 사회 조성사업의 성과와 과제』, 한국여성재단 연구보고서, 71쪽 이하 참조.

지원이 되어 왔다.

2002년 대구여성회에서 진행한 '비혼여성 자리찾기'사업은 "대구지역에서 처음 시도되는 비혼여성들을 위한 사업으로 의미 있게 지원"[13]되었고, 2003년에도 '비혼여성의 지위향상과 네트워크 구축을 위한 지원사업'이 수행되었다.

2010년 대전여성정치네트워크 '성인지예산운동의 확산을 위한 여성행동', 2015년 성인지예산전국네트워크 '젠더브릿지 역할을 통한 성주류화 전략 실효성 강화'사업, 2016년 경남여성단체연합 '경남 페미! 일.단.만.나!'사업 등도 각각의 사업이지만 지역에서의 성주류화 거버넌스와 성인지예산운동으로 이어지고 영향을 주면서 변화를 만들어내고 있는 사업들이라 할 수 있다. 국가 차원의 성주류화 거버넌스가 정부-전문가의 제한적 방식에 그치고 있다는 평가와는 달리, 지역 차원에서 지역 여성운동, 젠더전문가, 지방의원, 행정이 협력적 네트워크를 시도하고 「성인지예산(제) 실효성 향상 조례」도 만들어내는 변화를 이끌어내는 데[14] 재단의 지원도 부분적으로나마 기여한 바가 있다고 할 만하다.

정기공모사업 외에도 성평등 사회 조성사업 일환으로 "여성계와 시민사회의 긴급하고 중요한 이슈와 요청에 신속하게 대응하고 신생NGO 기반조성을 지원하는" 수시사업의 경우 주요한 여성현안이 반영되어 있다.

근래에 지원된 내용을 보면, 2010년 지방선거를 앞두고 지원

---

13 한국여성재단(2003), 『2002년도 성평등사회조성사업 결과보고서』, 사업총평 참조.
14 김은희(2020), "성인지예산, 법제화 이후의 현재에 관한 재검토 : 지역으로부터의 실험에 비추어", 『젠더법학』 제11권 제2호, 105~106쪽 참조.

된 2010남녀동수 범여성연대 수시지원사업을 통해 지방선거 '지역구 여성 의무공천제' 도입에 밑거름이 되었고, 그 결과 전에 없이 지방선거운동기간 선거벽보에 드디어 여성후보들의 얼굴이 적잖이 등장하는 풍경이 만들어지기도 했다. 2016년에는 "강남역 여성 살해사건 관련 긴급집담회—대한민국 젠더폭력의 현주소"사업이, 2018년에는 #미투운동 연대활동에 수시지원이 이루어졌고, 같은 해 별도 지원사업이 만들어지기도 했다.

반짝반짝 빛나는 성평등 사회 조성사업 우수 파트너들

재단에게 있어 여성운동은 단순한 지원(대상)단체가 아니라 '파트너'이고, 사업비 지원 외에도 선정된 사업이 어려움 없이 실행될 수 있도록 하는 조력자 역할을 해왔다. 또한 매년 성평등 사회 조성사업을 수행한 파트너 사업 중에서 보다 의미 있게 추진된 사업을 선정해 응원을 해왔는데, 선정된 사업의 현황은 97페이지의 표 2에서 살펴볼 수 있다.

우수 파트너로 선정된 면면을 살펴보면, 특히 초기에는 지역 여성운동단체나 풀뿌리운동 조직이 다수 선정되어 왔음을 알 수 있다. 보통 공모사업에서 지역단체들이 의제 발굴·기획력이나 사업수행역량에서 상대적으로 부족하다는 통념이 없지 않은데, 실제 수행된 사업의 결과물들은 그렇지 않았다고 할 수 있다.

그 외에도 새로운 주체의 등장과 성장과정 그리고 그들이 만들어내는 변화를 들여다볼 수 있는 사례도 흥미롭다. 문화기획달은 2016년 신생단체지원에 선정되어 '농촌 성문화 다시보기' 프로젝트를 시작했고, 2017년에는 '농촌 페미니즘 활력 충전소'로 우수파트너 사업으로 주목을 받았으며, 2018년에도 '농촌×페미니즘+남성 회오리와 친구들'로 활동을 성숙시켜 이어가고 있다. 권명심 문화기획달 행동지기는 2017년 사업후기에서 "제목을 정할 때부터 '페미니즘'이라는 단어를 사용하기가 꺼려져서 '농촌 성문화 다시보기'라는 사업명을 따로 고안해내야 했는데 1년 사이 마을에 가시적인 변화가 있었습니다. 여전히 페미니즘과 페미니스트라는 단어에 거부감을 갖는 주민들이 있지만, 우리 스스로 페미니스트로서의 정체성을 다른 언어로 표현할 길이 없음을 깨닫고 당당히 '나는 페미니스트다'를 외치게 된 지금, 오히려 개운해졌습니다"라고 말한다.

물론 문화기획달을 포함해 파트너 단체들의 활동은 온전히 스스로 고민하고 애써 만들어 온 것이지만, 한국여성재단의 존재가 이같은 활동을 가능하게 하는 자원이자 비빌 언덕이 되어 주었다는 점에서 의미를 갖는다고 생각된다.

이어지고 연결된 그물망 같은 지원사업의 관계

재단 지원사업 구성을 보면 성평등 사회 조성사업을 포함한 성차별 제도와 문화의 변화 영역 외에도 여성 임파워먼트, 다양성 존중 및 돌봄사회 지원, 여성기본인권보장 영역에서 다양한 지원사업을 펼치고 있고, 이 사업들은 서로 별개가 아니라 "여성인권이 보장되고 호혜와 돌봄이 실현되는 성평등 사회를 지향"하는 재단의 비전으로 수렴된다. 재단 지원사업 전체가 성평등 사회 조성사업이기도 한 것이다. 또한 각각의 영역이 서로 영향을 주고받으며 넘나들고 있기도 하다. 지금은 사라졌지만 2007년부터 2011년까지 성평등 사회 조성사업과 함께 공모사업으로 진행된 '글로벌 리더육성 지원사업'[15]의 경우 '짧은 여행, 긴 호흡'사업의 일부로 이어져 해외연수 프로그램[16]으로 추진되고 있다.

그 외에도 2016년에 신생단체 지원에 선정된 '변화된 미래를 만드는 미혼모협회 인트리'의 경우 돌봄사회 지원 영역 한부모·양육한부모 지원사업의 수혜를 받아온 여성당사자들이 성장해 스스로를 돕는 주체로 형성된 사례로, 지금 재단의 성평등 사회 조성사업 파트너기관으로 당당히 활동하고 있다.

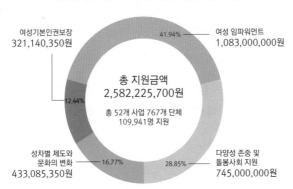

한 눈에 보는 한국여성재단 지원사업 구성

여성기본인권보장
321,140,350원

41.94%

여성 임파워먼트
1,083,000,000원

총 지원금액
2,582,225,700원

총 52개 사업 767개 단체
109,941명 지원

12.44%

성차별 제도와
문화의 변화
433,085,350원

16.77%

28.85%

다양성 존중 및
돌봄사회 지원
745,000,000원

출처 : 한국여성재단(2019), 『딸들에게 희망을−지속가능한 사회를 위한 한국여성재단 연차보고서』

---

15 2007년부터 시작된 이 사업의 출발은 사회복지공동모금회를 통해 삼성사랑봉사단 이웃사랑성금 후원으로 이뤄지다가 2011년에는 성평등 사회 조성기금을 재원으로 했는데, 국제협력 네트워크 강화(단체) / 차세대 글로벌 여성리더(개인) / 기획연수 프로그램 등 다양한 형태로 지원되었다.
16 2018년 '짧은 여행, 긴 호흡' 기획은 활동가들이 글로벌 시각을 갖춘 여성리더로 발돋움할 수 있는 해외연수 프로그램으로 '독일여성운동 탐방연수'를 진행했다.

지원사업 중 가장 큰 비중을 차지하는 여성 임파워먼트 영역을 보면, 공간문화사업과 장학사업 및 변화를 만드는 여성리더 지원사업 등이 모두 여성단체/활동가를 직접 지원하는 사업으로 구성되어 있다. 재단이 2009년부터 아모레퍼시픽복지재단 후원으로 진행하고 있는 공간문화사업은 2018년에 총 28개 단체에 7억 원 규모가 지원되었다. 2009~2014년 기간에는 화장실 및 욕실 개보수사업과 대안공간 리모델링 사업으로 이루어지다가 2015년부터는 공간문화사업으로 통합해서 추진되고 있으며, 현재 공간개선, 공간활용 프로그램 지원, 정리수납컨설팅 지원에 이르기까지 다양하게 확장되고 있다. 특히 사업비 지원을 중심으로 하는 다른 지원사업과는 달리 공간의 변화를 통해서 여성운동단체 활동의 물리적 조건을 바꾸어내고 있다는 측면에서 차별성이 있다.

그리고 최근 진행된 연구에 따르면, 선정된 단체/시설은 전국적으로 비교적 고루 분포되어 있으며, 2009~2013년까지 시행된 사업의 결과보다 2014년 이후 5년간 추진된 지원의 지역별 분포가 전국적으로 더 고르게 나타난 것으로 파악된다.[17]

3. '여성재단 다운' 방식이 만들어가는 가능성

사업이나 단체보다 구체적인…'사람'을 지원하는

재단의 지원은 대부분 형식적으로는 '사업'에 대한 지원방식인

17 장미현(2019), 『공간문화개선사업 성과평가 연구』, 한국여성재단 연구보고서.

데, 특별히 사업이 아닌 '사람'에 대해 지원하는 것으로 '변화를 만드는 여성리더 지원사업'이 있다. 이 사업은 마이크로 크레딧 방식의 여성가장긴급지원(Cash SOS)사업 상환금 일부를 재원 삼아 '변화를 만드는 여성리더 지원사업'이라는 이름으로 2014년부터 풀뿌리 여성활동가와 여성문화예술인에게 지원되고 있다.

2013년 당시 여성재단은 풀뿌리 여성활동가들과의 만남으로 진행한 간담회에서 풀뿌리 여성운동의 현황과 과제들을 논의했다. 이 자리에서 여성운동의 근본적인 변화를 위해서는 풀뿌리 여성운동의 성장과 확대가 필요하다는 데 의견이 모아지면서 기존 여성단체 중심의 성평등 사회 조성사업과 별개로 풀뿌리 여성운동을 발굴하고 지원하는 사업이 제안되었다.[18] 특히나 지역 여성단체나 풀뿌리 모임의 경우 대부분 인적·물적 구조가 매우 열악하다보니 유급 상근활동가보다 회원들의 무보수활동으로 지탱되는 경우가 많았고, 그렇다보니 사업실행역량의 축적이나 지속가능성을 확보하기 힘든 상황이기 때문에, '사업'이나 '단체'보다 구체적인 '사람'으로 지원방향이 설정되었다.

또한 풀뿌리 여성활동가 외에도 영상과 글쓰기 등 주로 개인으로 활동하면서 일과 삶이 결합되어 여성주의 관점의 문제의식을 드러내는 창작작업을 하고 있는 여성문화예술인에 대한 지원도 함께 포함되었다. 이렇게 만들어진 변화를 만드는 여성리더 지원사업은 "일상의 여성문제를 여성운동의 의제로 이슈화하여 활동하고 있는 풀뿌리

---

18 장이정수·조이현임·김은희(2016), 『변화를 만드는 여성리더 ― 풀뿌리 여성활동가 지원사업 연구』, 한국여성재단 연구보고서 참조.

여성활동가, 문화·예술 영역에서 여성주의 지평을 확산하고 있는 여성문화예술인을 지원하고, 이를 통해 지역 여성 활동의 새로운 이슈를 실험할 수 있는 참신한 아이디어를 가진 풀뿌리 여성리더를 발굴하고 여성문화 콘텐츠의 다양화를 통한 여성운동의 대중화에 기여"하고 있다. (98p 표 3 참조)

사람에 대한 지원이다 보니 그 내용으로 '활동비 지원'을 택하게 되었는데, 풀뿌리 여성활동가는 개인별로 500만 원, 여성문화예술인은 600만 원을 지원기준액으로 두고 정산절차도 상대적으로 복잡한 증빙을 요구하지 않았다. 재단이 가져가야 할 배분사업에서의 원칙이랄까, 박영숙 초대 이사장은 여성운동을 지원함에 있어서 "재단이 선호하는 사업이 아니라 단체의 목적에 부합하는 사업을 지원하는 것, 그리고 단체들이 실질적인 예산 편성과 집행을 하게 할 것"[19]을 강조했는데, 기본적으로는 성평등 사회 조성사업에 해당하는 배분원칙이겠지만, 단체라는 말의 자리에 조직이 아닌 사람을 끼워 넣으면 '변화를 만드는 여성리더 지원사업'이 여기에 잘 들어맞기도 하고, 더 진화된 방식으로 자율성을 부여하고 있다고도 할 수 있다.

지원받은 이들이 제출한 결과보고서를 보면, 특히 초기에 지원받은 풀뿌리 여성활동가들의 경우 지원금의 쓰임은 인건비라기보다 개인이 지출한 사업비인 경우가 많았다. 후기에서 "여성재단 지원비를 자신에게 쓰지 못한 것은 매우 아쉽지만, 한 번도 사람한테 주는 공모사업을 본 적이 없어서 그랬던 것 같다. 그 지원비로 빔도 사고 교구도 사고, 정자인형, 난자인형을 300만 원어치 사고 성교육센터

19 김현아(2008), 『박영숙을 만나다』, 도서출판 또하나의문화.

출강할 때마다 강사비 주고 그렇게 알차게 썼다"고 적을 만큼 지원은 당연하지만 조금은 낯설고 그래서 새로운 방식이었다. 그리 많다하기 어려운 액수인 500만 원을 한도까지 채우지 않고 조심조심 지출계획을 세운 사례도 없지 않았다. 현재는 공모에서 풀뿌리 여성활동가 '인건비'라고 명확히 밝히고 있다. 그들에게 활동비지원금 500만 원 내지 600만 원은 단지 돈이 아니라 일 년여의 '시간' 그 자체였기에 더없이 소중했다. 어쩌면 아주 제한적인 형태로 '활동가 기본소득'이 가져올 수 있는 효과의 단초를 보여주고 있는지도 모르겠다. (99~100p 표 4, 5 참조)

> "여성재단의 지원으로 가장 큰 변화가 생긴 것은 역시 생활이었다. 생활비 충당을 위해 기존에 하고 있던 네 개의 일을 두 가지로 줄였고, 그만큼 번 시간을 어떤 형태로든 소설가로서 살았다. 필요한 도서를 제때 구입해 읽는 것, 관심 있는 분야에 대한 적극적인 취재가 가능했던 것, 미흡하나 단편소설을 집필하기 시작했던 것 모두가 지원 이전에는 생각할 수 없는 일이었다."
>
> – 여성문화예술인 지원사업 결과보고서 후기 중에서

북돋움, 인정, 그리고 기다림,
들판에 흩뿌려진 풀씨에 물을 준다는 것

2014년부터 시작되어 이제 7년차를 맞게 되는 변화를 만드는 여성리더 지원사업은 지원규모도 크지 않고 아직까지 지원사업의 방향성을 안정적으로 다듬어가고 있다고 하기에는 때 이른 듯하다.

초기에는 단년도 지원 방식이었으나, 풀뿌리 활동의 경우 1년 500만 원의 1회 지원으로는 안착이 어려울 수 있으니 3년 정도 길게 지원하는 방식도 필요하다는 의견에 따라 2018년부터는 풀뿌리 여성리더 지원사업의 경우 기존 지원자에게 재신청을 받아 선정되면 3년까지 지원이 가능하도록 했다. 그럼에도 가시적인 사업이 아닌 사람에 대한 지원은 당장에 눈에 보이는 어떤 성과를 만들어내기 어렵고, 여성 문화예술인 지원의 경우 어떻든 창작의 결과물이 생산되지만, 풀뿌리 여성활동가 지원의 경우 더욱 당장의 성과 여부를 따지기는 섣부르다. 하지만 개별 사례를 통해서 지원사업이 만들어가고 있는 효과의 일단을 살펴볼 수 있는데, 결과보고서에서 금전적인 도움 외에 자주 언급되고 있는 부분이 바로 인정과 지지에 관한 대목이다. '여성리더'라는 호명이 그녀들로 하여금 변화를 만들어가는 가능성을 열어주었고, '풀뿌리 여성활동가'로 그녀들의 이름을 불러주어 운동가로서의 정체성에 의미를 부여할 수 있었다고나 할까.

"스스로 '풀뿌리 여성활동가'라는 정체성을 생각하게 되었고, 여성 주의 활동이 주가 되는, 단체에 속해 있지 않은 현재 나의 삶에 이름을 줄 수 있게 되었다. 스스로를 풀뿌리 여성활동가라고 생각하게 되면서 활동이 편해졌다."

"지역 내에서 내가 하고 싶고 해야 하는 일들을 개별로 하기란 쉽지가 않습니다. 그런 막막함에서 신청한 변화를 만드는 여성리더 지원 사업은 제게 그저 오지랖으로 돌아다녀야 했던 아줌마의 일이 여성 리더… 풀뿌리 여성활동가라는 거창한 이름이 되어 부담스럽기도 했어요. 풀뿌리 여성활동가 지원사업은 제게 지역 내 보육현장나누기 고민을 포기하기 전 사막의 오아시스 같았습니다."

"… 그보다도 더 큰 의미는 변화를 만드는 여성리더 지원사업에 선정되었다는 그 사실 자체였다. '여성리더'라는 지원사업의 이름은 나에게 너무도 감사한 무게였고, 언제나 내 머리 위에서 나를 지켜보는 눈이었다. '여성'으로서 창작자가 나아가야 할 방향을 끊임없이 다시 고민하게 해주는 '질문'의 이름이었다."

"저 역시 이번 다큐멘터리 작업을 한국여성재단이 아니면 어디서 지원을 받을 수 있을까라는 고민을 할 정도로 스스로 위축되어 있었는데, 이 지원사업을 통해서 큰 힘을 받았고, 제 프로젝트를 좀 더 당당하게 진행시키면 좋겠다는 생각을 하게 되었습니다."

풀뿌리 여성활동가 지원에 한정해 초기 3년을 분석한 연구에서는 지원대상 활동가를 여성단체 지부·지회, 인큐베이팅/독립성 강한 단체, 자생적인 풀뿌리(여성)단체, 독립적인 개인/모임으로 유형화하면서,[20] 지원대상자 선정순위에 자생적인 풀뿌리(여성)단체나 독립적

---

20 활동유형 분석 결과를 보면, 여성단체 지부·지회 35% / 자생적인 풀뿌리(여성)단체 35% / 인큐베이팅·독립성 강한 단체 25% / 독립적인 개인·모임 10% 순이었다. 지방일수록 여성단체 지부지회가 많은데, 이는 지부지회가 아닌 경우 여성주의 활동을 독립적으로 펼치거나 지속하기 어려운 지역의 상황이라고 진단했다.
참고로, 초기 3년간 지원자들의 지역분포는 경상 10명, 서울 8명, 충청 4명, 경기·인천 3명, 전라도 2명, 강원도 1명이었다.

인 개인/모임에 우선할 것을 제안하기도 했다.[21] 지역으로 들어갈수록 여성운동/지역 여성운동/풀뿌리 여성(주의)운동이 어떻게 다른가 하는 고민을 담은 의견일 수 있다.

이런 제안을 기존에 선정된 결과로 보자면 김란이(여성생활문화공간 비비[22]), 이혜린(생활교육공동체 공룡[23]) 등의 사례를 꼽을 수 있겠다. 김란이 활동가는 풀뿌리 여성활동가 지원 기간 동안 자신이 몸담고 있는 여성생활문화공간 비비의 5년 활동과 경험을 담은 이야기책을 발간하고, 비혼여성들의 즐거운 네트워크, 비비를 지역 여성들의 의미 있는 공간으로의 성장과 확장을 위한 간담회 등을 진행했다.[24] 여성생활문화공간 비비는 이전부터 공동체연구자나 대안가족/공동체에 관심이 있는 사람들에게는 제법 이름이 있어서 각종 매체에서도 여러 차례 다뤄졌고, 2015년 지원 당시에 재단 소식지에도 소개가 된 바 있다.[25] 30~40대를 함께한 비비의 공동체 구성원들은 이

---

21 장이정수·조이현임·김은희(2016), 『변화를 만드는 여성리더 — 풀뿌리 여성활동가 지원사업 연구』, 한국여성재단 연구보고서 참조.

22 '여성생활문화공간 비비'는 전주 지역의 '비혼여성공동체 비비'에서 2010년에 마련한 공간이다. 공간을 마련한 지 6년 만에 협동조합 형태로 전환했고, 현재 전주시 완산구 삼천동에서 비혼 아카데미, 페미니즘 강연, 비혼 상담, 요가 수업 등을 진행하고 있다.
이 공간을 연 '비혼여성공동체 비비(비혼들의 비행)'는 2003년 전주여성의전화 내 소모임 형태로 시작해서 독립해 공동체를 꾸린 1인 가족 네트워크 생활공동체로, 같은 아파트에 각각 입주해 따로 또 같이 살아가고 있다.

23 생활교육공동체 공룡('공부해서 용되자'의 줄임말)은 청주시 사직동(마을카페 '이따')이라는 동네에 살면서 서로 하고 싶은 것과 필요한 것을 찾고, 배우고, 가르치고, 만들어가는 과정을 함께하는, 그게 공부라고 생각하는 생활교육공동체다. 공룡의 활동가들은 각자의 매체를 가지고 연대 및 네트워크 활동, 매체 제작, 매체를 활용한 교육활동 등을 하고 있다.

24 2015년 지원사업 해당 결과보고서 참조.

25 한국여성재단(2015), "[기획]여성들은 왜 마을로 갔나(3) 여성비혼공동체 비비", 『딸들에게 희망을』 소식지 2015년 4호, 8~9쪽.

제 나이가 들면서 비혼만큼이나 여성노인공동체에 관심을 쏟고 있다고 한다. 이 지원사업으로 재단은 직접적으로 비비를 지원한 것은 아니지만 김란이 활동가를 통해서 비비라는 공간이 만들어내는 풀뿌리 여성(주의)운동을 계속 해나갈 수 있도록 짧은 어느 시기에 숨구멍이 되어 주었다.

> "저는 여성운동활동가라고 한정했으면 제가 대상이 안 된다고 생각했을 거예요. 대상을 여성단체로 제한하지 않았고, 여성운동보다 여성주의라고 하면 포함될 수 있는 사람들이 있을 것도 같고, 물론 더 좁아질 수 있지만 구체적으로 이어질 수도 있다고 생각해요.
>
> 풀뿌리 여성운동이 뭘까… 여성운동은 가치, 관점, 세상을 바라보는 큰 틀의 구조잖아요. 거기에 풀뿌리가 붙으면, 어떤 방식으로 내 활동에서 풀어가느냐 하는 거겠죠. 나를 중심으로 살고 있는 공간, 일상, 관계, 서로 영향을 주고받을 수 있는 사람들을 찾고, 확인하고, 만들고 하는 게 풀뿌리 공동체 아닐까요? 풀뿌리 여성주의라는 걸 지금 설명할 수 있는 것은 그 정도인 것 같아요. '공룡'에서 왜 활동하는지, 어떻게 살고 싶은지, 이런 질문과 다르지 않은 것 같아요. 공동체이기도 하고 풀뿌리이기도 하고, 저는 이런 삶이 평범하다고 생각해요.
>
> 내가 내 존재를 배신하면서 살고 싶지는 않고, 특별한 삶을 추구하는 것이 아니라 나의 필요, 생각, 질문 이런 것들이 이어지는 것이라고 할까요."
>
> – 이혜린 사례 인터뷰(2016.8.31.) 녹취록 발췌

이혜린 활동가는 지금도 청주 '공룡'에서 교육활동과 미디어운동을 이어가고 있다. 공룡 어디에도 페미니즘이나 여성운동을 내세우고 있지는 않지만 풀뿌리 여성활동가의 삶은 진행형이고, 지난해 공룡에서 만드는 사직동 마을잡지 〈크앙〉에 실은 사회적 연속극에 관한 글[26]에도 이러한 내용이 잘 드러난다. 이렇듯 풀뿌리 여성활동가들은 다양한 장소와 영역에서 각자의 방식으로 변화를 위해 노력하고 삶에서 페미니즘을 몸으로 깨우치며 살아가고 있다. 한국여성재단이 풀뿌리 여성운동을 지원하는 방식도 앞에 나서 방향을 제시하고 선도하기보다 활동가들 삶의 지속가능성을 응원하는 벗바리 같은 역할로도 충분히 의미가 있다. 벗바리란 곁에서 도와주는 친구나 뒷배를 보아주는 사람이라는 뜻이지만 음절을 '벗+바리'로 나누면 '동료+여자의 밥그릇'이기도 하니 말이다.

"저도 초기에는 기존 여성단체의 지부·지회에는 이 사업 지원을 지양하는 게 맞겠다 생각했는데, 좀 달리 생각되기도 해요. 실제 지역 상황을 보면 지부·지회도 대부분 사무국장 1인 이외의 상근인력이 거의 없고 사무국장도 상근비를 제대로 받는 경우도 거의 없었어요. 이런 열악한 조건이 바뀌지 않으니까 일상과 만나는 지역의 운동이

---

26 이혜린(2019), "빈곤과 청소년, 집단적 행동과 연대의 가치를 강조하는 사회적 연속극 : 〈섹스토센티도 + 노베라 노베라〉의 사례", 〈크앙〉 제2호, 생활교육공동체 공룡, 73~79쪽.
참고로, 공룡이 만드는 사직동 마을잡지 〈크앙〉은 "마을이라는 장소와 영역을 중심으로 공룡의 생각과 이야기를 담고자 합니다. '마을잡지'라는 컨셉 안에 마을을 중심으로 다양한 담론들을 살펴봄과 동시에 우리가 살아가고 활동하고 있는 '사직동'이라는 구체적인 장소에 대한 이야기들을 하고자 합니다"라고 스스로 소개하고 있다.

활성화되고 있지 못한 상황도 그대로인거죠. 저는 이게 지역 풀뿌리 운동이 뿌리내리지 못하는 원인이라고 봐요."

– 장이정수 변화를 만드는 여성리더 지원사업 심사위원 (2020.3.27.)

풀뿌리 여성활동가 지원사업은 또다른 고민도 안고 있다. 앞서 언급한 선정기준과 관련하여 과연 기존 (중앙/광역)여성운동단체 지부·지회의 상황이 자생적 풀뿌리(여성)단체/모임보다 상대적으로 넉넉한가 하면 별반 다르지 않기 때문이다. (중앙/광역)조직으로부터 재정적인 지원을 받고 있는 경우도 거의 없는 데다, 운동의제의 측면에서도 (중앙/광역)의제를 관료제적으로 하달 받는 방식은 아니기도 하다. 그렇다면 여성재단이 지향하는 풀뿌리 여성운동은 무엇이고, 이에 부합하는 지원사업 선정기준은 어떠해야 할까?

선정된 개개 활동가들은 그동안 해왔던 것처럼 각자의 운동을 일구는 것으로 충분하겠지만, 여성재단은 이런 활동들이 모여 어떤 흐름이 형성되기를 기대하고 있는가?

사람에 대한 지원이라는 면에서는 다르지 않지만, 과연 풀뿌리 여성활동가 지원사업과 여성문화예술인 지원사업을 하나의 배분사업으로 묶을 수 있는지, 이것은 단년도 지원 방식이 적정한 것인지 등등의 질문들을 촘촘하게 다시 분석해보고 기준을 다시 잡아나갈 필요가 있겠다.

4. '풀뿌리 여성운동'을 일군다는 의미에 관하여

지역은 여성운동의 구체적 장소다. '체험'하는 삶의 현장이 아니라 살아내는 현장이 로컬local이다. 정희진은 "이 세상에는 현장local에 따라 수많은 페미니즘이 존재한다"고 말한다.[27] 한국여성재단은 출발부터 현장의 여성운동을 파트너로 지지하고, 성평등 사회를 만들어가는 여성운동의 조력자로 함께 해왔다.

하지만 한국사회는 어디보다 중앙과 지방, 중심과 주변의 위계가 강력하게 작동해왔고, 서울/수도권 중앙은 사람과 자원이 집약된 특수한 권력 공간으로 자리 잡았다. 근 10년 사이 '마을공동체가 트렌드'가 되기도 했기는 했지만, 수도서울이라는 거대도시는 지역성 자체가 탈각된 측면도 없지 않다. 여성운동도 예외는 아니었다. 중앙과 대비되는 지방은 여성들에게는 '풀뿌리 보수주의'로 다가왔고, 민주주의를 지체시키는 공간이기도 했다. 거의 모두가 한 손에 실시간으로 초고속 온라인 네트워크에 접속할 수 있는 시절이 되었지만, 중심과 주변의 위계는 충분히 해체되고 있지는 못하다.[28]

서구에서는 1970년대 이후 로컬리티locality에 관한 페미니스트 접근이 제안되고 있지만, 우리 사회는 다른 페미니즘 이론들의 수입 속도에 비해 늦거나 혹은 아직 충분히 논의되고 있지 못한 듯하다. 한

---

27 스테퍼니 스탈(2014), 『빨래하는 페미니즘』, 고빛샘 옮김, 정희진 해제, 민음사, 10쪽 참조.

28 강남역 여성혐오살해 이후 개최된 〈2016년 여성회의〉에서는 '페미니즘 이어달리기'를 주제로 새로운 페미니즘의 흐름이 다수 참여했는데, 2일차에 정치세력화분과 발표에서 곽빛나님은 본인이 살고 있는 지역(경남 밀양)에서는 서울이나 온라인의 분위기와는 달리 강남역 여성혐오살해에 관해 거의 언급되지 않는다고 발언했다. 지역 일간지 지면에도 언급조차 없었다고 전하며 여전한 시공간의 격차의 곤란함을 지적했다.

국여성재단이 만들어지던 그 시기가 아마도 한국에서 여성운동의 지역성에 관한 논의가 제기되기 시작하던 때 즈음이 아니었나 싶다.[29] 전국단위 여성운동도 지역 여성운동의 중요성을 강조하기는 했지만, 그 목표는 주로 조직화에 방점이 찍혀 있었다.[30]

지역 여성들은 국가 정책 혹은 운동 정치학 실현을 위해 조직되어야 할 대상이 아니며 그들의 삶 자체가 하나의 여성운동이자 실천 과정으로 이해되어야 하고, 여성운동을 포함한 사회운동의 개념과 범주는 개인 삶의 변화 과정을 포함하는 것으로 재구성되어야 한다는 제안[31]으로부터, 최근에는 중앙의 시선에 의해 외부로부터 규정되었던 지역에서 벗어나 지역내부, 지역적 차원에서 여성경험의 차이와 다양성, 주체성과 역동성에 관심을 두고 접근하는 '지역 여성주의'의 강조[32] 혹은 지역 여성주의를 보다 구체화시키고자 하는 '지역현장여

---

29 예를 들어, 허성우(1998)는 "한국 근대화 과정에서 빼놓을 수 없는 주요한 특징은 수도권과 여타 지역들 간의 불균등한 발전과 격차라는 문제라는 점은 주지의 사실이나, 이러한 사회적 특징으로서의 지역간 격차는 여성문제 분석에서 고려되고 있지 않다. 한국 여성운동에서 고려되어야 할 공간은 여러 수준이 있다. 그러나 나는 여기서 지역이라는 공간변수에 주목하고자 한다."고 문제의식을 드러낸 바 있다. ; 허성우(1998), "지역 여성현실과 한국여성운동의 새 국면", 『사회과학연구』 16권 2호, 20~21쪽 참조.

30 일례로, 박인혜(2011)의 연구에 따르면 "한국여성의전화는 지역 여성운동을 '여성인권'이라는 이념적 관점이 아닌 '회원조직 확대'라는 조직적 관점에서 접근"했고 "지역 여성운동과 '글로벌 여성인권'운동은 부정합을 이루게 되었다"고 말한다. 이는 비단 여성의전화에만 한정된 이해는 아닐 것이다. ; 박인혜(2011), 『여성운동 프레임과 주체의 변화 : 여성인권 담론을 중심으로』, 한울, 370~377쪽 참조.

31 허성우(2006), "한국 사회운동 위기론을 넘어: 지역/여성의 경험으로 재구성하는 위기론", 한국 사회포럼 2006 자료집 발표문, 35~51쪽.

32 이혜숙(2014), "한국여성학과 지역 여성주의의 모색—경남지역 여성운동을 중심으로", 『페미니즘연구』 제14권 2호. 254쪽.

성주의'[33]의 필요성에도 주목하고 있다. 한국여성재단도 지역 풀뿌리 여성활동가들에게 관심을 기울여 왔으며, 재단이 지원하는 성공회대학교 실천여성학 협동과정이나 여성NGO활동가 리더십교육, 여성운동아카데미 곳곳에 이런 고민들이 녹아있다고 생각된다.

어떻게 정의하는가는 다양하겠지만, 이호(2017)는 풀뿌리운동을 "권력을 갖지 못한 일반 대중이 삶의 공간에서 스스로 집단 활동을 통해 자신의 삶과 삶의 공간을 변화시키고, 더 나아가 우리 사회와 세상을 근본적으로 변화시켜 가려는 의식적인 실천"이라고 말하면서, 지역운동과 지역사회운동과는 다르다고 보았다. 풀뿌리운동은 지역이라는 물리적 공간에서 벌어지는 운동(지역운동) 또는 지역사회라는 근린공간을 중심으로 한 운동(지역사회운동)의 한 범주라 할 수 있겠지만, 지역운동이나 지역사회운동이 풀뿌리운동인 것은 아니고, 풀뿌리운동은 운동의 방식이자 철학이라고 제안하면서, 나아가 "풀뿌리운동은 여성운동인가?"를 자문하고 풀뿌리운동이 여성주의적 세계관을 지향해야 한다[34]고 말하기도 한다.

풀뿌리운동과 지역운동이 구분되듯이, 풀뿌리 여성운동과 지역 여성운동도 서로 온전히 겹쳐지는 것은 아니다. 풀뿌리 여성운동과 풀뿌리 여성'주의'운동도 그 결이 다른 듯하다. 그렇다면 한국여성재단은 여성운동, 지역 여성운동, 풀뿌리 여성(주의)운동을 어떻게 이해하는 가운데 파트너십을 형성하고 있는가?

지금까지 한국여성재단이 지역 여성운동 내지는 풀뿌리 여성운

---

33 안경주(2015). 지역 여성 활동가들의 행위력이 소환한 미생(未生)의 '여성학'과 지역현장 여성주의의 동학. 『한국여성학』, 제31권 4호, 253~294쪽 참조.
34 이호(2017), 『풀뿌리운동, 새로운 복원』, 포도밭출판사, 229~235쪽 참조.

동에 보인 관심과 지원은 매우 의미있게 평가되어야 하지만, 이제 상대적으로 자원이 부족하고 어려운 운동여건을 개선해야 한다는 정도의 인식에서 한 걸음 더 깊숙이 발을 들이밀고 지역 여성운동과 풀뿌리 여성운동을 섬세하게 들여다보면서 제도가 만들어내는 외부에 더 주목할 필요가 있다. 이를 통해 여성들이 단순히 서로 다른 위치성을 드러낸다기보다 역사적·사회적 시공간을 살아가고 실천하는 주체로 자리 잡을 수 있고, 이것이 동시대contemporary라는 시간성temporality의 동질화 내지 보편화에 균열을 내면서 입체적인 변화의 기운을 불어넣는 로컬리티와 '장소place'의 가능성일 것이다.[35]

구체적인 사례들은 이미 등장하고 있다. 성평등 사회 조성사업으로 지원한 문화기획달이 만들어가고 있는 '농촌페미니즘'은 이주해 간 여성들이 산내면이라는 장소에 그대로 정착하기를 거부하고 '섞임mix'이 아닌 지역적·국가적·초국가적 접촉이 교차하는 초지역적translocal 패러다임(Clifford, 1997)의 구체적 사례이자, "탈장소displacements의 경험이 젠더구분의 재협상으로 귀결"[36]되는 과정을 시도하고 있다. 청주 사직동에서 활동하는 이혜린의 활동은 페미니스트 지리학자 도린 매시가 말하는 '지구적 장소감global sense of place'을 잘 보여주고 있기도 하다. 2018년에 성평등 조성사업 우수 파트너로 선정되기도 한 대전지역의 보슈BOSHU처럼 새롭게 등장하고 있는 젊은 세대 여성 주체들이 지역에서도 꿈틀거리고 있다.

---

35 공간이라는 범주에 주목하고, '장소(place)'에 관심을 두고 장소와 정체성 간의 긴밀한 연관을 분석하는 페미니스트 지리학에 관하여는 린다 맥도웰(2010), 『젠더, 정체성, 장소—페미니스트 지리학의 이해』, 여성과 공간 연구회 옮김, 한올아카데미 참조.

36 도린 매시(2015), 『공간, 장소, 젠더』, 정현주 옮김, 서울대학교출판문화원.

다른 한편, 스무 살을 채운 한국여성재단이 서 있는 풍경도 달라졌다. 정부뿐 아니라 전국적으로 광역지자체 차원에서 출연기관으로 '여성재단/플라자'가 만들어졌고, (양)성평등기금 지원사업도 시행되고 있다. 지역운동이나 풀뿌리운동은 그동안 '운동의 제도화'를 극복하는 대안으로 강조되기도 했지만, 어느 순간 풀뿌리도 급속히 제도화되고 있다. 여러 지역에서 NPO나 마을 영역의 중간지원조직이 생겨나고, 정부로부터 '마을활동가'로 명명되어 제도에 기입되고 있다.

　　서울의 경우 마을-협치-시민민주주의로 빠르게 진화하면서 민간이 행정과 대등하고 수평적인 관계를 모색하는 일종의 사회협약으로 '협치협약'까지 논의되고 있고, 서울시 차원에서 〈성평등 활동지원센터〉가 만들어지고 기초 자치구에까지 확대를 모색하고 있기도 하다. 제도화 자체는 성과이기도 하겠지만, 제도는 정형화를 강제하고 그로 인한 배제를 동반하기 때문에 제도 외부의 급진성을 담보할 운동의 존재가 더욱 중요할 수밖에 없고, 이는 제도가 아닌 민간이 감당해야 할 몫일 것이다. 여성운동을 지원하는 민간공익재단으로서 한국여성재단의 존재와 역할이 여전히 유의한 한 시공간이 바로 이곳이 아닐까?

표 1. 2004~2005년 초기 성평등 사회 조성사업 정기공모사업 규모

구분	성평등사회조성분야		여성복지분야	
	사업수	지원액	사업수	지원액
2004년	26개사업	292,678천 원	12개 사업	96,170천 원
2005년	22개사업	248,900천 원	12개 사업	99,590천 원

출처 : 2003~2005년 『성평등사회조성사업 결과보고서』 참조

표 2. 2002~2018년 성평등 사회 조성사업 우수 사업 현황

연도	단체명	사업
2002	녹색 삶을 위한 여성들의 모임	학습동아리 활동을 통한 지역 여성의 새로운 사회적 역할모델 개발 프로그램
2003	여성정치세력 민주연대	청소녀 정치캠프, 미래의 여성정치인을 꿈꾸며
	전라북도 여성단체협의회	여성영화 아카데미
2004	제주여민회	여성이 만드는 평화의 아파트 — 두 번째
2005	충남성폭력 상담소	어린이성교육 인형극단 교육 및 활동지원 — "호호아줌마랑놀자!"
2006	충남성폭력 상담소	어린이 성교육 인형극단 보수교육 및 활동지원사업
2007	전국여성 노동조합	비정규직 여성 힘내라! 전국 캠페인 및 이동 상담
2008	울산여성회	여성주의 지역문화해설사 양성 과정
2009	한국성폭력 상담소	6회 생존자 말하기대회 : 분노와 희열을 노래하라 "Speak out in Chorus"
2010	부산여성회	성평등한 마을 만들기 "함께 행복해지는 성평등한 마을공동체"
	천안장애인 성폭력상담소	성교육을 통한 성정체성 확립 프로그램
2011	서울국제 여성영화제	영상자료를 활용한 성평등 교재 개발 및 제작
	언니네트워크	비혼 세대 네트워크와 역량강화 프로젝트: 비혼 PT 나이트
	한국여성 노동자회	빈곤여성 리더십 강화 및 돌봄여성노동자 권리향상 프로그램

	한국여성민우회	2011 새롭게 쓰는 낙태 이야기 – 낙태, 여성의 경험으로 세상과 공명하다	
	대전여성회 준비위원회	또 하나의 우리집 "교육문화센터" – 여성들이 만들어 나가는 교육·문화 공동체세상	
2012	여성정치세력 민주연대	정치격동기 2012 직접행동 여성시민! 젠더감수성 충전 프로젝트	
2013	일다	'나의 페미니즘'을 소통하라	
	한국여성민우회	2013 "다르니까 아름답다" 캠페인	
2014	인천여성영화제	페미니즘, 영화로 지역에 접속하라	
	일다	20대 여성의 노동과 정체성, 기록에 담다	
2015	마산창원 여성노동자회	언니들에게 듣는다! 여성노동자, 살아있는 역사들	
	한국여성노동자회	Volume up! '을'들의 당나귀 귀	
2016	자유	한국여성 노동자회	젠더 관점에서 최저임금 현실화 운동 방향 찾기
	폭력	서울동북 여성민우회	지역 아동·청소년의 당당하고 안전하고 즐거운 성!
	인권	한국성폭력상 담소	2016 성평등한 사회를 위한 〈성폭력 판례뒤집기〉
	신생	문화기획달	농촌 성문화 다시보기 "이제 통치지 말자"
		인천 한부모 가족지원센터	우리는 한가지
2017	자유	문화기획달	농촌 페미니즘 활력 충전소
	기획	(차세대) 강남역10번 출구	영-영 페미니스트 그룹 연대 "꼴펨유니온(가)" 결성 사업
2018	자유	일다	여성의 섹슈얼리티 담론을 확장하라
		BOSHU	여성이 모이다, 몸을 깨우다

출처 : 2002~2018년 연도별 『성평등사회조성사업 결과보고서』 및 2009~2018년 연도별 『지속가능한 사회를 위한 한국여성재단 연차보고서』 발췌 재구성

표 3. 2014~2018년 변화를 만드는 여성리더 지원사업 개요

연도	지원	지원액	풀뿌리 여성활동가 지원		여성문화예술인 지원	
			대상인원	지원액	대상인원	지원액
누적	62명		39명		23명	
2014	8명	41,133천 원	6명	500만 원 규모/ 인	2명	600만 원 규모/ 인
2015	17명	109,095천 원	13명		4명	
2016	14명	96,630천 원	9명		5명	
2017	12명	82,287천 원	5명		7명	
2018	11명	115,000천 원	6명		5명	

출처 : 2014~2018년 연도별 『지속가능한 사회를 위한 한국여성재단 연차보고서』 발췌 재구성

표 4. 2014~2018년 변화를 만드는 여성리더·풀뿌리 여성활동가 지원사업 개괄

구분	지원인원	주요 활동
2014	6명	서울 중랑구 초록상상, 여성건강동아리 〈봄봄〉 거리상담 〈달수다〉 지역 활동
		서울 은평구 마을도서관 작공, 은평지역사회네트워크(은지네), 여담 네트워킹
		충북 청주 생활교육공동체 공룡, 지역단위 공동체교육 저널읽기, 교사사랑방
		경북 봉화군 교육복지문화공동체 하모니, 고립된 지역의 청년활동가 관계형성
		대전 중촌동 풀뿌리 여성마을숲, 언니가 초대하는 밥상모임과 마을살이 핸드북
		안산 상록구 우리동네지역아동센터, 세월호동네촛불모임과 동네터마련 추진
2015	13명	서울 중랑구 발달장애자립지원, 지역동료상담가 유대형성, 일본관련기관 방문
		인천 연수구 인천여성회 연수구지회 활동, 안정적인 상근유지와 동네 정착
		충남 홍성 논배미, 마을교사양성과정 및 논생태교육, 지역어린이집 밭학교 등
		울산 중구 여성문화공간, 중년여성 나를 찾는 글쓰기 및 회원활동 활성화
		전주 완산구 여성생활문화공간 비비, 5주년 책자 발간 및 비혼협동조합 준비
		창원 마산합포구 마산여성회 공유공간 [마실&상상]지기 온갖 궁리
		충남 당진시 당진어울림여성회, 구.당진좋은엄마모임에서 조직 질적 전환
		경북 경주시 경주여성노동자회, 마을운동 여성리더 주체 양성 토대 마련
		대구 달서구 대구여성광장, 여성주의와 만나기, 성교육센터 관계망 확장
		부산 해운대구 부산여성회 해운대지부 지역활동, 안전마을 네트워킹
		서울 마포구 우야식당, 서울청년정책네트워크, 마포레인보우주민연대 활동
		경기 고양시 문화예술활동, 지역 내 장애인들과 함께 어울려진 마을 만들기
		강원 춘천시 춘천여성민우회 지역보육현장활동, 사회적모성과 공적보육운동
2016	9명	부산 영도구 부산학부모연대 영도지회, 풀뿌리 마을여성 학부모운동을 위해 구단위 지회를 마을지회로 변화시켜가는 활동
		서울 동작구 성대골 사람들, 풀뿌리 여성 에너지운동을 에너지자립마을로 구축
		경기 고양시 로사이드, 직물과 실을 활용 장애창작자의 창작일과 콘텐츠 개발
		경남 진주시 진주여성회 활동과 마을 프리마켓 및 작은도서관 모임 등
		경남 창원시 故이경숙선생추모사업회 활동, 환경과 생활의 접목 공동체역량
		광주 북구 광주여성회 활동, 기혼여성의 성평등한 부모모임 및 여성노동권
		서울 은평구 장애인문화예술판 카페별꼴, 중증장애인 말하기 진 만들기 활동
		경남 창원 창원여성살림공동체, 지역 젠더정책 및 여성주의철학글쓰기세미나
		경기 군포시 군포여성민우회, 지역 여성 네트워킹 통한 젠더거버넌스 주체형성
2017	5명	전북 진안군 녹색마실장 담쟁이 벼룩시장, 농촌여성 마실 『책과 바늘』 활동
		충남 청양군 여성경제자립 프로젝트, 로컬푸드 가공창업을 위한 여성소모임
		서울 서대문구 너머서, 수다를 기반 '풀뿌리 여성포럼' 진행 성평등관점 장착
		경기 고양시 동네친구 활동 안정화 및 젠더감수성 갖춘 시민강사 역량 강화
		전북 완주군 완주손가락공동육아모임, 육아모임 성평등문화 및 귀농여성모임
2018	6명	전북 전주시 지역 여성주의매체 「여성다시읽기」, 비비협동조합 2018페미야학
		서울 강동구 지역모임 자갈자갈 1년 신나는여성 발간, 여성주의 그림책 모임
		전북 무주진안장수 문화공간 담쟁이, 여성주의 세미나/여성인권영화 수다방
		인천 동구 인천여성회 중·동구지부, 여성주의독서토론모임 및 상근 안정화
		경남 진주시 청년공동체 공감, 성평등캠페인 등 지역 청년 페미니즘 활동

		전북 완주군 완주숟가락공동육아(2년 연속지원), 지역 놀이문화 개선으로 확장

출처 : 2014~2018년 연도별『지속가능한 사회를 위한 한국여성재단 연차보고서』
및 변화를 만드는 리더 지원사업 각 활동결과보고서에서 발췌 요약

표 5. 2014~2018년 변화를 만드는 여성리더·여성문화예술인 지원사업 개괄

구분	지원인원	주요 결과물
2014	2명 (영상2)	'낙태' 이슈를 여성 관점에서 다룬 〈자 이제 댄스타임〉 배급 및 개봉
		30대 여성노동자 이야기 〈야근 대신 뜨개질〉 제작 DMZ국제다큐영화제 공개 피칭 참여
2015	4명 (영상4)	대구경북지역 일본군 위안부 피해자 할머니들의 다큐멘터리 제작
		재일조선인 여성의 삶과 헤이트스피치 다큐 일본 현장 취재
		장편 〈할머니와 나의 월남(가제)〉 프리프로덕션 작업 및 다큐멘터리 〈기억의 전쟁〉 트레일러 제작
		여성동성애자의 삶과 사랑을 다룬 영화 〈연애담〉 후반작업
2016	5명 (영상3 작가2)	스크린X영화, 〈글로리데이〉 〈서울역〉 〈카이:거울호수의전설〉 제작
		지역노인여성 생애사 구술기록, 〈여성, 말하다, 이야기하다〉 제작
		영화 〈수성못〉 제작 완료 및 해외배급 영화제출품 준비중
		횡성 결혼이주여성 경제활동참여 다큐 〈그녀들의 시간〉 촬영 및 제작
		등단 이후 단편을 담은 소설집 출간 작업 및 신작 집필
2017	7명 (영상4 작가3)	촛불광장 페미니스트 활동 다큐멘터리 〈시국페미〉 제작
		장애아 엄마의 삶을 다룬 다큐멘터리 〈까치발〉 트레일러 ver_001 제작 및 〈까치발〉을 모티브로 한 연극 〈살아〉 공연
		여성퀴어와 연애 및 주거에 관한 낭독극 〈이방여성〉 공연 및 쇼케이스, 쇼트필름 설치물 〈망명일지〉 제작 및 전시
		미스테리·호러 저예산 장편영화 〈점멸〉 프리프로덕션 및 제작
		독립장편영화 〈히치하이크〉 제작 및 부산국제영화제 프리미어 상영
		소설『어머니를 위한 아들은 없다』, 단편『면도』및 장편집필 시작
		동성부부 성역할고정관점 희극『동화』, 단편『할머니 천국』집필
2018	5명 (영상3 작가2)	『슬픔에 마침표 찍지 말아요』페미니즘 글쓰기 에세이, 『의외로 평범합니다』정상을 깨는 가족 에세이
		스쿨미투를 다룬 뮤지컬 〈소녀의 사회〉 대본 집필
		한국영화아카데미, 〈보희와 녹양〉 제작
		경력단절 감정노동자 젠더갈등 〈레이디퍼스트〉 영상시나리오 집필
		미군위안부 피해자들의 다큐 〈방파제의 여자들〉 트레일러 제작

출처 : 2014~2018년 연도별『지속가능한 사회를 위한 한국여성재단 연차보고서』
및 변화를 만드는 리더 지원사업 각 활동결과보고서에서 발췌 요약

참고문헌

- 김현아(2008), 『박영숙을 만나다』, 도서출판 또하나의 문화
- 도린 매시(2015), 『공간, 장소, 젠더』, 정현주 옮김, 서울대학교출판문화원
- 박인혜(2011), 『여성운동 프레임과 주체의 변화 : 여성인권 담론을 중심으로』, 한울아카데미
- 스테퍼니 스탈(2014), 『빨래하는 페미니즘』, 고빛샘 옮김, 정희진 해제, 민음사
- 이호(2017), 『풀뿌리운동, 새로운 복원』, 포도밭출판사
- 김경애(2013), "우리나라 여성운동에 대한 해외지원 — 1970년대 후반부터 2000년까지를 중심으로", 『여성과 역사』 제18집
- 김은희(2020), "성인지예산, 법제화 이후의 현재에 관한 재검토 : 지역으로부터의 실험에 비추어", 『젠더법학』 제11권 제2호
- 김혜경(1999), "지역 여성운동의 성격연구—경기도 여성단체를 중심으로", 『사회과학연구논총』 제3권
- 안경주(2015). "지역 여성 활동가들의 행위력이 소환한 미생(未生)의 '여성학'과 지역현장 여성주의의 동학", 『한국여성학』 제31권 4호
- 이혜숙(2014), "한국여성학과 지역 여성주의의 모색—경남지역 여성운동을 중심으로", 『페미니즘연구』 제14권 제2호
- 허성우(1998), "지역 여성현실과 한국여성운동의 새 국면", 『사회과학연구』 제16권 제2호
- 김경희·신경아(2014), 『성평등사회조성사업의 성과와 과제』, 한국여성재단 연구보고서
- 장미현(2019), 『공간문화개선사업 성과평가 연구』, 한국여성재단 연구보고서
- 장이정수·조이헌임·김은희(2016), 『변화를 만드는 여성리더 — 풀뿌리 여성활동가 지원사업 연구』, 한국여성재단 연구보고서

제3장

소외에서 주체로

글 송다영

인천대학교 교수이다. 주요 연구분야는 가족정책, 여성복지정책이다. 근래에 들어서 여성의 경제활동유지와 경력개발의 근간으로서의 보육정책, 초등돌봄 정책, 돌봄의 탈성별화 정책 등에 연구초점을 맞추고 있다. 2020년 3월부터 개방형 공모직인 서울시 여성가족정책실장으로 일하면서, 정책기획과 집행에 있어서 젠더관점을 유기적으로 결합하는 방법을 모색하고 있다.

1. 부족이나 결핍이 아닌
한계를 넘어서기 위한 고민

    여성복지사업은 현재 경제적, 사회적, 심리정서적 어려움을 안고 살아가는 여성들을 대상으로 지원을 제공하는 사업으로 정의되고 있다. 이에 따라 여성복지사업은 다문화여성, 한부모 여성, 여성장애인, 성폭력 피해 여성 등이 통상적으로 포함되어 왔다. 그러나 여성복지사업이 대부분 사회적으로 배제되거나 소외된 여성들의 어려움을 완화시켜 주기 위하여 현물, 현금, 서비스를 지원해준다는 의미로 접근하다보니, 마치 여성들이 '부족'하거나 '결핍'되어 있기 때문에 도움을 받아야 하는 대상으로 의미가 퇴색되는 경향이 뚜렷했다. 한국여성재단은 이와 같은 문제의식을 통해 2010년 이후 '여성복지사업'이라는 용어를 사용하지 않고 '여성기본인권보장'과 '다양성 존중과 돌봄사회 지원'이라는 사업영역으로 명칭을 변경하였다. 여성 기본 인권보장 영역에서는 여성가장 및 미혼모 지원, 여성의 건강증진을 위한 지원, 성폭력 및 성매매 여성 자립 지원 등이 이루어지고, '다양성 존중과 돌봄사회지원' 영역에서는 다문화여성과 지역사회 내 돌봄사회 구축 사업이 이루어지고 있다.

전체적으로 기업 후원금에 의해 만들어진 한국여성재단 사업은 주로 여성의 권리증진, 다양성 보장 및 돌봄지원을 위한 여러 가지 사업들로 다양하게 기획되고 실행되어 왔다. 기업이나 외부단체로부터의 기금 지원은 특정 대상자들을 지정하는 방식으로 시작되기 있기 때문에, 한국여성재단의 여성복지와 관련된 사업은 주로 미혼모, 한부모, 다문화여성 관련된 지원들이 주를 이루었다. 이에 비해 사회적으로 자신들의 인권을 요구하기 시작한 성소수자, 근로빈곤여성, 비혼 여성의 문제를 의제화시키고 이들에 대한 지원을 이끌어내는 부분은 상대적으로 거의 없었다. 또한 젠더폭력의 광범위성에 비해 이들 피해자 여성에 대한 지원은 그 심각성에 비해서는 양적으로 적은 측면이 있다. 이와 같은 문제들은 이제까지와 마찬가지로 앞으로도 발생할 수 있는 가능성이 있기 때문에 후원기금 특성에 의한 한계를 넘어서기 위한 고민은 지속적으로 해야 하겠다. 한국여성이 겪고 있는 다양한 유형의 차별, 불평등, 억압에 대해 보다 성인지적gender-sensitive한 접근을 통해 이제까지 존재했으나, 가시화되지 않았던 문제들을 사회적으로 재조명해내는 것은 한국여성재단의 후원기금 지원사업에서 놓치지 말고 챙겨야 하는 과제로 보인다.

본 글에는 여성복지는 여성인권 증진, 다양성 존중, 돌봄사회로의 전환을 위한 지향성 속에서 이루어져야 한다는 관점을 공유하면서, 지금까지 한국여성재단이 해왔던 관련 사업들의 내용성과 실행방식을 전체적으로 살펴보고자 한다. 이를 위해 우선, 연도별로 진행되었던 여성복지관련 사업들을 살펴보고, 둘째, 사업부문별로 나누어 진행 방식과 특성을 개괄해보고, 셋째, 여성의 복지와 삶의 질을 향상하기 위한 사업들 전반에 대한 평가를 했다. 결론에서는 종합적으로 향후 한국여성재단의 지원사업의 전망과 비전을 제안하였다.

2. 여성복지(여성인권, 다양성, 돌봄 관련) 사업 개괄과 흐름

한국여성재단에서 그동안 진행해왔던 여성인권, 다양성, 돌봄 관련 사업을 대상자별로 나누어 보면 크게 다문화여성, 한부모(미혼모, 저소득여성가장 포함), 폭력 피해 여성, 기타(노동자/농민, 장애인, 청소년 등)로 구분된다. 앞서 언급했던 바와 같이 여성복지 사업을 내용별로 분류하면 첫째, 다문화 관련 사업은 크게 베트남, 캄보디아 등 모국 방문, 창업지원, 다문화자녀멘토링, 폭력 피해 이주여성 지원 등으로 이루어졌다. 둘째, 한부모 관련 사업은 저소득층 여성가장에게 창업지원 및 컨설팅, 직업훈련 건강지원, 자녀교육비 지원, 양육환경 개선, 양육미혼모 당사자를 위한 심리정서적 지원이 이루어졌다.

이외에도 저소득층 가구의 보육서비스를 한부모여성들의 일자리와 연결시키는 사업을 통해 일과 돌봄을 연결시키려는 시도들도 있었다. 특히 양육미혼모에 대한 지원사업은 칼 막스 재단으로부터 다년간의 안정적 지원으로 그 당시까지 우리나라에서는 거의 관심을 받지 못했던 미혼모에 대한 전반적인 사회인식 개선과 실질적 지원을 이끌어냈다. 셋째, 폭력 피해 여성 관련해서는 성폭력 피해 여성생존자 지원, 성매매 피해 여성 자활을 위한 학습 및 취업지원, 쉼터 구축, 성폭력가해자 상담원 역량강화 교육 등 다양하다. 넷째, 이외에도 가출청소녀들이나 홈리스, 장애인은 물론 20대 여성의 노동과 삶을 지원하기 위한 다양한 사업들이 실행되었다.

한편 한국여성재단의 여성복지 관련 사업 영역의 기금출처별 분포를 살펴보면, 첫째, 사업기금은 크게 매년 4월이나 5월에 진행되었던 100인 기부릴레이를 통해 조성된 성평등 사회 조성기금과 둘째, 기업, 법인 및 공익재단의 후원금을 통해 조성되었다. 성평등 사회 조성기금은 전국 각지 단체들의 사업계획서 신청에 따른 심사과정을 걸쳐 배분되었고, 주로 폭력 피해 생존여성을 위한 사업이나 여성관련 노동과 생활을 변화시키기 위한 사업들에 사용되었다. 성평등 사회 조성기금은 예산규모는 크지 않았지만, 전국 각지에 퍼져 있는 여성단체들이 여성인권과 삶의 질 향상을 위한 목적으로 수행하고자 하는 사업들을 공모, 선발했기 때문에 그 파급효과는 상당했을 것으로 예상된다. 특히 전형적인 사회복지 부문에서 소외되어 있던 여성인권이나 복지 관련 단체들에게 '가뭄의 단비' 같은 역할을 하였다.

반면 기업이나 재단으로부터의 기금은 주로 기금을 제공하는 주체가 사업대상자를 지정한 상황에서 재단의 사무국이 사업의 실제적 내용이나 방향들에 대한 조정, 조율, 제안을 해가면서 구체적인 사업을 만들어내는 방식으로 이루어졌다. 기업이나 재단의 기금은 주로 결혼이주로 한국에 정착한 다문화여성, 어린 자녀를 키우고 있는 양육 미혼모, 생계부양과 자녀양육을 동시에 해야 하는 저소득층 한부모 여성가장의 일상생활과 삶을 지원하는 데 사용되었다. 주로 한국의 기업이나 공익재단들로부터의 후원이 중심을 이루었지만, 칼 막스 재단이 양육미혼모 네트워크 구축과 생활기반 조성을 위해 6년 넘게 지원을 한 점은 매우 인상적이다. 다른 기업이나 공익재단 기금도 한 해만 지원해주는 방식이 아니라 한번 사업이 시작되면 3~5년 정도 지속적으로 지원하는 방식을 취하였다. 이와 같은 다년간 지원방식은 각 사업들의 연속성과 안정성을 확보하는 데 긍정적인 기여를 했다. 이에 따라 그 이전에는 사회적으로 배제되고, 소외되었을 뿐만 아니라, 거의 당사자의 존재나 요구를 하는 데 커다란 제약이 있었던 미혼모나 한부모들이 집단으로 형성되고, 상설화된 기구나 조직으로 발전해나가는 과정에 도움을 주었다.

특히 한국여성재단은 기업 후원금으로 사업을 벌일 때 단순히 사회적 지원이 필요한 여성들에게 경제적, 사회적, 심리정서적 측면에서 도움을 제공하는 사업을 수행했다는 것에 머물지 않고, 몇 가지 점에서 여성주의 관점을 결합하는 원칙을 견지하려 했다. 첫째, 체계적인 지원과 최대한의 성과를 낼 수 있게 하기 위해서 연구팀을 붙여서 정확한 조사와 지향성을 만들어냈다. 연구팀은 사업이 시작하기 전에 실제 현황과 실태를 파악하기 위한 조사를 진행하거나, 당사자 및 관계자들과의 인터뷰를 통해 해당 부분의 주요한 문제의 원인을 분석하고 대안을 모색하는 데 도움을 주었다. 또 사업이 진행되는 과정에도 함께 관여하여 자문이나 컨설팅을 제공했으며, 성공적인 사업에 대해서는 모델링modeling을 하는 데 참여하였다.

둘째, 기업들과의 파트너십과 지속적 교류 속에서 여성주의를 이해하고 공감하는 변화를 얻어내고자 했다. 즉 기업에서 후원금을 받는 데 그치지 않고, 기업들과 끊임없는 상호작용을 하면서 사업자체가 여성의 삶의 질 향상에 어떻게 더 기여할 수 있는가를 찾는 방법에 대한 고민을 하게 하였다. 여성재단이 원하는 것은 기업이 후원을 했다는 것에서 끝나는 것이 아니라, 기업이 후원을 하면서 여성문제에 보다 깊은 관심을 갖고 더 나아가서는 여성주의를 이해하고 수용하는 단계까지 발전하는 것을 도모하는 것이다.

셋째, 기업 및 공익재단으로부터의 후원사업이 사회적으로 취약한 대상자들이 지원을 받는 것으로 머물지 않고 당사자 단체 조직화하고 활성화하는 기반이 될 수 있도록 했다. 한부모, 미혼모, 다문화여성들은 여러 가지 경제적, 사회적, 정서적 어려움으로 상당히 위축되어 있고 개별화되어 있는 경향이 강하다. 이런 개별화, 원자화는 이들 그룹을 사회적 타자화할 가능성을 높인다. 반면 이들이 스스로의 문제를 해결하기 위한 당사자 그룹으로 조직화되면 그 현실적 영향력은 달라진다. 이에 따라 여성재단이 한부모, 미혼모, 다문화, 폭력 피해 여성에게 연결시켜야 할 것은 '물질'이 아니라 '조직화'라는 미션이 생긴 것이다. 한국여성재단은 이와 같은 지향성을 가지고 지원사업이 당사자 단체를 만들고, 또는 단체들의 임파워먼트 수준을 높일 수 있도록 하였다. 다문화여성들의 사회적 협동조합을 통한 창업, 미혼모 여성들의 당사자단체 결성, 한부모단체의 성장, 일반 주부들의 마을공동체 내실화 등이 그 성과라 볼 수 있다.

마지막으로, 한국여성재단은 한부모, 미혼모, 다문화여성들이 사회적으로 제공되는 지원을 받는 대상자에 머물지 않고 주체적 존재로 거듭날 수 있는 방법을 고민하였다. 이를 위해 당사자 개인을 위한 임파워먼트 교육은 물론 자조모임 등을 활성화하였다. 각 사업을 진행할 때는 단체가 당사자 개인들을 모으려는 노력보다는, 그들 스스로가 자신의 현재와 미래를 직접 꾸려나갈 수 있게 하는 주체로 만들어내도록 했다. 자조그룹이나 당사자 소모임들이 다양한 차원에서 활성화되고 지속적으로 유지될 수 있도록 유도했다.

이와 같은 노력들은 한국여성재단이 다른 공익재단들과 유사한 사업을 하면서도, 여성의 삶을 실질적으로 변화시키고, 개체에서 주체로 성장시키며, 대상자에서 당사자로 우뚝 설 수 있게 하는 토대가 되었다. 이제 다문화, 한부모, 폭력 피해, 기타 등 네 가지 하위 영역별로 보다 자세하게 진행상황이나 사업내용을 검토하도록 하겠다. 그 과정에서 한국여성재단이 이루어낸 사업진행의 성과와 한계점을 집어보면서 향후 더 나은 사업으로 나아가기 위한 방안을 제안해보도록 하겠다.

3. 영역별 사업의 전개와 평가

자부심 성장을 향한 지원, 다문화

다문화는 여성재단 사업 중에서 예산적인 측면이나, 연도별로 지속된 기간에 있어서 차지하는 비중이 상당하다. 주로 기업이나 재단으로부터의 후원 기금을 중심으로 운영되었는데, 그 내용은 128페이지 표 1에 정리해놓았다. 프로젝트(사업)별로 내용을 분류해보면, 첫째, 전반적으로 가족내 및 사회적으로 취약한 환경에 처해 있는 다문화여성을 위한 제반 지원, 둘째, 이주여성, 가족, 아동을 대상으로 한 모국 방문지원, 셋째, 다문화가정의 아동을 위한 학습지원이나 멘토링, 넷째, 다문화가정 여성의 경제적 자립과 창업, 리더십 교육을 통해 주체적 역량을 강화하기 위한 사업들로 나뉜다.

　프로젝트나 사업이 진행되는 기간별 내용을 중심으로 살펴보면 첫째, 초반기에는 단순한 지원을 중심으로 하는 것에 비해서, 최근으로 올수록 좀 더 다문화배경의 여성이나 가족, 아동들이 임파워먼트를 통해서 성장하는 것을 강화하는 경향이 보이며, 둘째, 초반부에는 현금이나 구체적 현물로서의 보호서비스를 중심으로 했다면 근래에는 여성들이 실제 경제적 주체로, 아동들은 문화적 배경에 자부심을 갖고 성장해나가는 것을 실질적으로 보장하기 위한 사업들이 배치되는 경향이 강화되고 있다. (128p 표 1 참조)

　다음으로 여성재단이 수행했던 사업들이 다른 다문화 사업의 차별화되거나, 우수했던 측면을 살펴보고, 보다 더 개선이 필요한 사항들을 살펴보면 다음과 같다. 우선 사업을 시행함에 있어서 다문화여성이든, 아동이든 현재 상황에 대한 정확한 진단을 통해 역량을 강화하도록 초점을 두었다는 것이다. 예를 들어 다문화여성의 모국 방문 사업, 외갓집 방문 사업은 사업결과가 방문이라는 점에서는 유사하지만, 다른 곳과는 다르게 사전 모임을 통해서 이주여성의 강점을 살려내고, 남편, 자녀들 간의 관계와 역량 강화를 위해 노력을 했다. 멀리 조국을 떠나 온 여성들에게 모국 방문을 통해 외로움을 해소하도록 도와주려는 취지가 있지만, 개별화된 지원이 아니라 사전 집단교육을 통해 각 국가의 문화적 우수성을 알게 해줌으로써 여성에게는 자긍심 회복을, 가족구성원에게는 3세계 국가에 대한 편견을 넘어 다문화 지향성을 갖게 해주는 계기를 마련했다. 다문화가족의 아동이나 남편은 여성 모국에 대한 이해와 관심이 높아졌다. 또한 부부가 함께 자화상과 강점을 찾게 하고, 현재 삶에 있어서의 욕구, 미래에 대한 기대 등을 알게 하는 시간이나 역할극을 통해 부부간 소통이 높아지게 도움을 주었다. 부부간 공통점과 차이점을 찾고 다름을 이해하는 교육프로그램을 통해 다문화가 '다름에 대한 배려와 이해'임을 깨닫게 하는 긍정적 효과를 가져왔다. '희망날개 프로젝트'에서는 난민과 같은 취약한 처지에 있는 여성도 모국 문화를 타문화 배경의 사람들에게 알릴 수 있는 기회를 통해 자신의 문화정체성을 부정하지 않고 당당하게 살아가게 하고, 'Harmony Project'에서는 다문화가정 자녀들이 다양한 직업 체험활동을 통해 잠재력을 발견하고 20년 후 자신의 모습을 꿈꾸게 하는 것도 역량강화 차원으로 이해된다.

둘째, 다문화 사업은 기업이나 공익재단으로부터의 다년간 지원을 바탕으로 하고 있어서 이에 따른 긍정적 성과가 많았다. 예를 들어 다문화 창업지원은 먼저 창업을 했던 기관들이 나중에 창업을 하는 기관들에게 도움을 주거나 사후관리를 해준다는 점에서 특이하다. 보통 많은 창업지원사업은 2015년부터 시작된 이래로 성과들을 내놓고 있다. My Future, My Business는 취업보다는 협동조합을 통한 창업을 이뤄내는 목표로 수행되고 있다. 이주민들을 위한 통번역활동, 통역연수, 번역활동을 하고 이를 통해 경제적 자립의 롤모델을 만든 '링크이주민통번역협동조합', 한국-몽고간 무역에 요구되는 물품구매, 해외배송, 온라인(쇼핑몰) 운영, 세무신고를 수행하는 'k&m협동조합', 도시락, 케이터링, 요리교실, 푸드트럭을 통해 지역내 사업정착을 하고 있는 '톡투미다밥협동조합', 카페영업은 물론 다른 이주여성들이 창업을 진행할 수 있도록 도와주는 플랫폼 역할까지 하고 있는 '사동협동조합(앨리스카페)', 노인복지관, 다문화센터 등에서의 공연, 강연, 교육을 직업화할 수 있는 '다모글로벌교육문화협동조합' 등이 그것이다. 각각의 협동조합은 개별적으로 사업을 진행할 뿐만 아니라, 상호 협동조합 간 도움이나 지원을 주고받으면서 성장하고 있다는 점에서 긍정적이다. 본인의 사업 운영뿐만 아니라 다른 창업도 이끌어주는 '사동협동조합'은 물론, 음식 케이터링과 공연을 함께 결합할 수 있게끔 하는 '톡투미다밥협동조합'과 '다모협동조합'의 사례처럼 상호 필요로 하는 것들을 연합 또는 연대하는 방식을 통해 상생적 발전구조를 만들어가고 있다.

셋째, 다문화사업의 지속성을 유지하기 위한 여성재단의 노력이 눈에 띈다. 즉 특정 기업으로부터의 후원이 중단되어도 다른 기업이 해당사업을 계속 이어갈 수 있게 하는 방식을 통해 해당 사업이 지속될 수 있도록 조처했다. 예를 들어 이주여성(가족, 아동포함) 모국 방문 프로젝트는 생명보험 사회공헌위원회, 삼성생명, 하나금융, 사회복지공동모금회 등이 연이어 후원을 하게 함으로써 10년 이상을 지속시켜왔다. 또 다문화가정 아동의 성장을 지원하기 위한 Harmony Project도 이씨엠디(2016~2017)와 풀무원푸드앤컬쳐(2018~2019)가 연이어 지원하게끔 조처함으로써 사업의 연속성을 도모한 바 있다.

그럼에도 불구하고 다문화사업에서도 몇 가지 아쉬운 점은 보인다. 일단 언급한 바와 같이 다문화사업이 상당히 오랜 기간 동안 진행된 것에 비해 연도별로 차별화된 사업계획을 업그레이드 시키는 것에는 약간 미흡한 측면이 있다. 일례로 다문화가정의 아동을 위한 성장을 지원하는 Harmony Project에서 연도별로 더 높은 수준의 직업비전을 갖게 할 수 있도록 견인하는 데까지는 이르지 못했다. 다문화 자녀들은 직업적 모색에 있어서 이중언어 지원 등 좀 더 실효성 있고 지속적인 사업 구상이 필요한 것으로 보인다.

경제-건강-네트워크 구축,
저소득층 여성가장과 한부모 그리고 미혼모

저소득 여성가장, 미혼모 영역은 크게 네 가지 유형의 지원으로 나눠진다(129p 표 2 참조). 첫째, 이들이 자녀를 데리고 살아갈 수 있도록 하는 경제적 지원(생활비, 교육비, 학비, 주거비)과 건강비 지원, 둘째, 이들이 스스로 조직화하고 네트워크 구축을 통해 힘을 만들어가는 단체로의 성장 견인, 셋째, 여성(가장)들이 취업을 통해 일할 수 있는 기회 제공과 경제적 독립 유도, 넷째, 사회적 편견과 부정적 인식개선 작업이다. 사회적 편견이나 인식개선 사업은 온전하게 자체적인 사업으로 수행되지는 않았지만, 다른 지원사업과 함께 병행하는 방식으로 이루어졌다. 인식개선 사업은 남성중심의 부부가족을 정상적 가족으로 간주하는 한국사회 구성원들을 대상으로 한부모는 물론 남성 배우자 없이 혼자서 자녀를 키우고 있는 미혼모에 대한 잘못된 인식을 바꾸고, 그들이 처한 현실을 편견 없이 받아들일 수 있도록 하기 위한 노력의 일환이다. (129p 표 2 참조)

한부모, 미혼모 대상으로 한 사업을 내용별로 접근해보면, 대개 이들이 처한 어려움을 극복해나가는 과정에 대한 지원을 중심으로 되어 있다. 즉 수많은 한부모, 미혼모가 처한 경제적 빈곤, 건강, 사회적 고립, 자녀양육의 어려움을 완화할 수 있는 방안들을 중심으로 한다. 이 중에서 한부모를 대상으로 한 가장 대표적인 여성가장 생계비 지원사업은 '캐쉬SOS' 사업이다. 캐쉬SOS는 2008년 경제위기 이후 어려움에 처한 여성가장들에게 생계비, 교육비, 주거비, 창업지원금을 무담보무보증 대출을 했다. 대부분 한부모가 되면서 주변에 도와줄 사회적 자본이 부재한 여성가장들에게 무담보무보증은 삶의 희망을 가지게 하고, 여유를 회복할 수 있는 기회를 제공하였다. 또한 장시간 노동, 야간노동, 투잡two-jobs을 수행하면서 병을 얻거나, 질병에 걸려도 경제적 부담 때문에 의료서비스에 접근하지 못하는 여성가장을 위한 의료비 지원사업인 '엄마에게 희망을'도 저소득층 여성가장이 건강문제를 해결하고 경제활동 복귀와 일상생활 영위를 위한 필요조건을 제공하였다.

최근에는 보다 적극적 형태의 경제적 자립 지원을 모색하는 사업이 실시된 바 있다. 2019년부터 진행되고 있는 '마을기사 취업지원사업 W-ing'은 저소득층 한부모는 물론 비혼 등의 이유로 혼자 살고 있는 여성가장(청년여성가장, 여러 이유로 현재 경력이 단절되었으며 소득보장이 절실한 여성 포함)들에게 경제적 자립과 사회진출을 위하여 마을 기사 자격 취득과 취업을 연결시키고 있다. 저소득층 여성일자리 W-ing 사업은 현대자동차그룹 후원, 사회복지공동모금회 지원사업으로 진행하며 여성중앙회와 한국한부모연합, 서울시마을버스운송사업조합이 협력하여 진행되고 있다. 이 사업은 앞서 '캐쉬SOS' 보다는 당사자들의 임파워먼트와 역량강화를 위한 교육을 강화시켰으며, 기업-한부모연합-서울시버스조합 간의 상시적 논의체계 구축으로 단계별로 생기는 문제들에 대한 모니터링이나 컨설팅을 통해 최종적으로 일자리를 획득할 수 있도록 하기 위한 추가적 지원 노력을 기울이고 있다.

한편 한국여성재단의 미혼모 사업비중은 칼 막스 재단Carl Marks Foundation으로부터의 6년여에 걸친 후원과 근래 증가하고 있는 미혼모에 대한 사회적 관심으로 인해 양적으로 많은 편이라 볼 수 있다. 미국 칼 막스[1]재단은 2010년 당시 한국미혼모지원네트워크KUMSN을 통해 한국사회 내 미혼모 사업의 단초를 만들었다. 초기 후원단체로 지정되었던 한국미혼모지원네트워크KUMSN는 보다 내실 있고 내용성을 담보한 미혼모 사업 전개, 체계적 운영 및 관리, 조직화 및 네트워크 육성을 위해 한국여성재단에 파트너십 공동사업을 의뢰했다. 이후 한국여성재단은 여러 미혼모 단체들을 견인하고 지원하는 역할을 한 것으로 보인다. 미혼모 대상으로 한 사업으로는 칼 막스 재단으로부터의 후원으로 이루어진 '미혼모 인식 개선 및 당사자 조직과 활동가 육성을 위한 지원 사업', 미혼모 당사자 활동가 및 조직 육성, 미혼모 임파워링 지원을 위한 '양육미혼모 삶의 질 향상을 위한 지원사업'이 있다. 이외에도 양육미혼모와 그 자녀들의 제반 건강실태 조사와 위험한 증후가 있는 대상자에 대한 의료 지원사업, 자녀들을 위한 공부방 환경조성 및 지원, 사회적 지지나 힐링프로그램 등이 다양하게 진행된 바 있다.

한국여성재단의 한부모, 미혼모 영역의 사업들은 기본적으로 이들의 생활을 안정시키고 사회적 인식 개선에 실제적인 도움도 주었지만, 이와 함께 한부모, 미혼모들을 사회적 주체로 성장시켜내고 네트워크 및 조직화에 실질적인 기여를 했다고 평가된다. 즉 한국여성재단의 한부모/미혼모 사업은 일차적인 물질적 지원에만 머물지

---

[1] 칼 막스 재단은 미국 보아스 박사에 의해서 만들어진 재단이다. 보아스 박사는 안과의사로, 한국에서 입양된 딸을 키웠다. 딸의 어머니가 아이를 직접 키우는 선택을 하지 못하는 미혼모였다는 사실을 매우 안타까워했다. 보아스 박사는 아이를 낳고도 키울 수 없는 한국사회 미혼모의 고통을 줄이고, 미혼모들이 부모권리를 행사하며 살아갈 수 있도록 하겠다는 목적으로 기금을 조성하여 칼 막스 재단을 설립하였다. 이후 6년 넘게 한국 미혼모단체, 한국여성재단, 연구자들과 교류하면서 미혼모 권리신장에 아낌없이 후원했으며, 한국미혼모운동의 토대를 만드는 데 기여하였다.

않고 모든 사업에서 당사자들의 주체화, 조직화 및 네트워크 형성에 주력하였다. 이와 같은 노력들의 성과가 어떻게 나타나고 있는지 지표를 확인할 수는 없지만 분명하고 뚜렷한 변화들이 일어났다. 대표적으로 저소득층 여성가장 긴급캐쉬SOS사업은 한부모단체네트워크와의 긴밀한 협조를 통해서 이루어지면서 지역의 한부모단체들이 성장했으며 전국을 아우르는 한부모연합 탄생에도 일정하게 기여를 하였다. 미혼모의 경우에도 한국여성재단의 미혼모 사업들을 통해 사회적 터부와 비난 때문에 스스로를 드러내는 데 주저함이 강했던 미혼모들이 자신의 목소리를 드러내고, 일상을 영화로 만들어내면서 사회적 공감대를 키워나갔으며, 조직적 차원에서는 각종 미혼모 단체, 미혼모 협회 및 네트워크 단위들이 힘을 가지고 움직이기 시작하였다. 각종 싱글맘 홀로서기 지원사업이나 미혼모 역량강화 교육 후기들은 이와 같은 변화들을 보고하고 있다. 많은 미혼모들은 역량강화 교육이 '오아시스' 같았으며 미래를 꿈꾸게 하는 데 커다란 도움을 주었다고 말하고 있다. 종합해보면 한국여성재단의 미혼모 사업들은 대상자로서의 지원을 넘어 주체로서 성장을 실질화했다는 점에서 긍정적으로 평가받을 만하다.

또한 미혼모 사업에서는 미혼모 당사자들뿐만 아니라 이들과 함께 하는 지원그룹, 연구자 및 후원금 네트워크가 존재함으로써 보다 실질적인 도움을 주었다. 예를 들어 보수적 색채가 강한 대구지역에서 대구 미혼모협회가 만들어지고 활동을 하는 과정에는 전국미혼모지원네트워크의 박영미 대표, 계명대 조주현 여성학과 교수, 한국여성정책연구원 이미정 박사의 도움이 컸다. 이들은 미혼모 교육, 인식개선, 역량강화 사업을 벌이기 이전에 기초 토대를 다지기 위하여 사전 연구와 실태조사를 전개하였다.[2] 구체적으로 양육미혼모의 주거 및 수입현황 등의 내용을 바탕으로 양육미혼모들의 생활실태를 점검하고, 구직과정과 직장생활, 공공서비스 이용에서 어떤 차별을 받는지를 자세히 밝힘으로써 미혼모 사업을 어디서부터 시작하고 어떻게 대책을 마련해야 하는가를 보다 구체적으로 논의할 수 있었다. 양육미혼모 모자가정 건강지원 사업도 전국의 미혼모들에 대한 종합건강검진 및 건강실태 조사를 먼저 실시한 후, 지역의 지원 센터들과 협력하여 정서적 안정 및 사회적 지지체계 결합을 기반으로 통합 health-care program을 실시한 바 있다.[3]

이와 더불어 든든한 지원네트워트 기반이었던 칼 막스 재단으로부터의 연속적이고 안정적인 후원금 지원도 미혼모 사업의 전개에 힘을 더했다. 칼 막스 재단은 여성재단과의 미혼모 사업에 대한 전반적인 틀거리가 만들어진 후에는 진행과정에 일일이 개입하지 않았고, 당사자들의 임파워먼트를 증진시키는 목적으로 수행되는 활동들을 전적으로 지원하는 방식은 미혼모 조직화에 긍정적으로 기여했다. 한국여성재단도 미혼모 단체들에게 재량과 권한을 상당부분 위임하였다. 이것은 미혼모 단체들이 보다 적극적으로 당사자 본인들의 문제를 해결해보겠다는 주체적 조직화로 이어졌으며, 실제 지난 10여 년간 미혼모 단체는 전국성과 대중성을 담지한 단위로 성장하게 하는 데 긍정적인 기여를 하였다.

그러나 한부모, 미혼모 사업은 긍정적 성과에도 불구하고 몇 가

2 성정현 외 (2015), 미혼모 당사자 및 전문가 집단 인식개선을 위한 교육모델 개발 연구, 한국여성재단
3 고경심·이유림 (2015), 양육미혼모 모자가정 건강지원사업 건강실태조사연구, 한국여성재단

지 한계가 있다. 우선 전체적 지원총량에 있어서 한부모가 미혼모에 비해 수적으로 훨씬 더 많음에도 불구하고, 미혼모 사업이 차지하는 비중이 훨씬 더 높았다. 가장 커다란 이유는 칼 막스 재단의 미혼모 주체화, 임파워먼트, 사회인식 개선을 위한 6년간 조건 없는 지원이 배경에 있다. 그렇지만, 한부모 사업을 미혼모와 연결하여 사회적 인식 개선을 같이 하거나, 넓은 의미의 한부모 차원에서 두 영역을 합쳐서 접근했더라면 보다 시너지 효과가 있을 수도 있다. 예를 들어 이제까지 한부모와 미혼모 사업이 각각 개별적으로 분리되어 진행되고 조직도 별도의 독립된 단위로 조직화된 것과는 다르게, 지역별로 '한부모와 미혼모를 묶어서 '여성가장 통합 지원센터' 같은 조직을 구상하고 인큐베이팅해서, 한 공간 안에서 연대 사업 방식으로 지원하는 방안을 고민해볼 수 있었다. 더 나아가서는 (한부모)통합센터를 운영하고 확장시켜나가면서 정부와 지자체에 기본 사업으로의 편재를 요구하는 방식이었다면 지금보다 더 큰 세력화를 이루었을 것으로 예상된다.

규모는 크지 않았지만 긍정적 변화를 만들어낸 폭력 피해 지원

폭력 피해에 대한 지원이 한국여성재단 전체 여성복지사업 분야에서 차지하는 비중은 높지는 않았으나, 최근 미투운동 이후 파급력은 상당히 크다. 폭력 피해 지원사업을 유형별로 보면(130p 표 3 참조), 첫째, 성폭력 피해를 입은 당사자(가족포함)들의 심리적, 신체적 치료를 위한 비용을 지원하거나, 학비나 학용품, 교복 등과 같은 경제적 지원을 제공하는 방식이다. 둘째, 최근 미투운동 국면에서 제기되었던 사이버성폭력 피해자 지원이나 가해자 처벌을 포함하는 체계 구축, 미투 피해자들에 대한 법률, 심리상담, 의료지원이 그것이다. 셋째, 비중면에서는 크지 않지만 우리나라의 아동, 청소년들로부터의 기부금을 아프리카 폭력 피해 청소녀들에 대한 구조, 보호, 교육에 투여하게 하는 방식이다.

우선 폭력 피해 여성 지원사업 중 '여성장애인 성폭력 피해자 및 가족 치유 사업'은 일회성에 그치는 사업이었지만, 한국사회의 장애인 성폭력에 대한 경종을 울렸던 사건 이후에 자발적으로 생겨난 온라인 커뮤니티를 통해 기금이 조성되었다는 의미가 있다. 2012년 만만클럽 온라인캠페인을 통해 '영화 도가니를 보셨나요?'를 진행하고 여기에 참여했던 사람들을 중심으로 기부금을 모았다. 온라인으로 모여진 기금은 신체적·정신적으로 장기적인 치유과정이 필요한 여성 장애인 피해자의 치유를 지원하고, 피해자 가족의 심리치료 지원을 통해 피해자를 위한 가족지지망을 안정화시키는 데 사용되었다. 다른 그룹에 비해서 사회적 관심을 거의 받지 못했던 장애인 여성의 성폭력 문제에 대한 자발적인 기부자들의 기금사업이었다는 데 의미가 있다.

둘째, 탈성매매 여성의 학비를 지원하는 사업인 '봄빛기금장학사업'은 탈성매매를 하는 과정에서 실질적으로 필요로 하는 학비를 지원했다는 평가를 받고 있기는 하지만, 2012년 이후 10년 가깝게 지속되고 있다는 점에서도 유의미하다. 실제 탈성매매 여성은 새로운 삶으로의 출구로 활용되는 여러 학업, 교육 과정에서 요구되는 학비에 대한 부담을 덜어낼 수 있었다. 특히 봄빛 장학금은 일정한 기간내에 갚아야 한다는 부채감 없이, 중간에 끊길 수 있다는 두려움 없이 오로

지 공부에 전념할 수 있게 해줌으로써 많은 탈성매매 여성들이 새로운 삶을 살 수 있게 해주었다. 무엇보다는 자신의 존재를 드러내기를 원치 않은 탈성매매 여성들에게 서류지상주의에서 벗어나 사진이나 개인신상조서 등을 요구하지 않음으로써 보다 자유롭게 장학기금에 접근하게 하였다는 점은 평가할 만하다. 물론 이것은 봄빛장학사업이 자격심사와 사후관리를 엄격하게 하지 않는다는 뜻이 아니라, 말하고 싶지 않은 사정을 존중해준다는 차원에서 이해되어야 하겠다.

셋째, 2018년 미투 국면에서 한국여성은 젊은 층으로부터 제기되었던 성폭력 피해자를 지지하고 연대하는 사회문화를 만들고, 더불어 성폭력 피해 이주여성을 위한 성폭력 예방활동이 추가되었다. 또한 성폭력 피해자에 대한 법률 및 심리상담, 의료지원을 연계하는 사업을 지원하였다. 이 과정에서 사업의 주체로 선정되었던 한국사이버성폭력센터는 사이버 성폭력이 개인적 차원의 불법촬영과 유포문제를 넘어, 이를 조직적으로 관리하고 이를 통해 금전적 이득을 취하는 공고한 카르텔 구조가 작동되고 있음을 전 국민에게 알리는 계기를 마련했다. 여성 일반은 물론 아동에 대한 성적 폭력과 촬영물들이 당사자도 모르는 사이에 유통, 확산되고 있는 현실을 속속들이 드러냄으로써 국민 대다수가 사이버 성폭력을 심각한 사회현안으로 받아들였다. 특히 한국사이버성폭력센터는 사이버 폭력과 카르텔 구조가 한 국가 안에 머물지 않고 초국가적으로 확장될 수 있는 위험성을 실증적 증거를 제시함으로써 사이버 성폭력에 대한 국제적 공조체계를 구축해야 함을 사회적으로 인식하게 하는 성과를 거두었다.

넷째, 예산규모는 크지 않지만 고사리손 기금사업은 폭력 피해에 노출되어 있는 청소년들을 구조하고 필리핀, 아프리카 어린이들에 대한 교육 기회를 제공하는 연대적 성격의 지원을 하고 있다. 특히 고사리손 기금은 한국여성재단 기부자 중 18세 미만의 어린이와 청소녀, 청소년의 기부금액에 한국여성재단이 동일한 금액을 매칭하여 폭력과 빈곤, 질병 등으로 인해 어려움을 겪고 있는 아프리카, 필리핀 등지의 청소녀 및 여아를 보호한다는 점에서 의미가 있다. 즉 기금 매칭을 통해 나이가 어린 세대의 소규모 후원이 실질적으로 도움을 주는 사업으로 업그레이드 시켰으며, 이를 통해 한국의 아동, 청소녀들이 제3세계 청소녀들의 폭력 피해에 대한 지원과 교육권을 보장하는 연대사업에 기여했다는 자부심을 갖게 하였다. 향후 미래세대의 후원자를 발굴하고, 비록 작은 단위이지만 기부자로 성장해가게 하는 사업을 좀 더 체계적으로 준비하면 좋을 것으로 보인다.

전반적으로 폭력 피해 지원사업은 앞서 언급한 바와 같이 기금 규모나 다양성 측면에서 상대적으로 사업이 차지하는 비중이 크지 않아, 향후 더 많은 관심을 가지고 확장시켜나가야 할 것으로 보인다. 또 최근 미투운동 국면에서는 젠더폭력 전반에 대한 전면적인 사회위험을 경고하면서 사전적, 예방적 차원의 접근이 필요함을 보였다. 따라서 한국여성재단의 폭력 피해 지원사업은 이제까지의 사후적 지원을 넘어서 사전적, 예방적 방식에 대한 고민이 추가되어야 하겠다. 더 구체적으로 사회적 단위의 반성폭력 운동과 인권의식 향상을 이끌어내게 하는 사업에 대한 포함이 고민되어야 하겠다.

돌봄 사회화 사업 및 기타

저출산 문제가 지속적으로 제기되는 사회환경 속에서, 한국여성재단이 또 다르게 시도한 사업은 돌봄의 사회화를 촉진하고 지역사회 아동을 위한 돌봄안전망을 구축하기 위한 사업들이다. 생명보험사회 공헌재단 후원을 통해 이루어진 '돌봄의 사회화' 사업은 2011년부터 2012년에 이르기까지 정부의 지원이 닿지 않는 보육 사각지대를 해소하기 위한 방편으로 보육서비스 거점보육센터 운영 및 가정보육 파견을 사업화하였다. 이 사업은 당시 신생아 영아 케어서비스(100일 미만 신생아영아를 위한 영아보육사 파견)로 특화된 바 있다. 아동출생 후 가족이나 주변의 친지로부터 도움을 받지 못한 채 양육의 어려움을 겪고 있는 여성들에게 실질적인 도움을 지원을 한 것으로 평가된다.

다음으로는 '아이가 안전하고, 부모는 안심하는 우리동네' 사업이 2014~2016년에 이르기까지 3년에 걸쳐 진행되었다. 이 사업을 주민참여형 아동돌봄 모델을 개발하고 확산하기 위한 목적으로 이루어졌다. 이를 위해 가칭 아동안전센터가 전국 5개소에 설치되었고, 지역주민공동체가 13세 이하 나홀로아동에게 돌봄서비스를 제공함으로써 돌봄공백을 없도록 하였다. 이외에도 지역사회 내 아동안전망 구축을 위한 사회환경조성 및 네트워크 구성, 아동안전을 위한 대중 캠페인, 아동안전마을 조성을 위한 자원활동가 교육 및 강좌 등이 진행되었다. 이와 같은 돌봄 사회화 및 주민참여형 아동돌봄 모델 사업은 돌봄의 가족 부담을 완화시키고, 마을공동체와 국가가 함께 돌봄 책임을 분담할 때 아동출산과 양육이 자연스럽게 이루어지는 사회로 이행할 수 있음을 사회적으로 인식하게 하는 계기로 작용했다. 그러나 안타깝게도 후원기관이 사회공헌 사업을 직접 수행하는 방식으로 전환한다는 방침에 따라 사업이 장기간 지속되지 못한 채 중단되고 말았다. 돌봄의 사회화와 공동체 조성의 필요성을 대내외적으로 알리고 지역내 주민들의 아동돌봄을 위한 상호작용과 네트워크들을 만들어내는 데 일부 기여했지만, 사업이 중단됨으로써 그 성과가 단절되었던 사업으로 아쉬움이 남는다.

한국여성재단은 이외에도 여성장애인에게 산전검진비 지원을 통해 경제적·심리적 부담을 경감해주어 삶의 질을 향상시키려는 '행복든든 고운맘' 사업(2018), 홈리스 및 주거불안 여성의 부업프로그램으로서 '희망일터' 사업(2010), 20대 여성의 노동과 삶의 출구를 찾기 위한 '한국여성노동자회 토론회 사업'(2010), 장기간 배우자를 돌보고 있는 노인에게 재충전 여생을 지원하는 '지치지 않는 가족사랑 프로젝트'(2014~2015) 등과 같은 일회성 사업들이 있다.

4. 대상자를 넘어 주체적 존재로서의
여성지원사업이 되기 위하여

여기까지 한국여성재단에서 진행해왔던 여성 인권 보장, 다양성 증진, 기타 돌봄관련 사업들의 전개방식과 내용들에 대한 검토를 통해, 여성재단 사업으로서의 성과를 평가함은 물론 앞으로 더 보완되었으면 하는 점들을 살펴보았다. 한국여성재단은 초기 이후 사업이 확대되는 과정에서 사회적으로 취약한 대상자들에게 지원을 해준다는 의미가 강한 기존의 '여성복지' 사업에서 탈피하려는 지향성을 가진다. 즉 사회적으로 소외되어 있고 배제되어 있는 여성들을 주어진 상황에 순응하는 존재로 보지 않고, 현실적으로는 여러 어려움에 처해 있지만 이를 극복해나갈 수 있는 힘을 가진 당사자로 전제한다.

이를 위해 한국여성재단의 복지와 연관되어 진행된 사업에서는 여성을 소외되고, 소극적인 대상에서 벗어나 적극적으로 상황을 바꿔나갈 수 있는 주체적 존재로 성장시키기 위한 갖가지 노력을 결합시키고 있다. 앞서 언급한 바와 같이 모국 방문 전에도 사전 모임을 통해 제3세계 국가에 대한 무시나 비하 경향을 갖고 있는 가족들에게(배우자, 자녀) 다른 국가나 문화에 대한 이해를 높이고 여성의 모국에 대한 자긍심을 높이는 프로그램을 배치하였다. 또 다문화, 한부모, 미혼모 여성들이 경제적으로 자립을 할 뿐만 아니라 사회적으로도 안정적으로 정착할 수 있게 하기 위한 추가적 활동이 수반되었다는 특징이 있다. 사회적협동조합 창업이나 마을버스 취업 등이 보다 원활하고 장기간 지속될 수 있도록 사전 실태조사, 교육, 모니터링, 멘토링, 컨설팅, 사후관리 등을 함께 진행하였다. 무엇보다도 당사자들끼리의 사적 만남이나 자조모임을 넘어 상호 지속적 네트워크를 형성하고 조직화로 나아갈 수 있어야 한다는 지향성을 강하게 견지하였다. 실제 여성재단으로부터의 지원이 일회성으로 끝나지 않고 다년간 지원으로 이어지면서 개별 미혼모단체의 조직화나 한부모 단체들의 운영 안정화에도 도움을 주었고, 이들 단체간 연합 및 연대가 사안에 따라 구성되게 하는 데 기여했다.

그럼에도 불구하고 향후 더 내실 있는 지원사업으로 자리를 잡기 위해서는 아직 더 노력해야 할 부분들이 있다. 첫째, 여성인권 향상을 위해서는 지금 집중되어 있는 다문화, 한부모, 미혼모와 같은 대상자들보다 더 저변이 확대되어야 하겠다. 물론 양육미혼모에 대한 사회적 인식을 개선하고 이들을 사회적 주체로서 등장시켰다는 점은 상당한 성과다. 그렇지만 이와 같은 중요한 변화가 한국사회 내부로부터 촉발시켰다기 보다는 해외로부터의 지원, 즉 칼 막스 재단의 엄청난 기여로부터 출발되었다는 점은 한편으론 반성이 필요하다. 특히 아직도 한국에서는 사회적으로 소외된 사람들이 배제되지 않고 사회구성원으로서의 기본권을 보장받지 못하는 경우가 많다. 향후 한국여성재단은 성소수자, 비혼 여성, 중장년 이후의 노년여성, 여성장애인 등의 사회권을 진작시키기 위한 기금모금과 사업기획이 요구된다.

둘째, 기업후원에 의한 기획력 한계를 넘어설 필요가 있다. 한국여성재단에서 수행했던 지원 중에서 가장 양적으로 많았던 사업은 다문화 영역이다. 다문화여성의 모국방문사업은 다문화여성이 경험하는 한국사회에서의 소외나 외로움을 대응하기 위한 성격으로 볼 수 있다. 그러나 모국 방문 이외에도 결혼이주여성이 한국사회에서 동등한 사회구성원으로 자리를 잡을 수 있도록 하기 위한 지역사회 주체로서의 당사자성 확보나 조직화 및 네트워크 안정화에 대한 부분들이 더 요구되어진다. 다문화여성들이 이주자가 아닌 당사자로 한국내 사회적, 정치적으로 성장하게 하기 위한 사업이나 활동이 향후 더 적극적으로 모색되면 좋겠다.

셋째, 후원처 미발굴로 인해 상대적으로 발전되지 못한 부분들이 앞으로 더 확대될 수 있도록 하는 것이 필요하다. 예를 들어 폭력피해 여성들을 대상으로 한 의료적, 심리정서적 지원, 경제적 자립 지원, 조직화 및 네크워크 구성들을 지원할 사업들이 안정적으로 배치된다면 더 많은 여성들의 삶의 질을 변화시킬 수 있을 것이다. 또한 지역사회에 방치되거나 방임되어 있는 아동들을 위한 돌봄안전망을 만드는 지역조직화사업도 기업후원이 끊어지면서 지속되지 못한 아쉬움이 있다. 더 적극적인 후원처 발굴과 기업-지자체-공동체 간 연계를 모색하는 등의 다각적 노력이 필요해 보인다.

넷째, 고사리 기금같이 개인후원자들을 더 다양하게 발굴하는 작업이 요구된다. 고사리 기금은 한국의 청소년들과 제3세계 청소년들을 연결, 연대하게 해주었다는 점에서 의미가 깊다. 이와 비슷한 차원의 개인후원자의 조직적 연대가 더 다양하게 만들어질 수 있을 것으로 보인다. 조부모-손자녀 기금을 형성하고 저소득층 조손가족 생활 후원으로 연결하거나, 부모-자녀 기금을 형성하여 양육미혼모/한부모가족 자립지원 사업에 연결시키는 것과 같이 사회적 가족과 연대의 단위를 높이는 등의 노력이 요구된다.

표 1. 다문화 관련 사업의 유형과 내용

프로젝트(사업명)	후원처(기간)	내용
多문화多함께 프로젝트	생명보험사회공헌위원회(2009)	다문화여성 경제·사회·의료지원
다문화가족 안전망 구축 프로젝트	우정사업본부(2008~2009)	폭력 쉼터, 폭력 피해 여성 지원
[이주여성과 가족들의 친정방문] 날자 프로젝트	삼성생명(2007~2015)	베트남, 캄보디아 모국 방문
베트남 다문화아동 외가방문 지원사업	생명보험사회공헌위원회, 삼성생명 (2016~2019)	아동의 베트남 외가 방문지원
캄보디아 다문화가정 모국방문 지원사업	하나금융, 사회복지공동모금회 (2016~2019)	캄보디아 방문지원
[다문화가정 자녀학습지원 프로젝트] 위드멘토/희망멘토링	G마켓/LG이노텍(2010) (2008~2014)	다문화가정 아동 학습지원
다문화가정 자녀와 함께하는 Harmony Project	이씨엠디(2016~2017), 풀무원 푸드앤컬쳐(2018~2019)	아동잠재력발견지원. 후원주체 변경에도 지속
[다문화가정여성 자립지원 프로젝트] 다문화가정의 행복위해 스타트!	우정사업본부(2012~2013)	다문화여성 취업 및 경제자립지원
희망날개 프로젝트	아모레퍼시픽복지재단 (2011~2014)	다문화여성의 정체성 강화 & 리더십 성장지원
다문화여성&저소득층여성 창업지원사업 "My Future, My Business"	JP Morgan(2015~)	협동조합을 통한 창업지원 & 컨설팅

출처: 한국여성재단(각년도), 지속가능경영보고서; 사업별 각년도 최종보고서

표 2. 저소득층 여성가장, 한부모, 미혼모 영역의 사업 유형과 내용

사업유형	후원처(기간)	내용
여성가장 생계지원사업, '캐쉬SOS'	생계비 대출: SBS (2008~2012) 교육비 대출: 전교조 (2008~2012) 창업 대출; 보건복지부 (2009~2012)	–저소득층 여성가장에게 필요한 기금을 대출해 주는 민간기금. –2007년 말 SBS후원 20억 원으로 경제적으로 어려움을 겪고 있는 여성가장과 그 자녀에게 주 거비, 교육비, 창업비 용도로 무담보무보증 소액 대출(Microcredit)
마을기사 취업지원 사업 여성일자리 W-ing	현대자동차그룹, 사회복지공 동모금회 (2019~)	마을버스기사로 취업을 통해 경력보유여성과 여 성가장의 경제적 자립과 사회 재진출 지원
여성건강지원사업, '엄마에게 희망을'	개인기부, '건강사회를 위 한 치과의사회' CJ 홈쇼핑 모금방송기금, SBS모금방 송 기금 등	저소득 여성가장에게 단기(6개월 이내)의 치료, 수술비를 300만 원 이내로 지원하여, 빠른 경제 활동 복귀를 돕는 사업
미혼모 인식 개선 및 당사자 조직과 활동 가 육성을 위한 지 원사업	한국미혼모지원네트워크 [KUMSN 2010~2013]	–칼 막스 재단이 초기에는 미혼모지원네트워크를 통해, 2013년 이후에는 직접 후원하는 방식을 취함. –미혼모 관련 단체지원사업, 사회인식 제고를 위 한 영화제작지원 , 긴급주거공간 제공, 미혼모 삶 의 질 향상 위한 공모사업 등
양육미혼모 삶의 질 향상을 위한 지원사업	칼 막스 재단 [Carl Marks Foundation, 2014~2016]	한국사회에서 문화적 경제적으로 소외된 미혼모 의 삶의 질 개선을 위해 미혼모 인식개선과 인권 증진 미혼모 당사자 활동가 및 조직 육성, 미혼모 임파워링 지원
양육미혼모 모자가정 건강지원사업	생명보험사회공헌위원회, 교보생명(2014~2015), 푸른내일을여는여성들 (2016~2017)	건강보호 사각지대에 놓인 양육미혼모와 자녀의 종합건강검진 및 건강실태조사와 자존감 향상 및 사회적 인식개선사업을 통해 인권증진·미혼모가 족의 삶의 질 향상
양육미혼모지원사업 'Mom-Up Project'	이케아코리아(2013~)	양육미혼모 자녀 공부방 마련, 개선
양육미혼모지원사업 'With Mom Project'	연대여성치과의사회 (2018~)	양육미혼모 가정 육아용품 지원과 사회적 지지체 계를 구축할 수 있도록 힐링프로그램 지원

출처: 한국여성재단(각년도), 지속가능경영보고서; 사업별 각년도 최종보고서

표 3. 폭력 피해 여성 지원 관련 사업유형과 내용

프로젝트	후원처(기간)	내용
여성 장애인 성폭력 피해자 및 가족 치유 지원	만만클럽 온라인 캠페인(2012)	여성장애인피해자 치유 지원하고, 피해자가족의 심리치료 지원
여성쉼터 거주자 자녀 신학기 happy smile 프로젝트	아모레퍼시픽복지재단 (2011~2013)	폭력 피해 쉼터 거주자 자녀의 교복 및 학습용품지원
봄빛 장학사업	정혜원 기금→봄빛장학재단 (2012~)	탈성매매 여성 학업, 취업교육을 위한 장학금 지급
여성이 안전한 세상 만들기 지원사업	365mc병원·의원, 서울사회복지공동모금회(2018)	사이버성폭력 피해자 지원을 위한 국제공조체계 구축, 성폭력 피해자 지지/연대
#MeToo 지원사업	2018년 100인 기부릴레이, 일반모금, 기업모금 (365mc병원·의원) (2018)	성폭력 피해자에 대한 법률 및 심리상담, 의료 지원 연계
고사리손 기금사업	한국여성재단 기부자 중 18세 미만의 어린이와 청소녀, 청소년의 기부금액 + 재단 매칭기금	폭력 등 위기상황에 처해있는 청소녀들을 구조하여 보호하고 있는 필리핀, 아프리카 어린이 교육권 지원

출처: 한국여성재단(각년도), 지속가능경영보고서; 사업별 각년도 최종보고서.

참고문헌

• 한국여성재단(각년도), 지속가능경영보고서.
• 고경심·이유림(2015), 양육미혼모 모자가정 건강지원사업 건강실태조사연구, 한국여성재단.
• 성정현 외(2005), 미혼모 당사자 및 전문가 집단 인식개선을 위한 교육모델 개발 연구, 한국여성재단.

제4장

사람을 키우는 재단으로

글 김영선

한국 식민지기 역사적 가부장제의 지속과 단절에 대한 주제로 학위 논문을 썼다. 현재의 연구 관심은 지역 여성단체의 조직화 및 당대 활동가들의 삶을 구술사로 기록하고 페미니즘 관점에서 해석하는 것이다. 지난 2016년부터 성공회대 NGO대학원 실천여성학전공에 머무르면서 강의자와 학습자 관계로 만나게 된 여성단체 활동가들의 임파워먼트와 더불어 미래 비전에 대해서 깊이 고민하고 있다. 시민사회와 대학, 기업, 재단이 협력하여 함께 만든 실천여성학의 학제 모델 및 그 학문적·실천적 성과를 한국 및 아시아, 글로벌 사회에 환류할 수 있는 방법을 탐색 중이다.

1. 여성 임파워먼트, 무엇을 담아야 하나?

한국여성재단의 비전과 미션 및 활동에 있어 여성의 역량강화, 즉 임파워먼트는 대단히 중요한 철학적, 실천적 함의를 가지고 있다. '힘갖추기'로 한때 번역되기도 했던 임파워먼트는 사회적·구조적 변화를 추동해나가기 위해 요구되는 여성주의 기획·실천과 관련하여 중요하게 대두된 개념의 하나이다. 현재 한국의 담론 지형에서 '임파워먼트' 개념은 "권한부여, 역량강화, 세력화" 등과 같은 용어로 혼용되어 사용되면서 동시에 영역별로 다르게 번역되어 사용되고 있다.[1]

---

[1] 임파워먼트 담론이 활발히 유통되고 있는 분야는 국제개발담론, 공공기관 및 기업의 인사관리 정책, 개인적·심리적 차원의 세 분야인데, 대부분의 논의가 개인적 차원에 집중되어 있어 관계나 구조와 같은 공동체와 사회적 차원에서의 논의는 부족하다. 임파워먼트 논의의 이론적 근거를 대부분 인적개발에서 찾는 경향에 기인하기 때문이다(장필화 외, 2015:4)

여성 임파워먼트는 1970년대 후반 제3세계 페미니즘 운동의 의제가 되어 1995년 북경 세계여성회의에서 행동강령Beijing Platform for Action으로 채택되면서부터 국제 사회의 주요한 이슈로 등장했다. 여성 임파워먼트의 실천 강령으로 당시에 정치·경제·보건·교육 분야별로 목표가 세워졌고, 이에 대한 적극적 조치를 강구하면서 한국에서도 2000년대에 들어 여성 임파워먼트와 관련한 논의가 본격적으로 시작되었다.

故 박영숙 이사장은 한국여성재단(이하 여성재단)의 고유한 정체성으로서 "여성 전체의 상황을 변화시키는 여성운동을 지원하는 것"이라고 말한 바 있다.[2] 그렇다면, 재단이 여성활동가의 임파워먼트를 지원한다는 것은 여성운동을 지원하는 여러 방법들 중 하나이고, 이 기획의 참여자들 사이에서 생성되는 관계맺음과 소통, 가치의 환원/환류에는 여성주의 의식화를 통한 주체화, 젠더 정의를 위한 집단적 세력화로의 행위실천의 의미가 담겨 있고, 또 담겨야만 하지 않을까.

여성 임파워먼트에 관한 연구들은 공통적으로 '주체화'와 '상호작용'을 강조하고 있다. 김기범(2004)은 여성 임파워먼트가 이루어지는 과정은 여성을 수동적 대상이 아니라 주체로서 접근해야 한다는 점을 강조하며, 여성들의 주체적 임파워먼트는 그 자체가 과정이자 목적, 결과로 중요하다는 것, 여성들이 조직화되었다고 하더라도 여

---

2 "1999년도에는 세상이 온통 새로운 세기를 맞을 준비에 들떠 있었다. 그때 여성계가 꿈꾼 것은 '딸들에게 희망을'이라는 기치 아래 여성운동이 더 이상 필요 없는 세상, 그리고 더불어 잘 살 수 있는 세상을 앞당기기 위해 활동하는 여성단체들을 지원하고 우리사회에 투명하고 명예로운 기부문화를 창달하는 것을 목적으로 하는 재단을 설립하는 것이었다", 박영숙(2009), "한국여성재단 10년을 되돌아보며", 『딸들에게 희망을: 한국여성재단 10년, 기억과 상상』, 한국여성재단, 14쪽.

성주체의 강화 없이 그 조직은 힘을 발휘하기 어렵다고 보았다. 황선영(2011)은 1990년대 이후 대외지향적 여성운동이 여성일반의 광범위한 참여를 확대시키지 못했다는 반성 아래, 여성의 삶의 궤적에서 성장하고 변화하는 개인의 임파워먼트 과정에 주목했다. 여성의 단체활동 참여 경험이 개인에게 불러일으키는 역량강화 과정을 분석하면서 여성운동단체에의 적극적 참여가 임파워먼트 성취의 변화를 이끄는 중요한 요인임을 밝혀낸 바 있다.

장필화 외(2015)는 '여성주의 임파워먼트'의 주요 개념으로 행위성, 세력화, 의식화를 제안하며, 임파워먼트의 결과이자 과정으로 만들어지는 위 요소들의 상호연관성을 이해하기 위해서는 여성의 임파워먼트에 대한 통합적 접근이 필요하다고 보았다. 성차별적 사회구조 및 문화를 넘어서기 위해서는 개인의 역량 강화로 드러나는 행위성과 더불어 세력화가 필요하며 이 과정에서 여성주의 의식화의 확대가 필요하다는 점을 강조했다. 즉, 성차별적 고정관념의 변화를 위해서는 제도적 조치도 필요하지만 동시에 개인과 집단의 변화에 여성주의 의식화가 필수적이라는 것이다.

이와 같은 연구자들의 논의에 기반하여, 이 글은 가부장제 사회의 변혁을 위해 여성재단이 파트너 단체들과 함께 해온 지난 20년 동안의 사업들 중에서 여성/활동가의 역량강화사업을 크게 장학지원사업과 네트워킹을 통한 리더십 교육 프로그램 지원 사업으로 범주화하여 정리한 후, 이 오랜 협업 작업이 개별적, 그리고 통합적으로, 여성의 의식화 및 세력화의 관점에서 어떠한 실천적 의미를 함의하고 있는지 역사적 맥락을 고려하여 살펴보려 한다.

2018년 1월, 서지현 검사의 8년 만의 성폭력 피해 사실 폭로를 전후한 미투운동의 시작, 새로운 세대의 온·오프라인 집단 세력화(급진주의 페미니즘을 위시한 분리주의와 혜화역 시위로 페미니즘 운동 내 갈등과 논쟁 촉발 등), 최근의 한국사회의 페미니즘 시대정신 속에서 개개인 여성들의 체계적인 여성주의 학습에 관한 갈증과 열망, 변화에의 참여 열기가 뜨겁게 고양되고 있다. 결론에서는 이처럼 빠르게 변화하고 있는 젠더 지형 속에서 여성운동의 지속가능성을 위해 필요한 새로운 주체 구성 및 여성주의 기획·실천의 자원을 모으고 배분하는 데 여성재단의 역할과 과제에 대해서 탐색해보려 한다.

2. 장학사업을 통한 여성, 활동가의 공부 지원

탈성매매 여성의 공부를 돕다: 봄빛기금 장학사업

여성재단이 2012년부터 현재까지 진행해 온 봄빛기금 장학사업은 매년 10명 내외의 탈성매매 여성들에게 대학 교육의 기회를 제공해 왔다. 장학생 선정부터 졸업에 이르기까지[3] 정기적·장기적으로 지속 지원함으로써 장학생들이 다음 학기, 다음 학년의 등록 여부를 둘러싼 복잡한 생계 문제에 대하여 심리적이고 재정적인 안정성을 더함으로써 졸업 이후, 자신의 삶과 비전을 설계할 수 있도록 돕는다.[4] 교보생명 신창재 전 대표의 개인 출연금을 통해 만들어진 봄빛 기금의 재정

---

3 2012년 첫해 사업공고문에 '※졸업 시까지 지원함' 이라는 문구가 기재되어 있다.

4 2019년을 기준하여 지속지원 장학생 수는 재학생 10명이며, 신규지원 예정 장학생은 3명이다 (2020년 선발 예정). 졸업 시까지 대학 등록금(학기당 1인 100만 원, 연간 200만 원 이내) 및 교재비, 실습비를 지원한다. 한국여성재단 봄빛기금 장학사업 2020년 사업계획서

적 후원을 통해 시작된 본 사업을 통해 2019년 2월 현재까지 총 95명의 장학생이 선발되어 학업을 마쳤다.[5] (167p 표 1 참조)

2014년도 봄빛기금 장학사업 결과보고서는 이 사업을 탈성매매 여성들을 위한 '유일한' 장학사업으로 규정했다. 탈성매매 여성들을 위한 검정고시 지원사업은 교육훈련기관 등을 통해 직업 훈련의 일환으로 정부지원을 받거나 무료 교육훈련기관(시도별 위탁시설)을 통해 이루어졌다. 그러나, 검정고시 지원 이후, 사회로 나아가 보다 더 안정적인 경제적 자립을 위해 대학 진학을 희망하는 탈성매매 여성들이 많았음에도 이에 대한 국가지원 및 외부지원은 없었고, 탈성매매 여성의 대학 학비 지원이 이루어지고 있는 지자체의 경우, 대학교 입학 첫 등록금과 대학교재 구입비 등 활동비를 포함하여 첫 학기에만 지원이 이루어지는 등 일회성에 그치기도 했다. 또한, 탈성매매 여성의 공부지원 과정에서의 공적 도움이 도리어 인권의 침해, 자존감의 균열, 사회적 낙인조장과 정책적 대상의 동원과 홍보의 수단으로 사용되어지지 않도록 무엇보다 예민한 젠더감수성이 필요한 상황이었다.

여성재단은 탈성매매 여성 중 대학 진학생(및 재학생)에 대한 직접 지원이 아니라, 성매매피해지원시설 입소자 및 성매매피해상담소 이용자로서 위 기관 담당자들의 추천을 받은 지원자들에 대하여 장

---

5 봄빛여성재단은 성매매 피해 여성의 재활과 치료, 교육 및 성매매 피해 여성보호단체를 지원하는 공익사회단체로서 2004년에 설립되었다. 2010년 당시 봄빛재단 이사장이었던 정혜원과 사별 후, 신창재 교보생명 회장이 2012년부터 현재까지 매년 한국여성재단에 개인 기금을 기탁해 옴으로써, 봄빛재단이 진행했던 성매매 피해 여성에 대한 지원사업이 여성재단의 봄빛기금 장학사업을 통해 이어지고 있다.

학금심사위원회의 논의를 통해 장학생을 선발하고, 추천한 탈성매매 지원단체들은 재단의 파트너 단체로서 이들이 학업을 '끝까지' 마칠 수 있도록 장학금의 집행 관리 및 결과보고 등 행정적 협력의 전 과정을 함께 한다. 탈성매매 지원단체 및 활동가들과의 적극적 협력을 통해 피해당사자들이 현재와 미래를 위해 요청되는 것이 무엇인지 현장의 목소리를 간담회 등을 통해 적극적으로 들으며 본 사업이 매해 추진되어 왔다.

　　본 임파워먼트 사업의 여성주의적 실천 함의는 국가장학금 제도의 정책 수립 및 전달체계의 결락 지점에 대한 비판적 문제제기와 한국사회의 공적·사회적 지원체계를 보완·확대하는 기능 수행에 있다. 국가장학금 신청은 ① 학자금지원 신청 ② 정보제공동의(대학생, 부모, 배우자) ③ 소득재산조사 ④ 학자금지원 결정 ⑤ 이의신청으로 이루어지기 때문에 지원자들이 자격 요건을 얻거나 유지하기 위해서는 자기 가족을 매개 또는 의존하도록 설계된 상태이다. 그러므로, 가족과 연락을 하지 않는 지원자들은 원천적으로 배제될 수밖에 없게 되고 이는 공적 지원체계에서 탈락한 또 다른 사회적 약자를 생산하게 된다.

　　지원받을 수 있는 자격에 대하여 국가가 요구하는 증명 방식을 둘러싼 문제점은 아래 지원자의 경험을 통해 생생히 드러난다.

　　"저는 사실 대학 다니는 4년 내내 한 번도 국가장학금을 받지 못했습니다. 성판매를 할 정도로 구질구질하게 사는 사람이 왜 정작 국가장학금은 받지 못했냐면, 현재 국가장학금은 가구 소득분위에 따라 장학금을 지급하고 있습니다. 그래서 돈이 필요한 대학생 본인뿐만 아니라 다른 가구원의 소득정보수집에 대한 동의 절차도 거쳐

야 합니다. … 저는 부모와 연락하며 살지 않기 때문에 부모의 공인
인증서가 없어 학교 다니는 4년 내내 한 번도 국가장학금을 받지 못
했습니다. 가족중심의 복지 속에서 정상가족에서 벗어난 사람들은
지원 자격을 충족시킬 수 없기 때문에 심사조차 받지 못하고 탈락
하곤 합니다".6

봄빛기금 장학사업은 장학생(지원자)에게만 초점을 두고, 중간
관리체계를 통해 지원신청, 장학지원, 장학생 관리 등이 이루어지기
때문에 가족중심의 복지 체계 속에서 '정상가족' 범주를 벗어난 지원
자에게도 학업의 기회를 가질 수 있도록 한다. 개인을 드러내기 어려
워하는 탈성매매 여성들의 위치까지도 고려함으로써, 지원정책이나
혜택이 개인의 자존감을 훼손하지 않고, '지원'에만 초점을 둔 본래적
역할 수행에 중심을 두고 있다.

그 외에도, 기존 등록금 지원(최대 100만 원)에서는 학업에 필수
적으로 소요되는 다양한 비용이 지원되지 않기에 학업을 위한 기본
적인 비용을 충당하기 위해 장학생이 또 다른 자구책을 마련해야 한
다는 요청에 올해부터 지원 범위 내에서 교재비 항목 등으로 장학금
이 사용 가능하도록 유연하게 대응한 점 등은 여성재단이 가진 '지원
자중심성'의 반영이라고 볼 수 있겠다.

현재 탈성매매 여성의 학업 과정에서 장학생들 각자가 부닥치게
되는 기초학력의 부재, 진로고민, 취업 등의 난관과 더불어, 탈성매매

---

6 "나도 말할 수 있는 사람이다", 여이연(2018), 2020 한국여성재단 봄빛기금 장학사업 사업계획서
   에서 재인용.

여성을 위한 지원체계에서 가장 큰 공백이 주거영역이라는 점, 따라서 쉼터나 집단생활이 아닌 개인의 독립적인 생활을 영위할 수 있는 주거지원이 필요하다는 전문가 의견이 재단 측에 제출되어 있다.[7] 주거권은 한국의 모든 빈곤 청년이 주체로 살아가기 위한 삶의 기본적 조건이자 사회권이다. 사실, '청년'은 역사적·구성적 개념이다. 성인으로서의 삶을 자유롭게 탐색하고 기획하는 청년이라는 새로운 생애단계가 부상한 것으로써 흔히 설명되곤 하지만, 한국사회의 청년은 독립하고자 하나 경제적 강제로 의존상태에 놓인 'N포세대'나 '캥거루족'의 양극단에서 재현되고 있다. 이러한 이원적 이미지는 청년을 둘러싼 구조적 불확실성이 그들의 독립을 불가능하게 하기 때문이다.

청년기의 사회경제적 지위가 남녀 모두 취약하지만 최근 사회학과 여성학 연구들은 청년층 노동시장에서의 남성 프리미엄이 여전히 존재하고 있음을 일관되게 보고하고 있다. 비정규직과 노동시장활동의 지속성, 근로소득 궤적 역시 성별로 큰 차이를 보이고 있다. 청년기 여성 대부분이 스스로 부양하기 어려운 것으로 나타났으며, 이는 '가족주의적 청년기'의 연장의 방식(부모와의 동거, 경제적 의존성 등)으로 나타나고 있다. 정상가족 밖의 (탈성매매) 청년여성들의 경우, 가족지원이 없는 상황 가운데 이들이 다양한 삶의 모델을 꿈꿀 수 있도록 임금시장 내 적극적 차별시정 조치들, 최저임금 현실화, 그리고 불안정한 사회경제적 지위에도 자율성을 실현할 수 있도록 가족이 아닌 개인단위로의 한국의 사회적 지원정책이 재편될 필요가 있다.

그렇다면, 지난 20년의 사업의 기획·수행의 과정에서 여성재단

---

7   봄빛기금 장학사업 파트너 단체 간담회 회의록, 2018년 6월 12일, 2쪽.

은 '청년'을 '차세대' 개념 범주와 병렬적으로, 또는 관계적으로 어떻게 재구성해왔는가. 탈성매매 여성의 대학 졸업까지의 학업지원을 목표로 시작되었던 이 사업의 또 다른 차원의 확장성을 위해 현 사업성과를 지속적으로 유지하면서도 삶의 어떤 특정 단계를 통과하고 있는 청년 주체의 생계와 생존, 혐오와 인권 문제에 초점을 맞춰 '청년여성'의 임파워먼트를 위해 필요한 새로운 목적 사업을 한번 상상해보면 어떨까.

실천여성학전공을 함께 만들다:
미래여성NGO리더십 장학사업

봄빛기금 장학사업이 탈성매매 여성들이 대학의 학사과정을 마칠 수 있도록 졸업 때까지 지속지원한다면, 미래여성NGO리더십 장학사업은 여성단체 활동가들의 성공회대학교 NGO대학원 실천여성학 석사학위 과정에서의 학업을 지원한다.

이 사업은 2007년 한국여성단체연합(이하 여연)이 여성활동가의 역량강화(정책력 및 리더십 강화)를 위하여 여성재단에 제안하여, 1년 기간의 '미래여성NGO리더십 특별과정'이 성공회대 대학원에 설치되면서 처음 시작되었다.

현재와 같이 2년의 석사학위과정으로 본 과정이 개편된 것은 2010년 4기생의 입학 때부터이다. 이 사업을 현재까지 14년 동안 지속 지원해 온 유한킴벌리의 기탁 장학금(학기당 200만 원 등록금 학생 직접 지원, 총 2학기 지원)이 2019년 봄 학기부터 전 학기(총 4학기)에 걸쳐 지원됨으로써 액수가 개인당 400만 원에서 총 800만 원으로 2배증액되었다.

2020년 14기 입학생까지 포함해 지금까지 총 139명의 여성 차세대/활동가들이 장학생으로 선발되어 수혜를 받았다.

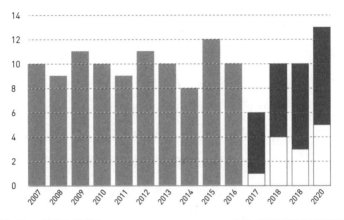

미래여성NGO리더십과정 연도별 장학생 수

단위: 명 ● 경력 ○ 차세대   출처: 한국여성재단 내부자료

정치·경제·사회 등 거대담론에서 실무기술까지 1년의 통합 과정을 수료한 중견 여성활동가 약 10여 명을 매년 배출하여, 안정적이고 지속적인 여성활동가 재교육 체계의 마련과 수료생 네트워크 활성화 및 여성운동의 인적 역량의 강화를 목표로 시작된 본 사업은 2007년과 2008년의 경우, 한국여성단체 소속단체(7개 지부 28개 회원단체/회원단체 지부 포함)의 활동가만을 대상으로 장학생을 선발했다. 성공회대학 측과 논의하여 활동가 맞춤교육을 대학원 내 정규과정으로 신설하여 전문적인 교육을 받게 하고, 또 NGO학과에서 2년차 학업을 지속할 경우, 이를 대학원 학점으로 인정받을 수 있게끔 1년 과정이

설계되었다.[8] 장학생들이 1년 과정을 수료한 후에도 지속적으로 자체 모임이 이루어지도록 지원하여 지역별·부문별 여성활동가 간의 이해와 통합을 높이고, 전체 여성운동의 역량 강화에 기여하도록 했다.[9]

2년 동안 두 차례 과정을 운영한 결과, 국처장급 이상의 평균 8년차 이상의 여성단체 및 시민사회단체 경력이 다양한 여연 활동가들이 성공회대 대학원에서 교육받았다. 소진된 중견 여성활동가의 재충전 차원의 교육복지적인 목표보다 여성주의적 관점과 정책적 역량을 발휘할 인재 양성의 목표를 위해 이 교육 프로그램이 기획된 만큼, 3기부터는 이러한 목표를 반영하여 한국여성단체연합의 회원단체뿐만 아니라 일반 시민사회단체의 여성활동가들에게도 홍보하고, 여성단체 경력이나 여성학 학습경험이 있는 경우 우선 선정하는 것을 원칙으로 삼아 선발기준이 수정·확장되었다.[10] 이처럼 여연과 여성재단, 성공회대의 '다자 협력'에 의해 기획되었고, 현재까지 지속

---

8 2006년도에 여연 부설 여성운동지원센터의 논의를 통해 여성운동지도자 육성을 위한 장기 교육 프로그램이 기획되어, 당해 5월에 1년 과정(학점인정)으로 여연 중견활동가(3년차 이상)을 위한 실천여성학 교육프로그램의 설치를 여연이 성공회대학교 NGO대학원에 제안했다. 2006년 하반기에 성공회대학교가 여성연합의 제안을 수락한 후, 성공회대 사회학과 박경태 교수, 허성우 연구교수, 여성연합 사무처가 실무회의를 갖고 공동으로 교과과정과 운영에 대한 논의를 진행했다. 유한킴벌리 미래여성리더 양성을 위한 장학사업으로 선정되어 미래포럼을 통해 장학금 지원이 결정되었으며, 하반기에 1년 교과과정안이 완성되어 10월, 제1기 미래여성NGO리더십과정 신입생 모집공고와 선발이 이루어졌다. 2007년 9월 1일, 제2기 유한킴벌리 장학금은 한국여성재단을 통해 지원되는 것으로 결정되었으며, 여연 5명, 여성재단 5명(대상: 여성단체 및 시민단체 여성활동가)의 선발권을 갖게 되었다. 실천여성학10주년기념출판위원회 편(2008), 『실천여성학, 10년을 담다』, 305쪽.
9 1기 총 12명의 학생(미래여성NGO리더십과정 장학생 10명, 비장학생 2명) 중 8명이 성공회대 NGO대학원 3, 4학기 과정에 등록하여 석사학위과정을 수료했다. 그 중에서 총 4명이 학위논문을 제출해 석사학위를 취득했다. 실천여성학10주년기념출판위원회 편(2008), 『실천여성학, 10년을 담다』, 299쪽.
10 2008 미래여성NGO리더십장학사업 결과보고서

되고 있는 본 실천여성학 학위과정 및 장학사업과 관련된 실무적 절차(사업 공고와 장학생 선발, 학사 보고 및 평가 등)는 2007년부터 2008년에 토대가 만들어졌고, 그 기반 위에서 현재까지 장학사업이 이어지고 있다.[11]

1, 2기 과정에 이어 3기 과정까지 지원할 수 있게 됨으로써 일정 부분 장학사업이 안정화되었으나 1년 학습과정만으로는 부족하다는 참여 학생–활동가들의 의견이 모아졌고, 단기적 지원이 아닌 중장기적이고 지속적인 지원계획 수립의 필요에 의해 2010년 4기 입학생부터는 2년제의 성공회대 NGO대학원 내 정규 학위과정으로서 실천여성학 전공 프로그램이 개편되었다. 2017년부터는 '차세대' 범주가 신설되어, 경력 3년 미만 또는 단체 활동경력이 없더라도 학업 이후 여성 시민사회 활동계획을 가진 차세대 여성활동가가 장학생으로 선발되기 시작했다.

미래여성NGO리더십과정에 대한 사업계획서를 준비했던 여연

11 활동가들의 공부를 지원하기 위한 참여 학생들 및 파트너 단체들이 함께 한 평가회의가 2007년 12월에 처음 열렸는데, 매년 2월의 연구보고회 및 수강생들과 성공회대 실천여성학 전공 외래/교수들이 함께 만나 여는 교과과정 평가워크숍의 모태가 되었다. 사업 첫해, 2007년도 평가모임이 당해 12월 12일(수) 오후 3시 30분, 성공회대 새천년관 7417 강의실에서 열렸다. 참석자 명단은 다음과 같다. ① 미래여성NGO리더십과정 수강생 10명(김현희 평화를만드는여성회 사무국장, 오경훈 동북여성민우회 생협 이사, 방신영 익산여성의전화 사무국장, 임원정규 대전여성정치네트워크 사무국장, 김민문정 고양여성민우회 사무국장, 김신혜정 한국여성노동자회 활동가, 김지선 한국성폭력상담소 활동가, 김숙경 기독여민회 사무국장, 남정현 충북여성민우회 대표, 조이현임 한국여성단체연합 기획간사) 및 실천여성학전공 2명(나정숙 안산YWCA 대표, 황미선 전교조 여성위원회) ② 허성우 성공회대 교수, 조효제 성공회대 교수 ③ 남윤인순 한국여성단체연합 상임대표, 김금옥 한국여성단체연합 사무처장, 김미란 한국여성단체연합 조직 간사 ④ 김혜숙 유한킴벌리 이사, 전양숙 유한킴벌리 커뮤니케이션부 대리, 유한킴벌리 권혜린 ⑤ 강경희 미래포럼(한국여성재단 사무총장), 이해리 미래포럼(한국여성재단 대리), 2007년 미래여성NGO리더십장학사업 사업보고서

측은 여성운동의 지속가능성을 위해서는 여성활동가의 임파워먼트가 무엇보다 중요하다고 보았다. 많은 활동가들이 자신의 활동을 지속하기 어렵다고 호소하는 주요 이유로 '정신적, 지적, 육체적 소진'과 함께, 특히 초기의 열정으로는 충족될 수 없는 '지적 역량의 부족'은 활동을 지속하면서는 보완할 수 없다는 당사자들의 목소리를 전달했다. 본 과정이 만들어지던 당대 한국사회의 흐름은 진보적 여성운동의 성과로 여성관련 법·제도가 개선되고, 성평등주의 가치관 및 인권의식이 확산되었을 뿐 아니라 여성의 정치·사회적 세력화가 확대되고 있었다.

그러나 신자유주의 글로벌라이제이션과 함께 사회 곳곳에서 성차별과 빈부차별이 심화되고 있으며 무한경쟁이 심화되던 시점이기도 했다. 이러한 현실을 변화시키기 위해서는 새로운 사회에 대한 비전과 운동의 의제를 제시할 수 있는 여성주의적 인식과 정책능력 향상이 필요한 시점이었다. 특히 빠르게 변화하는 시대에 대한 이해와 가치가 요구되는 환경에서, 여성운동은 물론 정치, 경제, 사회, 문화 전반에 발생하는 복잡 다양한 담론을 해석하고 현장 활동에 이론을 접목할 수 있는 활동가의 전문적인 역량과 정책능력의 향상의 필요성이 현장으로부터 나왔다. 새로운 시대에 맞는 새로운 여성리더십 강화가 요구되었는데, 그 이유는 새로운 여성운동 이슈 및 세대의 등장, 운동방식의 변화에 대한 내·외부의 요구 등 변화하는 정세에 맞춰 다양한 세대와 계층을 아우르고, 새로운 가치를 담지해낼 수 있는 리더십이 강화되어야 한다고 여연 지도부가 판단했기 때문이다. 진보적 여성주의 이슈를 선도해나가면서도 다양한 담론의 각축장에서 갈등을 관리·중재할 있는 수평적 리더십, 기금조성 및 조직관리 능력, 인간관계 및 감성을 돌볼 줄 아는 여성주의 리더십을 키우기 위한 체계적인 학습(훈련)의 필요성이 본 사업의 추진 배경이었다.[12]

- 장학생의 의무 -

① 장학금 지급 학기 동안은 원서 접수 시 단체장 추천을 받은 여성·시민사회단체 활동을 지속해야 한다.

② 장학생은 졸업 후 여성·시민사회단체의 활동을 최소 2년 이상 지속하도록 노력한다.[13]

③ 장학생은 출석과 수업에 충실하며 장학기금 전달식 및 장학생 모임에 필히 참석한다.

④ 장학금 지급 학기 내 휴학 및 자퇴, 활동 중단 시에는 장학금 전액을 반납한다.

⑤ 장학생은 1년의 교육과정을 마친 후 장학생 연구보고서를 제출하고 보고회에 참석해야 한다. 보고서의 주제는 개인 선정, 추천 단체 제안, 한국여성단체연합이 제안하는 내용 중에서 선택하여 작성한다.[14]

여연과 여성재단은 사업 첫해부터 미래여성NGO리더십장학사업의 지원을 받아 실천여성학 석사학위과정에 입학한 여성활동가에

---

12 2010 미래여성NGO리더십과정 사업결과보고서

13 수정되기 이전의 조항은 다음과 같다. ② 장학생은 졸업 후 여성·시민사회단체의 활동을 최소 3년 이상 지속하는 것을 약속해야 한다. 실천여성학전공 현 재학생들의 의견을 수렴해 변경 요청을 재단에 전달한 뒤, 3개 기관의 실무회의의 안건 논의를 거쳐 여연의 내부 논의를 반영해 재단이 최종 수정했다.

14 미래여성NGO리더십 장학생 운영규정 동의서(2020년 1월 수정)

게 「미래여성NGO리더십 장학생 운영규정 동의서」에 개별 서명토록
해왔다. 이 문건은 장학생의 책임과 의미를 담은 일종의 '윤리코드'
로써 지원을 받은 활동가들로 하여금 자신의 '일-공부'에 대한 책무
성을 환기시킨다.

여성리더 육성 및 여성운동의 새로운 전망을 위해 기획된 '미래
여성NGO리더십과정'은 민간단체의 프로그램 기획과 이를 실행하기
위한 대학 내 교수진 등 교육시스템, 사회공헌에 대한 올바른 철학을
가진 기업의 후원이 결합한 완전히 새롭고 모범적인 협력모델을 마련
했다고 평가되고 있으며, 이러한 모델사업이 지속, 확대될 수 있도록
여러 각도에서의 논의가 재단을 중심으로 현재 진행중이다.

허성우(2013)는 한국 여성학의 위기 담론을 재구성하면서 제도
안팎의 주체들, 여성운동과 학교, 활동가들이 공동으로 만들어간 하
나의 작은 실험인 성공회대 실천여성학전공을 사례화하여 미래여성
NGO리더십 프로그램이 여성운동의 전망 찾기와 자기 경험의 여성
주의적 언어화를 지향하는 여성활동가들이라는 새로운 참여자들을
소환함으로써 한국 여성학 교육 참여자의 범주를 확장했음을 경험연
구를 통해 의미화했다.

실천여성학 역량강화 조사연구 보고서(2020)에 따르면, 성공회
대 NGO대학원 실천여성학 전공은 휴식과 충전, 새로운 여성주의 지
식에 대한 갈증 해소 등과 함께 여성운동의 지속성을 높이는 활동가
역량 및 조직의 성장이라는 개인과 집단 차원 모두 긍정적 영향을 창
출했다. 연구 참여자들은 심층면접을 통해, 첫째, 실천여성학 공부 경
험이 리더십 향상에 도움이 되었고 지식을 바탕으로 현장 활동에 적
용되었다고 스스로 의미화했다. 둘째로 여성주의 인식에 기초한 언

어와 정체성 획득, 여성단체 활동 지속의 힘이 되었다고 응답하였다. 마지막으로 연결과 연대의 확장과 필요성과 관련하여 참여자들이 함께 공부한 활동가들의 네트워크에 대해서 각기 다른 경험을 하였는데, 그 요인은 개인의 성향, 개인이 속한 단체의 네트워크 인프라의 연대 가능성, 참여자가 속한 기수의 학문에 대한 탐구 열정의 편차로 분석되었다.

그 외에, 재학생과 졸업생 155명을 대상으로 한 전수 설문조사(40% 응답률)에서 미래여성NGO리더십과정의 지속가능성과 관련하여 필요한 개선점으로 전공의 정년트랙 전임교수진 확보, 실천여성학전공 교과과정 강화, 졸업생/재학생 네트워크 확장, 학부 여성학융합전공 설치 순으로 답했다. 미래여성NGO리더십과정의 지속과 사회적 효과의 창출을 위하여 위 조사연구 보고서는 결론에서 다음의 내용을 제안했다.[15]

첫째, 실천여성학전공의 대다수가 현장에서 상근활동으로 하거나 지원활동가로서 빠르게 변화하고 있는 한국사회의 젠더 환경과 이슈에 대응하기 위한 이론적 자원과 교육의 욕구가 있었다. 이러한 필요는 여성주의 이론에 대한 깊이 있는 학습과 더불어 교과목의 재구성/확장 및 내용 변화가 요청된다.

둘째, 리더십 향상을 위한 다양한 주제와 형식을 담은 비교와 프로그램이 필요하다. 실천여성학 과정 설립의 주요 목표 중 하나가 '새로운 시대의 여성리더십 강화'라는 점을 상기해본다면, 향후 리더

---

15 김영선 외(2020), 『실천여성학 역량강화 조사연구 보고서』, 성공회대 NGO대학원 실천여성학전공, 78~79쪽.

십 향상 워크숍 진행, 여성주의 조직리더십 프로그램 개발 등을 통해 실천여성학에서 앎과 삶, 또는 일과 공부의 양립 경험이 수료 이후에 새롭게 참여하게 될 다층적 현장에서의 직접적인 리더십과 유기적으로 연결되어 개인 및 소속 조직의 임파워먼트 향상에 밑거름이 되어야 한다.

셋째, 네트워크를 통한 여성 연대의 장 또는 플랫폼으로서의 실천여성학의 위치와 역할을 고민해야 한다. 모든 연구 참여자들이 네트워크의 필요성에 대해서는 인지하고 있음에도 불구하고 기수 구성원의 결속력과 활동 영역 및 특수성, 개인의 욕구, 성향에 따라서 네트워크 자원 활용에 차이가 나타났다. 여성운동의 지형은 다양하지만 성평등 사회를 구현한다는 점에서 공통의 목적을 가지고 있기 때문에 여성운동단체 '연대'의 발전적 방향 모색을 위한 비/교과과정의 구성원 결속력을 다지는 프로그램 마련, 선후배 간의 네트워크 연결의 장 마련이 요구된다. 한국여성재단 및 한국여성단체연합과 보다 긴밀한 소통을 통해 지난 3년간의 실천여성학네트워크 사업에 대한 진단 및 평가를 통해 실천여성학 과정 안에서, 그리고 이를 넘어서 여성 연대의 장을 구축할지 논의를 이어가야 할 것이다.

3. 여성활동가의 새로운 도전을 위한 다자 협력

탈경계를 위한 NGO여성활동가 리더십교육

성공회대 실천여성학전공이 수행기관으로 참여하고 있는 미래여성NGO리더십사업과 이화여대 이화리더십개발원이 위탁받아 수행한 리더십교육과정은 각각 2007년과 2008년에 유한킴벌리의 장학 지원을 받아 시작되었으며, 당시 이화리더십개발원이 진행한 교육사업의 공식 명칭은 '이화-유한킴벌리 NPO리더십심화과정'이었다. 여성재단의 유한킴벌리 장학사업의 초기 기획은 '대학교'의 학과 및 연구소가 사업 주체로 참여한 두 교육 프로그램들의 상호보완적 기대 효과를 고려하여 설계된 듯하다. 여연 소속 중견 활동가의 리더십과 정책역량을 강화하기 위한 미래여성NGO리더십과정이 성공회대 대학원에 만들어져 선발된 10명의 장학생이 1, 2학기 각각 15주의 대학원 수업을 수료했으며[16] 이화-유한킴벌리 NGP리더십심화과정을 통해 1기 29명, 2기 30명이 봄, 가을 각각 10주의 수업 및 1박 2일 워크숍으로 구성된 프로그램에 참여했다. 지난 12년 동안 진행된 유한킴벌리 장학사업의 여성활동가리더십 교육과정 운영에 있어 총 14기를 진행한 이화리더십개발원 외에도 영남, 강원, 전북, 전남 지역 소재 대학 부설 여성연구소들이 단기(1기~최대 4기) 수행 기관으로 참여했다. (167p 표 2 참조)

2007년 이화-유한킴벌리 NPO리더십심화과정은 여성활동가의 여성주의 가치와 비전을 강화하고 확산하기, 여성주의에 기반한 리더십 훈련을 통해 시민활동가의 역량강화를 교육 목표로 제시했다. 미래여성NGO리더십과정과 동일하게 교육의 철학적·방법론적 기반은

---

16 2007년 1학기 개설과목은 사회운동론/여성운동론(조희연, 허성우), 현대정치이론과 젠더(박은홍, 문현아), 경제학과 한국경제(유철규)였고, 2학기 개설과목은 한국사회복지정책론-국가, 지역, 여성(이영환, 강남식), 젠더와 인권평화(정희진), 글로벌 페미니즘 이론과 정책(허성우)이었다. 학기별로 각각 세 과목을 개설하고, 이 과목들을 토요일 하루에 들을 수 있도록 교과과정을 설계했던 이유는 교육생들이 여성단체의 상근활동가로서 월~금요일까지 근무해야만 하는 상황을 고려했기 때문이다.

'여성주의'였고, 여성활동가의 비전 및 리더십이라는 교육 대상 및 효과가 첫해 사업부터 명확히 사업의 결과보고서에 기입되어 있었다.

여성활동가들이 여성 리더로 성장하는 데 필요한 리더십 역량 교육 및 네트워크 구축을 목표로 한 개발원의 1기 교육과정에는 협상, 코칭, 정치 등과 같이 다양한 영역을 포함하는 '리더십 진단' '비전 매핑', '협상전략', '공동체 활동', '사회적 기업', '여성주의 리더십', '코칭리더십', 'PR커뮤니케이션', '시민사회운동론'의 전문가 특강 외에, 프로그램 코디네이터가 함께 하는 1박 2일 현장 워크숍으로 구성되었다. 1기 교육이 리더십 전반에 대한 기본적인 교육을 제공했다면, 2기는 여성활동가들이 직면한 사회적 문제와 환경의 변화에 맞추어 새로운 시민운동의 방향성을 탐색하여, 여성주의 리더십에 대한 물음과 실제적 적용에 대한 고민을 교육 프로그램을 통해 풀어보고자 시도했다.

2008년의 사업결과보고서는 본 교육 프로그램이 전문적 리더십 교육을 통한 여성활동가들의 리더십 역량을 강화하고 변화하는 시민사회 환경에서 NPO영역의 미래 비전 및 활동에 대한 실질적인 계획을 수립할 수 있는 통로를 마련하였다고 평가했다. 다른 한편, 당해 유한킴벌리의 추가 지원으로 2008 세계여성포럼의 사전 행사인 '이화-웰슬리 글로벌 리더십 컨퍼런스'에 수강생들이 참여 기회를 가졌고, 이를 계기로 여성활동가들이 글로벌 환경에 대한 이해를 넓히고 다양한 부문의 여성 관리자들과의 만남을 통해 글로벌 리더십을 경험했다고 보고했다.

지역으로 옮겨가 처음으로 리더십 교육과정을 수행한 파트너 기관은 계명대였다. '계명-유한킴벌리 NPO여성리더십과정'은 영남

지역이 가진 역사성과 역동성을 고려하면서도 지구지역화glocalizaion의 변화 맥락에 대응할 수 있는 여성활동가의 역량을 키우기 위한 방법으로써 국제적 리더십의 비전을 목표로 삼고, 교육을 통해 지역의 중견 활동가들의 소진을 방지하고 임파워링하여 차세대 여성리더로의 성장 목표를 사업기획서에 제시했다. 계명대 교육프로그램의 특색은 '차세대 여성리더'에 대한 범주 구성 및 여성활동가 임파워먼트에 대한 구체적 도구로써 리더십 교육의 역할과 방법을 고민하기 시작했다는 것, 영남지역의 여성NPO활동가들의 네트워크를 구축하여 지역 여성리더십의 저변을 확대하고 활성화하는 것, 이를 통해 단체 간의 교류와 연대라는 운동의 실천적 측면까지를 시야에 두었다는 점이다.[17]

지역에서 처음 진행된 본 사업의 의의로써, 첫째, 영남지역에 여성단체 활동가를 대상으로 하는 여성리더십 프로그램을 소개하였다는 점이며, 이는 지역 자체로서도, 또 지역으로 소외되는 지역의 여성단체 활동가들에게 중요한 임파워먼트의 기회가 되었다는 점을 들 수 있다. 그 외에도 여성뿐 아니라 노인, 복지, 이주, 북한이주 장애 등 다양한 영역에서 활동하는 여성활동가들에게 여성주의에 대해 이해할 수 있는 계기를 마련하여 여성주의의 지평을 넓혔다. 둘째, 지역 NPO 여성활동가들이 지역화·지구화 시대에 걸맞는 국제적 리더십 구축을 위해서 강의에서 글로벌, 지역, 시민, 여성의 영역을 모두 살펴볼 수 있도록 구성했다는 점이다. 그 동안 많은 리더십 교육 프로그램이 있었지만, '지역'에서 '여성리더십'과 'NPO리더십'을 접목시킨 프로그

---

17 2011 계명–유한킴벌리 NPO여성리더십과정 사업결과보고서

램의 구성한 것은 차후 다른 지역 기반 대학들이 자신의 지역에 기반해 NPO여성활동가들의 리더십 교육을 여는 데 있어 하나의 선도적 모델로써 중요 참고자료가 되었다.

계명대학교에 이어 강원지역을 기반으로 상지대학교가 여성리더십 교육을 일년 동안 2회 진행했고, 2013년도부터 이화리더십개발원이 다시 본 프로그램의 수행기관이 되면서 교육 프로그램이 전면적 혁신이 있었다. 먼저 기존의 'NPO여성리더십과정' 또는 'NPO리더십 심화과정'을 '이화–유한킴벌리 여성활동가리더십교육'으로 변경하여, 'NGO활동가'를 대상으로 한 '교육' 과정임을 사업명으로 명시했다. 2013년 교육과정의 주제는 '여성이 마을을 만든다: 지역, 환경, 리더십'으로서, 3년 이상 지역 활동 경력의 여성활동가로서 지역 기반의 환경운동, 돌봄운동, 생협, 마을 만들기 등 현장 활동경험이 있는 여성 등으로 교육 대상의 지반을 확장했다.

여성주의로 마을지역 기반 공동체 활동을 성찰하여 여성활동가들의 리더로서 임파워먼트를 지원하고자 한 이화리더십개발원의 프로그램은 인문학적 상상력과 생태주의, 소통을 이화 리더십교육의 중요한 인식론적·방법론적 요소로 삼았다. 특히, 여성 주체화에 강조점을 두며 교육방식을 토론과 발표, 실습을 통한 참여 중심 교육으로 설계한 것도 2013년도 이화리더십개발원의 교육 수행의 특징으로 꼽아볼 수 있겠다. 그 외에도 조직운영과 운동 확장을 위한 역량강화, 여성활동가 간 네트워킹 촉진도 주요 목표로 사업에 포함되었다.

이화여대에서 3년간 총 6회기의 교육과정 진행 후, 전북대와 전남대 부설 여성연구소가 유한킴벌리 NGO여성활동가 교육사업의 파트너 기관으로서 선정되어 각각 총 2회, 1회 과정을 운영했다. 대학의 부설 여성연구소가 사업을 진행한 만큼 전북대와 전남대의 교육 프로그램은 대학원 여성학 교과과정 및 여성주의 인식론, 지역 여성운동의 이슈와 쟁점이 커리큘럼에 포괄·압축적으로 구조화되어 있다.

2015년과 2016년, 총 4회기의 여성주의 리더십 교육을 진행했던 전북대의 경우는 자기 지역의 정체성과 역사성, 운동성을 본 사업 수행의 중요한 기반으로 전제하고 구체적 프로그램을 기획했다. 전북대 여성연구소의 2016년도 사업보고서는 전북 여성운동의 맥락에 대하여 역사적으로 1980년대 민주화운동 과정에서 태동하여 노동, 농민운동과 함께 민중운동의 중요 축으로 성장해 왔고, 특히 전북의 사회운동은 사회·정치의 민주화와 계급 이슈에 여타 운동을 귀속시키는 경향이 강했다는 점을 들었다.

1990년대 전국적으로 활발했던 '여성민우회' 등 여성이 주체가 된 사회주부화의 살림운동은 전북 지역에서는 매우 미약하거나 거의 조직되지 못한 반면, 젠더 정책 환경의 변화 속에서 모든 시군 단위에서 각종 정책위탁 센터들이 조직되면서 여성들의 삶을 변화시키려는 노력들이 '공적 서비스'로 편입되는 경향이 있다고 진단했다. 신자유주의 시대, 농민운동, 환경운동, 협동조합운동을 주도하던 조직적 힘들을 중심으로 '마을 만들기'가 활발히 전개되고 있으나, 이러한 흐름 역시 여성주의와의 연관성을 확보하지 못한 당대의 한계를 지적하면서, 주류 사회운동 주도권이 강한 전북 지역에서 남성 중심 조직에서 활동하는 여성활동가에게 운동의 의미는 과연 무엇인지, 여성들을 가로지는 차이를 넘어 어떻게 연대할 수 있는지, 여성운동이 추구해야 할 이슈는 무엇인지 등에 답할 수 있는 사유와 성찰을 해낼 수 있는 여성리더십의 성장을 교육사업의 목표와 효과로 설정했다.

전북-유한킴벌리 여성활동가 리더십과정은 핵심 키워드로 첫째, 여성 삶의 교차성intersectionality 인식에 기반한 차이의 정치학을, 둘째, 민주주의와 공공성의 재구성을, 셋째, 생태주의와 여성주의적 마을 만들기를, 마지막으로, 나눔과 소통의 관계맺기를 제기하였다. 이처럼 전북대 여성연구소는 여성주의 가치를 여성·시민운동의 생산적인 변화를 가능케 하는 활동의 패러다임으로 확산시키기 위해서는 이를 위한 아이디어 전개의 장場이 요구된다고 보았으며, 창의적인 여성활동가의 역할의 요구를 '여성주의 철학'의 정립을 통해 접근하고자 했다. 이화여대나 계명대처럼 '여성주의 가치에 기반한 리더십 훈련, 실무 역량 강화 훈련'을 목표로 하여, 신입 활동가 외에 예비 활동가들의 범주를 포함하여 교육 대상을 기획하였다. 특히, '여성주의 리더십'을 리더의 성별이나 리더십의 성별적 특성이 아닌, 리더의 뚜렷한 여성주의 가치관과 도덕성을 기초로 한 비전, 그리고 이에 기초하여 세상의 변화를 도모하는 실천 능력을 의미한다며, 대안적인 여성주의 리더십을 계발하도록 지원하는 것을 교육의 핵심 목적으로 삼았다. 즉, 여성주의로 세상과 삶을 읽어내고 조직화하는 것이 어떤 것인가를 참여자들과 소통하고 리더십 교육을 통해 훈련하고자 했다.[18]

2017 전남대-유한킴벌리 NGO여성활동가 리더십과정의 주제는 '우리에게는 여성주의가 필요하다'로서 광주전남지역 소재 NGO 여성활동가들을 대상으로 여성주의 리더십에 대한 이해 및 활동역량을 강화하는 것을 목적으로 자료공유 및 강의를 통해 광주전남 여성운동의 역사적 궤적 속에서 여성운동의 분화와 정체성의 문제를 풀

18 2016 전북대-유한킴벌리 NGO여성리더십과정 사업결과보고서

어갈 수 있는 임파워먼트를 프로그램의 핵심 목표로 설정했다. 전남 지역은 5·18민주화운동과 불가분의 관계에 있으면서 동시에 노동운동, 풀뿌리시민운동 등 다양한 영역에 걸쳐 자생적으로 성장하고 분화해 왔다며, 최근 10년간 여성운동은 이런 흐름과 함께하는 한편 여성인권 및 섹슈얼리티 문제, 마을 만들기, 공공성, 녹색, 퀴어, 세대 담론 등 보다 더 다양한 의제와 다양한 방식으로 결합하고 있다고 진단했다. 또한, 소통에서 타자의 존재에 대한 수용과 긍정은 관계맺기의 핵심이며, 이를 위해 의사소통과 공감 능력은 필수적이며 여성주의 리더십은 타자에게 관심을 가지고 이해하고자 하는 대안적 리더십이기 때문에 현장에서 지역의 현안들과 지역민들을 직접 만나는 여성활동가들에게 있어 여성주의와 여성주의적 실천을 성찰하고 학습하는 것은 대안운동의 초석을 위해 대단히 중요하고 필요한 과정이라고 보았다. 따라서 전남대 부설 여성연구소가 기획한 리더십 교육 프로그램은 비폭력대화 강습을 통해 여성활동가들에게 쉼과 자기와의 대화를 제공하고 지역 여성들과의 소통·상담 기법을 익히며, 광주·전남 여성단체 활동가들 간/여성연구소와 지역사회 여성단체 간의 네트워킹, 시민단체 활동 과정에서 소진된 여성활동가의 자기계발 및 역량 강화활동 등을 포함했다.[19]

　　전라지역을 거쳐 다시 이화여대로 돌아와 이화리더십개발원이 지난 2018년과 2019년에 수행한 프로그램은 여성주의적 관점을 강화, 확산하고 이를 토대로 한 리더십 역량강화에 목적을 두었다. NGO여성활동가의 여성주의 민감성 성찰과 훈련, 여성주의 가치

19　2017 전북대-유한킴벌리 NGO여성리더십과정 사업결과보고서

를 구현할 수 있도록 돕는 비전 설계, 여성주의를 기반한 리더십 훈련을 통한 시민활동가로서의 역량강화, 여성활동가 간 네트워킹을 통한 여성주의 가치의 확산과 더불어, 사업대상을 여성, 시민사회운동 경력 '3년 미만'의 여성활동가로 재설정했다. 또한, 교육생의 자기구성적 교육, 현장 밀착형 과제 수행을 통해 시민운동가 활동 현장에서 적용가능한 역량을 키우는 교육, 활동가들 간 활발한 지적, 감정의 경험 공유를 통해 임파워먼트의 가능성과 효과를 경험하는 리더십 교육을 지향했다.[20]

유한킴벌리 장학사업의 일환으로 수행되고 있는 미래여성NGO 리더십 장학사업 및 NGO여성활동가 리더십 교육사업이 가진 특장점은 이 프로그램들이 처음부터 여성활동가 임파워먼트를 위한 여성주의 리더십의 시각과 방법론을 바탕으로 추진되었다는 것과 함께 여성단체가 아닌 고등교육기관인 대학교가 사업의 실행 주체라는 데 있다고 생각된다. 성공회대학의 경우는 NGO대학원 소속 실천여성학 전공이라는 '학과'가, 후자는 대학 부설 '여성연구소'들이 실행주체로서 사업의 기획 및 진행, 평가를 맡아왔다.

지난 12년 동안 진행되어 온 여성리더십 교육사업의 궤적을 일별해 본 결과, 소속 대학의 연구소 지원 정도(예산 및 인력 등)에 따라 수행기관의 역량이, 또한 지역의 역사성과 운동성에 따라 장학생-활동가 풀의 구성적 편차가 존재했다. 그럼에도 불구하고 현재까지 지속될 수 있었던 이유는 사람을 키운다는 것에 대한 의미와 가치를 유한킴벌리를 비롯한 파트너 단체들이 공감, 공유하였다는 것, 경계를 넘

---

20 2018 이화-유한킴벌리 NGO여성활동가 사업결과보고서

어서려는 창조적 실험과 도전의 의지를 이 사업에 참여한 수행 기관의 코디네이터들이 끝까지 견지하며 고민하고자 했다는 것, 지역 여성단체들과 대학이 또, 여성재단과 여러 층위와 단위에서 소통하면서 여성활동가들의 성장을 여성주의를 매개해 아낌없이 지원했기 때문이 아니었을까.

여연 활동가들의 중간리더십 실험, 여성운동아카데미

유한킴벌리 장학사업의 한 축인 '여성운동아카데미' 사업은 여연이 2011년 이래 현재까지 기획과 진행을 맡아 해왔다. 미래여성 NGO리더십과정이 1년 단기 과정에서 2년제 성공회대학원 정규 석사학위과정으로 변화한 시점에 본 사업이 시작되었다. 여성운동아카데미는 여성활동가로서의 자기 위치성과 한국여성운동사에서 여성연합의 위치를 함께 고민하고 공유하는 과정을 통해 향후 여연의 운동방향과 비전에 대한 공동의 상을 그려보려는 자체 기획 프로그램으로써, 지속가능한 운동의 기반을 다지기 위한 여연 소속 단체들의 중간리더 대상 역량강화 교육과 더불어 여연사무국 활동가 워크숍, 두 프로그램으로 구성되어 있다.

초기 구축 당시의 목표는 여성운동의 중·단기 정책 및 젠더 관점의 사회경제정책을 생산하기 위하여 현장성을 가진 정책전문 활동가를 양성하는 것에 초점이 맞춰져 있었다. 첫 해의 여성아카데미 사업은 여성연합 성평등연구소 회의를 통해 주제를 선정하고, 기획팀 회의를 통해 '여성주의 경제'로 주제를 확정해 3년차 이상 활동가 10명을 대상으로 총 10회 강의, 토론, 세미나를 진행했으며, 참가한 활동가들로 하여금 참여한 전문가들과 함께 공동작업으로 보고서를 작성하도록 하였다. 이와 같이 설계한 이유는 연구자의 입장에서 생산한 정책보고서와 달리, '일·생활 균형'에 대한 활동가의 고민과 경험을 바탕으로 정책보고서를 작성하도록 지원하여 현장성 있는 사례의 제시 및 정책수립과정을 경험토록 하고, 정책보고서에 대한 전문가 조언 등을 통해 현장의 고민을 심화시키고 대안을 모색할 수 있도록 했다.

여연은 지역 소재 여성단체의 경우 활동가 수가 적을 뿐만 아니라, 강사 섭외 등의 어려움으로 자체 신입활동가 교육을 진행하기 어려우며, 서울의 타 단체 신입 활동가 교육을 참여하기에는 지역의 이슈나 특성을 반영하기 어렵고, 교통비 등의 부담이 있어서 실질적 참여가 어려운 점, 따라서 권역별로 여성단체 활동가들이 참여할 수 있도록 '찾아가는 교육'을 진행하는 것이 필요하다는 점에 주목하여, 연차별, 지역별 특성을 고려한 맞춤형 교육프로그램을 시도했다.

2015년도 사업은 '지역 여성운동'의 주제로, 2016년도는 '마법의 스프' 만들기라는 주제로 참여자(여성연합 지부·회원단체 대표, 사무국·처장)의 특성을 반영한 교육프로그램을 총 2회 진행함으로써 중간리더십의 여성주의적 관점 확장, 조직 내 역할에 따른 의사소통과 리더십의 문제 점검 및 조직문화를 성찰하고, 숙박워크숍을 통해 중간리더십 네트워크를 강화하고 운동의 아이디어를 재생산하고자 했다.

예산이 두 배로 증액된 2017년도 '여성단체 리더 역량강화와 연대를 위한 여성운동아카데미' 사업은 '내가 여기에 있다'라는 주제를 내세워, 전년도 사업에 등장한 '중간리더십'의 구체적 내용과 비전을 '중간리더 여성활동가'의 주체화를 통해 접근했다. 2018년도 사업대상은 여연 지부 28개 회원단체 사무국·처장과 여성연합 사무처 활동가 및 여성활동가 중간리더를 대상으로 삼았다. 여연이 '중간리더'에 착목했던 이유는 새로운 페미니즘 지형을 한국 사회변화와 함께 살펴보면서 현 여성운동의 한계를 진단하고 조직 내부의 고민은 물론 전체 운동의 방향성 및 전략을 모색하는 데 있어 여성단체 중간리더들의 역량 향상, 즉 중간리더십이 필요하다고 자체 진단했기 때문이다.[21]

복합적 맥락 변화의 역동에 대하여 여연은, 첫째, 한국의 여성운동은 축약적이고 비약적인 발전을 이루어왔고 이는 법과 제도의 개선이라는 성과로 이어졌으나, 신자유주의와 과학기술의 발달로 인한 사회변화의 속도와 차이 속에 파편화되는 삶의 양식 속에서 기존 여성운동의 형태로 운동을 지속하기 힘든 지점이 생겨났다는 점, 둘째, 운동단체의 구성원들도 크게는 법·제도 개선에 치중한 지난 운동을 주도해온 세대들부터 자신들의 삶에서부터 페미니즘을 실천해 오고, 온라인 중심으로 리부트된 세대들까지 다양해지면서 시대성 속에 흩어진 여성의 삶들을 보편적 언어로 만들어내는 작업과 동시에 이들을 연결해야 하는 이중의 부담을 여성운동 참여자들이 가진다는 점, 셋째, 현재의 시대적 요청은 활동가들의 역량강화, 특히 운동의 큰 흐름 속에서 세부적인 문제들뿐만 아니라 운동의 주체들을 네트워킹할 수 있는 통합적인 관점과 활동을 요구하고 있지만 늘어나는 활동량과 반비례해 자신들의 역량을 강화시킬 수 있는 시간이나 조건은 예전보

---

21 2017 여성운동아카데미 사업결과보고서

다 오히려 부족한 상황이라는 점을 문제화했다.

　그러므로 현안들에 대한 즉자적 대응을 넘어 전체의 흐름 속에 지금 운동의 맥락을 이해하고 그것을 변화로 이끌어낼 수 있으려면 중간리더의 역할이 중요하다며, 이들을 "기존 운동의 역사성과 시대의 흐름을 직접 경험하였으며 그 도전의 중심에 있는 사람들"로서 "기존 운동의 성과와 운동방식의 변화를 동시에 경험한 주체들로 현시대적 상황에서 통합적 관점을 가질 수 있는 '위치'"로 정의했다.[22] 이에, 2018년과 2019년의 여성운동아카데미의 기획은 중간리더들의 역량강화와 함께 여연 소속의 활동가 네트워킹을 위한 프로그램으로 자체 기획되어 여성운동의 지속성과 현시대의 요청에 응답하고자 했다.

길 위의 활동가들을 위한 짧은 여행, 긴 호흡

　여성재단의 '짧은 여행, 긴 호흡—여성공익단체역량강화지원사업'은 활동가의 '쉼'을 통한 재충전을 통해 참여자 개개인의 공익활동의 비전을 새롭게 환기할 수 있도록 지원한다. 미래여성NGO리더십 장학제도가 활동가의 공부와 일의 양립을 지원하여 석사학위과정의 여성학 공부를 통해 자기 현장의 경험을 여성주의 언어로 만들어내는 것을 목표로 삼았다면, 본 사업은 활동가들의 일과 삶의 양립과 균형을 돌아볼 수 있는 쉼의 기회와 자원을 재단이 만들어내고 이 자원을 주체적으로 사용할 수 있도록 참여자들의 여행을 맞춤 지원함으

---

22 2018 여성운동아카데미 사업결과보고서

로써 여성공익활동가들의 임파워먼트를 촉진한다.

'2018 짧은 여행, 긴 호흡 여성공익활동가 현황 조사'에 따르면 사업에 참여했던 공익활동가들의 삶의 질이 대단히 낮은 것으로 나타났다. 좀 더 구체적으로 살펴보면, 참여 단체 중 전체 활동가 수가 5인 이하인 단체가 71%를 차지하고 있고, 업무량이 많다고 응답한 비율이 73%에 이를 정도로 1인 활동가가 해야 되는 역할이 단체 내에서 매우 컸다. 또한, 여성 공익활동가들은 업무의 과부하로 인해 단체 사업 발굴 및 확장, 단체 이슈 발굴 등에 대한 고려가 불가능한 상황에 처하게 만드는 구조가 만들어지고 있었다. 이는 여성 공익활동가들에게 단체의 정체성과 비전에 대한 고민뿐만 아니라 소진burn-out의 주요 원인으로 기능한다.[23] 활동가들이 겪는 삶과 노동조건의 어려움은 「실천여성학 역량강화 조사연구 보고서」(2020)에 수록된 심층면접 결과와 대단히 유사하다. 가족돌봄과 생계, 시간 및 건강관리, 단체 내 업무분장 등에 이르기까지 NGO활동가들이 동시에 다루어야만 하는 여러 문제들 중에서도 기본적인 경제생활이 불가능할 만큼의 낮은 임금과 복지제도의 미비는 열악한 근무환경과 함께 활동가들의 삶의 질과 공익활동의 동력을 지속적으로 악화시키고 있다.

한국 지역/여성운동의 활동가 충원 및 조직 재생산 위기 담론을 둘러싼 단체 안팎에서 논의된 역사는 사실 오래되었다. 시민단체 및 공익활동의 실제적 쇠퇴라는 징후와 진단 속에서, 지난 2004년도부터 추진된 '짧은 여행, 긴 호흡' 사업은 활동과 삶의 균형을 위한 쉼과

---

23 2018 짧은 여행, 긴 호흡 여성공익활동가 현황 조사, 2020년 여성재단 여성공익단체역량강화지원사업 계획서에서 재인용

재충전의 기회를 소진된 활동가들에게 제공함으로써 개별 단체들의 지속가능한 활동을 위한 조직의 역량강화와 네트워킹, 지역/국가 경계를 넘어 새로운 기획을 상상·실천할 수 있는 여성활동가의 임파워먼트를 목표로 하였다. 교보생명의 지원을 통해 수행되고 있는 본 사업은 지속가능한 대안사회를 만들기 위한 여성재단의 대표적인 사회공헌 프로그램으로써 정착된 핵심적인 역량강화사업이기도 하다.

다양한 위치와 처지에 있는 여행의 참가자들이 최선이자 최상의 방법으로 최대한의 자기 에너지를 새롭게 만들어낼 수 있도록, 본 여행 사업의 참여 단위 및 주제의 스펙트럼은 개인, 단일 단체, 2개 단체 이상의 기획 참여, 그 외에도 국제적 네트워크 역량 개발을 위한 비전 여행 등으로 그야말로 형형색색 다채롭다. 지난 2004년부터 시작되어 2018년까지 총 1,706개 단체 2,949명이 참여했으며, 2011년에서 2018년까지 아시아 국가들과 독일 등 총 8개국의 여성단체 방문 프로그램 기획사업에는 지금까지 총 120개 단체, 128명이 참여했다.

여성재단은 '네트워크 워크숍'을 통해 윤리적 소비와 지역사회 발전을 위한 공정여행사 프로그램을 연계하고 팀별 사전 오리엔테이션 및 단체 간 사전/사후 프로그램의 기획 및 진행을 통해 여행길 위에서의 함께 한 기억과 친밀한 경험이 일회성 조우가 아닌 참여자들의 지속적 관계와 네트워크로 이어질 수 있도록 해왔다. 예컨대, 2개 단체 이상으로 구성된 연대팀에게 여행 이후 단체 간 목적사업과 연계된 사업 계획을 수립하도록 함으로써 여행을 통한 쉼의 창조적 에너지를 다시 일과 연결시키려는 선순환 효과를 도모하며, 단일팀의 경우는 활동가 간의 결속력 강화를 위한 프로그램 기획 및 진행하도록 지원한다.

여러 프로그램 중에서도 특히, 국외 공익기관 방문 및 해외사례 탐방을 통해 국제적 공익활동의 의제와 흐름을 파악할 수 있도록 만든 비전여행 기획사업에 대한 활동가들의 관심이 대단히 높다. 2019년 6월, 강릉, 부산, 창원, 수원 등 전국 각지의 여성·가족 상담, 가정(성)폭력 상담, 젠더연구, 장애인, 여성긴급전화 등 다양한 분야에서 일하는 12명의 여성활동가와 함께 한 6박 7일의 연수 프로그램을 통해 독일의 여성·시민사회 운동과 민관협력체계를 돌아본 한 활동가는 다음과 같이 자기 성과를 기록했다.

"독일연수는 국가와 국경의 경계를 넘나드는 여성이슈에 대해 생각해 볼 기회였다. 또한 우리의 삶이 전 세계 여성들의 삶과 연결되어 있음을, 여성운동의 과정과 목표를 오롯이 느끼고 확인한 시간이었다. 내가 오래전부터 이어져 온 여성운동의 한 흐름 속에 있다는 것, 우리는 어느 지점에 서 있는지를 가늠해보는 것, 이런 시간을 보내며 질문거리를 가져온 것이 내겐 가장 큰 성과이다."[24]

2004년 이래 교보생명의 지원을 받은 '짧은 여행, 긴 호흡' 사업은 2007년에 시작된 유한킴벌리 장학사업과 더불어 장기간 여성재단이 창의적으로 추진해 온 대표적 여성활동가 임파워먼트 프로젝트이다. 이 협업을 함께 해온 두 지원 기업(및 사회공헌팀 담당자들)에게, 이 사업은 어떤 가치와 의미, 문화로 각각의 조직 내부에서 환원, 환

---

24 기획사업 '독일여성운동 탐방연수'에 참여한 여성환경연대 경진주 팀장의 소감, 여성재단 지속가능보고서 2019, 43쪽에서 재인용.

류되고 있는지 그들의 경험과 변화에 대한 듣기와 해석의 공유 작업이 차후 과제로 필요하다.

4. 재단 사람들(과/의) 여성주의 임파워먼트

여성활동가 임파워먼트 사업 참여자들에 대한 인터뷰 녹취록이나 직접 쓴 소감문들을 읽어보면서, 이들이 이미 리더십 개념 자체의 추상적 인식을 넘어, 기존의 리더십 용어로 포착되지 않는 개개인의 집단 속, 조직 속에서의 다차원적인 리더십 추구가 이루어지고 있음을 발견할 수 있었다. 교육 참여 활동가들은 이후, 단체에서 계속 자기 경력을 쌓기도 했지만 NGO나 NPO영역을 넘어 GO나 교육 및 연구영역, 제도정치권으로 활동 범위를 넓혀 자신이 선택한 곳을 새로운 리더십의 공간으로 상정하고 그 안에서 실험과 도전의 프로젝트를 개별 또는 연대하여 진행하고 있었다.

비록, '수평적인' 문화 추구, 민주적·반권위주의적 여성단체의 역동이 다른 시공간의 조직에 그대로 작동하지는 않는 대신, 참여자들이 그 안에서 여러 방식으로 민주화, 권위주의 타파 등 기존 젠더 질서 변동에 기여하고 있는 점은 그 자체가 역량 발휘, 즉 임파워먼트의 결과일 수 있겠다. 그러므로, 사실상 리더십이라는 말은 임파워먼트의 과정, 내용, 효과에 녹아들어 있는 것으로 해석하는 것이 새로운 시대의 요구에 더 걸맞는 질문과 방법론이 되지 않을까 싶다. 이는 리더십이 한 가지 고정된 모양으로 존재하거나, 장/단기 과정 교육을 수료한다고 해서 만들어지는 것이 아니라 여성주의 의식화 과정 전체를 관통하고 아우르면서 네트워크에서 서로, 또 이후에도 계속해서 만들어나가는 맥락 속에 역동적으로 존재하는 개념임을 의미한다.[25]

조형 전 여성재단 이사장은 2009년 재단 10주년 기념사에서 "여성단체들의 성장과 활동을 격려하고, 여성리더를 발굴하고 지원하면서 한국여성운동의 지속가능성을 받침하는 데에 온 정성을 기울이는 동안 재단도 더불어 성장해왔다"고 소회를 전한 바 있다.[26] 여성재단이 가진, 또 앞으로도 가지게 될 역사적·정치적 함의는 지난 2019년 12월 6일 재단 출범 후 꼭 20주년이 된 날 열렸던 기념 후원행사 참여자들에게 이혜경 현 이사장이 띄운 감사편지 글의 "[여성재단의 설립은] 전국의 124개 여성단체와 13개 지역네트워크가 정파성과 이념성을 초월하여 한 마음 되어 모은 기금으로 사회 각계각층으로부터 폭넓은 지지와 격려를 받았다"는 지점에 있다고 생각된다.[27]

사실, 보편적 시대정신을 명중시킬 수 있는 사업을 구상해 내는 일은 지극히 창조적인 작업으로서 시대의 한복판에서 자기가 선 위치를 끊임없이 상대화하며, 동시에 윤리정치적인 관점에서 사업의 전 과정과 관계를 총체적으로 고민할 때 비로소 가능하다. 서로 다른 조건과 언어, 욕구를 가진 기부자와 지원자, 파트너 단체들과 유연한 태도로 긴밀히 상호소통하며, 어렵게 모아진 재원을 투명하고 효과적으로 관리·평가·배분하는 일련의 협업 과정은 또 다른 긴장과 엄격성을

---

25 김영선 외(2020), 『실천여성학 역량강화 조사연구 보고서』, 성공회대 NGO대학원 실천여성학전공, 77쪽.

26 조형(2009), "더불어 나눠주신 사랑으로 새로운 10년을 꿈꿉니다", 『딸들에게 희망을: 한국여성재단 10년, 기억과 상상』, 한국여성재단.

27 이혜경(2019), "창립 20주년 후원의 밤에 참석해주셔서 감사합니다", 한국여성재단 e뉴스레터 (12월 6일 공지), http://womenfund.or.kr/archives/21375

재단 사람들에게 요구한다.

여성운동을 지원하는 것을 자기 정체성으로 삼아 탄생한 시민사회, 즉 '민간' 공익재단인 한국여성재단의 지속가능성은 어디로부터 오는가? 이 어려운 고민을 풀어가는 데 있어 여성주의 임파워먼트가 재단 내부 구성원들의 공동의 화두가 될 수는 없을까. 여성주의를 매개한 '의식화', '행위성', '세력화'에 대한 우리시대의 고민과 여성리더십 교육, 네트워킹의 경험은 사람을 키우려는 재단의 과거와 현재, 미래에 함께 할 자기 사람들에게 어떠한 성장의 자원으로 남았고, 또 남아야만 하는지에 대한 질문을 끝으로 남기고자 한다.

관련표

표 1. 연도별 장학생 및 졸업생 현황

	2012	2013	2014	2015	2016	2017	2018	2019
장학생 수	12	16	14	11	10	13	9	10
졸업생 수		6	4	6	6	1	7	2

출처: 한국여성재단 봄빛기금 장학사업 2020년 사업계획서, 3쪽, 그림 자료 재구성

표 2. 유한킴벌리 장학사업 여성활동가 리더십교육 수행기관

사업 기간	지역	수행기관	진행 횟수
2008~2009	서울, 경기지역	이화여대 이화리더십개발원	총 4기 진행
2010~2011	영남지역	계명대 여성연구소	총 4기 진행
2012	강원지역	상지대 산학협력단	총 3기 진행
2013~2015	서울, 경기지역	이화여대 이화리더십개발원	총 6기 진행
2016	전북지역	전북대 부설 여성연구소	총 2기 진행
2017	전남지역	전남대 부설 여성연구소	총 1기 진행
2018~2019		이화여대 이화리더십개발원	총 4기 진행

참고문헌

- 2007, 2008 이화-유한킴벌리 NPO여성리더십심화과정 사업결과보고서
- 2007, 2008, 2010, 2019 미래여성NGO리더십 장학사업 결과보고서
- 2009, 2018, 2019 여성재단 지속가능보고서
- 2010, 2015, 2016, 2017, 2018 여성운동아카데미 사업결과보고서
- 2011 계명-유한킴벌리 NPO여성리더십과정 사업결과보고서
- 2012 한국여성재단 봄빛기금 장학사업 결과보고서

- 2013, 2018 이화–유한킴벌리 NGO여성활동가 교육 사업결과보고서
- 2016 전북대–유한킴벌리 NGO여성리더십과정 사업결과보고서
- 2017 전북대–유한킴벌리 NGO여성리더십과정 사업결과보고서
- 2018 이화–유한킴벌리 NGO여성활동가교육 사업결과보고서
- 2020 한국여성재단 여성공익단체역량강화지원 사업계획서
- 2020 한국여성재단 봄빛기금 장학사업 계획서
- 미래여성NGO리더십 장학생 운영규정 동의서[2020년 1월 개정]
- 김기범·김지영·김양하(2004), "한국의 사회·문화·제도 속에서의 여성의 무력화와 세력화전략", 『한국심리학회지』, 2호, 67~79쪽.
- 김경희(2004), "일상의 정치(politics of everyday life)를 통한 여성의 임파워먼트", 『한국심리학회지』, 제9권 1호, 163~179쪽.
- 김영선 외(2020), 『실천여성학 역량강화 조사연구 보고서』, 성공회대 NGO대학원 실천어성학전공.
- 박영숙(2009), "한국여성재단 10년을 되돌아보며", 『딸들에게 희망을: 한국여성재단 10년, 기억과 상상』, 한국여성재단.
- 실천여성학10주년기념출판위원회 편(2018), 『실천여성학, 10년을 담다』.
- 이혜경(2019), "창립 20주년 후원의 밤에 참석해주셔서 감사합니다", 한국여성재단 e뉴스레터(12월 6일 공지) http://womenfund.or.kr/archives/21375
- 조형(2009), "더불어 나눠주신 사랑으로 새로운 10년을 꿈꿉니다", 『딸들에게 희망을: 한국여성재단 10년, 기억과 상상』, 한국여성재단.
- 장필화·김효정·마정윤(2015), "여성주의 임파워먼트를 위한 시론", 『여성학논집』, 32집 1호, 189~230쪽.
- 한국여성단체연합(2015), 『'미래여성NGO리더십과정 장학사업' 되짚어 보기 최종연구보고서』, 한국여성단체연합.
- 허성우(2013), "한국 여성학 위기담론의 재구성: 여성활동가 대학원 교육 사례를 중심으로", 『한국여성학』, 제29권 4호, 41~74쪽.
- 황선영(2011), "여성운동단체 참여경험이 여성 임파워먼트에 미치는 영향—여성의전화 지부 회원활동 참여자의 사례를 중심으로", 성공회대학교 NGO대학원 석사학위논문.

제5장

새로운 페미니즘의
디딤돌로

글 김엘리

대학과 시민단체에서 여성학과 평화학을 강의한다.
주로 남성성 읽기, 여성징병제와 병역담론, 여성의 군인되기에 관해 글을 썼다.
쓴 책으로 『페미니즘 교실』(공저), 『그런 남자는 없다』(공저), 『탈분단의 길』(공
저) 등이 있고, 논문으로는 "20~30대 남성들의 하이브리드 남성성", "여성들
의 군 참여 논쟁" 등이 있다. 『군사주의는 어떻게 패션이 되었을까』(공역), 『여
성 총 앞에 서다』를 번역했다.

1. 다양한 파랑의 결들을 드러내며
— 다양성과 연대, 지속가능성

페미니즘 운동은 흔히 물결로 비유된다. 하나의 특정한 장소에서 일어난 움직임은 진동하여 옆으로 퍼지고 퍼져서 물결을 이룬다. 그 물결은 연이어 일고 또 일면서 작은 물결에서부터 큰 물결까지 다양한 파랑들로 일어난다. 페미니즘 여성운동은 하나가 아니라 여러 파랑들로 이루어져 있다. 그 결은 서로 다르지만 각각의 진동으로 서로 영향을 미치며 때론 큰 물결로 때론 작은 물결로 움직인다.

한국여성재단은 이 다양한 물결들이 계속 일어나고 움직이도록 하는 힘을 모색하고 창출한다. 다양한 영역과 지역에서 여성운동과 페미니즘 연구를 하는 여성들을 초대하여 여성회의를 개최한 것이다. 네 차례에 걸친 여성회의는 한국여성재단이 그동안 여성단체와 활동가들을 지원하고 임파워링해 온 수많은 노작의 결정체이다.

한국여성재단은 그동안 "여성인권이 보장되고 호혜와 돌봄이 실현되는 성평등 사회의 지향"이라는 비전을 실현하기 위해 "성평등과 돌봄의 사회를 만들어가는 여성들의 활동과 리더십 함양을 지원"해왔다. 여성회의는 그 자체가 여성들의 네트워크가 되고 여성들은 이를 통해 서로의 경험과 지식을 공유하며 역량을 강화한다.

그뿐 아니라 여성회의는 한국의 페미니즘과 여성운동을 함께 논하는 공론장이다. 좀 더 나은 여성운동과 페미니즘 여성운동 담론을 모색하기 위한 집단지성을 생성한다. 물론 시대를 읽는 감각과 비전 없이는 가능하지 않다. 한국여성재단은 여성단체와 여성활동가들을 뒤에서 지원하지만 앞서서 페미니즘 운동의 비전을 논하는 명석을 깐다. 여성회의는 현장의 이야기를 좀 더 나은 미래사회로 끌어내는 한 발짝 앞선 센서와 감수성, 인지가 어울려진 마당인 것이다.

한국여성재단이 연결망이자 공론장인 여성회의를 기획한 것은 무엇보다 여성운동의 동력을 만들고 지속하고자 한 것이었다. 상황은 어땠을까? 국가정책으로 제도화되는 페미니즘은 그 급진성을 잃어가고, 시장에 포섭된 페미니즘은 개인적 소비문화 안에서 탈정치화하는 세태였다. 게다가 1980년대 급진성을 표방하며 출현한 여성운동은 시간이 지나면서 노화되고 새로운 여성운동 주체들이 여기저기서 등장하지만 서로 단절된 채 산재했다. 한편, 페미니즘 운동은 지속되어야 한다고 말하지만 여성활동가들은 자신의 삶과 전망을 그 운동 안에서 가늠하지 못한 채 생존을 염려해야 했다.

이 가운데 '좀 더 나은 여성의 삶과 성평등을 위한 여성운동은 무엇이어야 할까?'라는 물음은 한국여성재단의 촉각이자 활동 사업이 됐다. 한국여성재단은 여성단체들을 물질적·정서적으로 지원하는 활동 못지않게 여성단체들과 여성활동가들이 지속가능한 운동을 하기 위한 기본 토양을 일구어야함을 인지하고 있었던 것이다. 다양한 여성운동 주체들을 연결하고 서로 다른 경험과 이야기들을 역사화하면서 이들이 존속하고 전승되도록 하는 판. 여성회의는 그렇게 시작됐다. (194p 표 1 참조)

2011년, 첫 여성회의는 한국여성재단이 주최하고 젠더네트워크가 주관했다. 2011 여성회의는 여성활동가와 연구자들이 논의의 장을 마련했다는 것만으로 의의가 컸다. 여성운동을 전반적으로 돌아보고 여성운동의 전환을 모색하려했던 첫 여성회의는 여성단체가 다루는 수많은 의제들을 테이블에 펼쳐 놓았다. 첫 여성회의의 논제는 지속가능성, 다양성 속의 소통과 연대, 그리고 비전과 전망으로 압축된다.

2014년 두 번째 여성회의는 첫 회의의 경험을 바탕으로, 여성운동을 다시 배치하거나 여성들의 일상에 더 깊이 다가간 운동을 구체적으로 살핀다. 여성들의 일상과 지역에서 일구는 여성운동을 찾아보고 여성활동가 개인의 자력과 지속가능한 운동이 서로 만나면서 사회가 변화하는 그 지점의 비전을 모색한다.

2016년 세 번째 여성회의는 전환된 여성운동의 새로운 물결을 조명한다. 여성혐오 논쟁과 강남역 살인사건을 계기로 만들어진 또 다른 국면에서 여성들이 펼친 운동은 운동주체와 방식, 내용을 좀 다르게 생성한다. 그러면서도 이 새로운 운동의 물결은 기존의 여성운동들과 분리된 것이 아니라 서로 만나는 큰 맥이 있음을 공유하며 그 연대의 지점과 전략을 논한다.

2018년에는 네 번째 여성회의가 열린다. 네 번째 회의는 그동안 여성회의에서 다룬 의제들을 현재의 정치적 맥락에서 심화시킬 뿐 아니라 과거운동을 적극적으로 소환하여 2015년 이후 새로운 운동의 물결과 만나게 한다. 그래서 2011 여성회의는 마치 취지가 2014 여성회의와 2016 여성회의의 의제들과 만나면서 어우러진 종합판과 같다. (194p 표 1 참조)

아울러 한국여성재단은 새롭게 시작하는 여성운동단체와 조직 활동을 인큐베이팅하는 지원사업도 펼친다. 특히 2015년 이후 새로운 물결이 일면서 출몰하는 여성들의 작은 조직들을 포착하고 그들의 활동에 힘을 준다.

이 장에서는 여성회의 개최와 신생조직의 지원사업을 통해 여성운동의 비전과 동력을 만들고자 했던 한국여성재단의 노력을 살핀다. 이는 페미니즘 운동의 다양성과 연대, 지속가능성을 풀어내고 생산하는 과정이었다.

2. 한국여성운동의 전환 만들기
— 2011 여성회의와 2014 여성회의

한국여성재단이 여성회의를 기획하면서 던진 굵직한 물음은 '제도화 이후 무엇을 할 것인가'이다. 1980년대 진보적 여성운동을 표방하며 결성된 여성단체들은 1990년대 이어 2005년 호주제가 폐지되기까지 법을 제정하고 제도를 마련하는 의제에 집중했다. 고용 차별, 성차별, 성폭력, 가정폭력, 성매매 등을 해소하기 위한 기본법이 제정되고 여성정책이 수립되며, 이를 실행하는 국가기구가 설립됐다. 일부 여성활동가는 국회나 행정부에 들어가 이 작업을 촉진시켰다.

여성운동의 제도화는 가부장성이 높은 한국사회에 국가의 권력으로 성평등을 확산시키는 효과가 있었다. 그러나 반면 여성운동이 제도에 포섭되면서 여성운동의 급진성은 약화되었다. 이를테면, 여성운동은 국가의 기존 질서와 어긋나지 않는, 허용될 수 있는 범위 안의 의제로 축소됐다. 피해 여성을 위한 상담소는 정부의 위탁으로 여성단체가 운영했지만 관료 체계 안에서 복지서비스기관으로 변질되기도 했다. 여성활동가들은 보고해야 할 서류 작업으로 과다 업무에 피로도도 높았다. 게다가 성주류화는 UN의 영향하에 여성정책의 추진전략으로 정립되었으나 남녀 간의 평등으로만 단순하게 이해되었다. 젠더가 섹슈얼리티, 인종, 장애 등과 교차하면서 나타나는 다양한 여성들의 불평등은 간과된 것이다. 특히 정부의 성격에 따라 국가페미니즘의 실행은 여성운동의 발목을 잡기도 했다.

한편으로, 여성들의 삶을 조직하는 사회적 조건은 달라졌으나 기존 여성단체들은 여성들의 다변화를 포괄하지 못했다. 신자유주의 시대 시장페미니즘의 등장은 여성들에게 '무엇이든 할 수 있다'는 페미니즘의 메시지를 던지며 여성의 능력을 임파워링한다. 여성들은, 삶은 자유롭고 즐거워야 한다는 신자유주의 담론을 수행하며 소비를 통해 자기관리를 한다. 그러나 여전히 불안정한 경제활동이 지속되는 가운데 여성들은 자유로운 삶의 즐거움을 추구하나 폭력으로부터 안전한 삶과 성적 권리는 보장되지 않고, 가부장적 결혼 제도 안에 포섭되기를 주저하나 대안적 삶의 모델은 부재했다.

이러한 상황에서 중견여성단체들은 좀 다른 방식으로 자신의 권리를 주장하는 여성들과 20~30대 여성들 그리고 한부모, 비혼모, 성소수자, 지역 여성들 등 다양한 여성들의 자리를 내어주지 못했다.

한국여성재단은 페미니즘이 국가와 시장에 포섭되는 한국사회와 노화하는 여성운동의 현실을 주목한다. "여성운동의 현주소를 어떻게 해석할 것인가? 앞으로 어떻게 여성운동을 지원하는 것이 적절한가?"라는 화두를 가지고 2011년 여성회의를 열었다. "여성운동은 잘 가고 있는가? 이 가운데 과연 우리 단체는 잘 가고 있는지 함께 논의해보자"는[1] 취지였다. 그렇게 시작한 2011 여성회의는 10대에서부터 70대까지의 여성들이 참석하여 여성운동의 계보를 만드는 역사적 자원의 공간이 된다. 그리고 2014 여성회의는 2011년의 경험을 살려서 더 좁고 깊게 의제를 다듬는다.

2011 여성회의, 여성운동 새로운 전환의 모색

2011 여성회의는 예상 참가자의 수를 훨씬 넘어 78개 단체에서 189명이 참가했다. 비록 서울지역의 참가자가 압도적으로 많았지만 그들이 일하는 터는 강원도, 경기도, 경상도, 전라도, 광주, 부산, 대구, 대전 등 전국 각지였다. 연령대도 다양했다. 10대에서부터 70대까지의 여성들이 참여했다.

그만큼 여성운동의 경험을 나누고 비전을 그리고 싶은 열망이 컸음을 보여준다. 실질적으로 1995년 북경 4차 여성대회 이후 여성

---

1 조형(2011), "환영사", 『2011 여성회의 자료집: 여성운동, 새로운 전환의 모색』, 한국여성재단, 5쪽.

활동가들이 한자리에 모여 여성의제를 논하는 공론장은 처음이었다. 게다가 현장 활동가만이 아니라 다양한 영역에서 여성주의 이론을 생산하는 연구자, 단체와 단체를 연결하고 지원하는 기관 실무자도 함께 참가하여 현장과 이론, 지식과 경험이 교차하는 토론장이 됐다.

따라서 여성회의에서 거론된 주제도 다양했다. 노동, 평화, 환경, 정치, 폭력, 섹슈얼리티 등 그동안 여성들이 다루었던 주제들이 테이블 위에 펼쳐졌다. 여성들은 각 분야에서 자신의 경험을 나누고 현안을 짚었으며 과제들을 논했다(2011 여성회의 2~3부). 그 가운데 참석자들은 '내가 하는 운동이 무엇인가'를 가늠하고 성찰했다. 특히 중견여성활동가들은 운동의 역사와 경험을 영역별로 발표하면서 여성운동의 흐름을 짚고 신자유주의 질서에서 여성운동이 직면한 현실을 공유하며 여성운동의 안부를 물었다(2011 여성회의 1부).

신자유주의 시대에 여성의 현실은 양가적이고 모순적이다. 여성은 노동시장에서 경쟁력이 있으면 성별을 초월할 수 있다지만 저임금 노동 분야에 집중된다. '여성은 무엇이든 할 수 있다'는 페미니즘의 메시지는 여성친화적 소비행위를 통하여 대중화된다. 여성에 대한 임파워먼트는 시장페미니즘 안에서 확장되는 것이다. 여성운동은 국가페미니즘으로 제도화되고 사회운동단체들은 신자유주의 통치를 대행하는 기관으로 전락하기도 한다. 이런 시절에 여성운동은 신자유주의 기획 안에서 제도화를 넘어 어떠한 판을 짤 수 있을까? 이러한 화두를 잡고, 2000년대에 여성들을 조직하고, 기존 단체와는 좀 다르게 여성운동을 기획한 여성활동가들의 이야기가 펼쳐진다. 온라인 페미니즘 운동, 풀뿌리 여성운동, 에코페미니즘운동, 지역 여성운동, 노동운동 내 페미니즘의 현장 이야기이다(2011 여성회의 2부 세션2).

2011 여성회의의 논제는 세대를 잇는 종적 흐름과 신자유주의라는 시대를 공유하는 횡적 흐름을 교차하면서 여성활동가들을 서로 연결시켰다. 하지만 테이블 위에 나열된 주제들을 서로 엮고 연결하는 자리, 그리고 이를 공동의제로 삼는 과정은 다음 기회로 남겨야 했다. 2011 여성회의가 갖는 의의 중의 하나는 다양한 여성들이 한 자리에 모였다는 점이다. 다양하다는 것은 그만큼 다름을 뜻했다. 여성들 간의 차이는 2011 여성회의가 주목하는 논제 중의 하나이다.

세대만이 아니라 여성들의 관심분야, 의제, 섹슈얼리티의 이해에 따라 접근방식이 다름에도 불구하고 무엇으로 서로 연결되고 어떻게 공공선을 만드는가였다. 여성회의 내내 참가자들은 여성들 간의 차이를 느끼며 그 차이를 존중하되 어떻게 요리할 것인가라는 공동의 고민도 안게 됐다.

특히 중견 활동가와 20~30대 활동가들의 만남은 녹록치 않았다. 이슈에 대한 정치적 이해가 달랐고 접근하는 방식도 달랐다. 조직에 대한 헌신의 정도와 민주적 운영 방식에 대한 이해도 이견이 있었다. 또한 20~30대 활동가들은 개인의 삶의 보장이 중요했다. 여성운동과 개인의 발전이 어떻게 조화를 이루며 운동을 지속할 수 있을까라는 물음은 활동가 개인의 화두이기도 하지만 전체 여성운동의 생존 문제이기도 했다. 소통의 기술도 달랐다. 20~30대 활동가들의 감정표현은 중견활동가들에게 화자의 의도와는 다르게 읽혀지기도 했다. 중견활동가는 세대 간의 차이에 대해 만남 자체에 의미를 두면서 소통의 문제로 이야기하지만, 20대 활동가들은 권력관계라고 보았다. 참석한 여성들은 그 차이를 매우 신중하게 바라보고 조심스럽게 다루었다.

2011 여성회의가 펼친 열린 공간에서 터진 물꼬는 공론의 장이 지속적으로 필요하다는 공감이었다. 이후 그것은 현실이 되었다. 2011년 6월 23일, "여성회의, 애프터를 신청합니다"가 열렸다. 성균관대학교총여학생회비상대책위원회DDDa, 언니네트워크, 한국여성민우회가 공동으로 주최하고 한국여성민우회가 주관했다. 40명 정도가 참석했다. 애프터 토론회는 여성운동 현장의 꼰대론에서부터 시작하여 현실적 과제인 여성운동의 재생산 논의까지 이어졌다.[2] 여성회의는 계속되고 있었다. (194p 표 2 참조)

2014 여성회의, 한국여성운동의 전환을 꿈꾸다

2011 여성회의는 전반적인 의제들을 다루면서 여성운동의 전환을 모색했다. 어떻게 접근하고 사유해야할까, 전환하는 동력에는 무엇이 있을까 상상했다. 반면 2014년 여성회의는 더 구체적으로 전환의 지점들을 살폈다.

첫째는 풀뿌리운동이다. 일상의 삶에서 출발하는 풀뿌리운동은 제도와 법을 바꾸는 운동과는 출발이 다른 생활정치이다. 여성들이 살면서 부딪히는 것들을 스스로 인식하고 해결하는 당사자운동이다. 2014 여성회의는 여성들이 마을공동체 운동이나 협동조합과 같은

---

2 한국여성민우회 (선백미록), "여성회의, 애프터를 신청합니다", [민우ing] 2011년 7·8월호, 한국 여성민우회 자료실 2011.08.11.
  (http://www.womenlink.or.kr/archives/3574?category=%EA%B8%B0%ED%83%80&keyw ord_search_all=true&page=35)

사회적 기업 또는 농업과 먹거리 일상에서 페미니즘 가치를 어떻게 실현시키는가를 공유하고 토론한다. 참가자들은 여성들의 운동이 먹거리, 일자리, 생태, 안전한 삶, 여성의 몸 등 개인의 이해와 밀접한 일상생활의 이슈를 사회의 공공의제로 만들고 일상의 관계를 변화시키고 있는 현장을 이야기한다. '사적인 것이 정치적이다'라는 페미니즘의 인식과 접근 방식의 다름 아니다. 그래서 여성의 삶과 경험이 정치 세계와 분리되지 않는 여성운동으로 재구성한다. 경제와 소비문화, 생활방식, 교육체계를 문제화하면서 이들이 교차하는 새로운 대안적 가치운동으로 제시된다.

둘째는 여성들이 주체가 되어 스스로 하는 운동이다. 여성주체 세우기는 여성들이 스스로 여성 자신의 위치를 인지하고 논하며 움직이는 당사자 운동을 말한다. 여성들이 자신들의 경험을 담아내는 운동을 자율적으로 펼친다는 뜻이다. 이는 곧 여성주체를 어떻게 생산할까라는 물음으로 이어진다. 여기서 여성주체의 논제는 분야에 따라 다층적이다. 지역에서 생활하는 일반 여성들이 어떻게 마을 생활공동체의 주체가 되는가에서부터 마을정치를 확대하여 정부와 국회에 여성의제들을 어떻게 정치화할 것인가라는 거버넌스 차원도 있다. 참가자들은 국회나 정부에 여성들이 진입하는 일보다 정치 의제를 개발하고 정치인을 발굴하는 대중 운동에서 여성정치세력화의 뿌리를 찾는다. 이를 위해서 대중적인 정치교육을 실행하고, 일상의 삶과 정치 제도를 넘나드는 유연한 사고와 기획도 필요하다고 본다.

여성주체 논의에서 빠질 수 없는 주요한 의제는 여성활동가의 재생산이다. 여성활동가들이 지속적으로 활동할 수 있는 물적 조건과 민주적으로 운영되는 조직 구조 그리고 탈꼰대 감수성은 20~30대 여성활동가들에겐 필수적이다. 자신의 발전과 여성운동이 함께 어울려지는 현장은 그 생명력이 길다. 그뿐 아니라 운동의제를 전문적으로 다룰 수 있는 역량이 있으면 더 좋다. 이를테면, 생협의 경우는 여성의 사회경제전문가 양성을 강조한다.

셋째는 페미니즘 모델이다. 여성운동은 '여성'이 하는 운동이지만 '페미니즘' 정체성이 항상 명확한 것은 아니다. 여성들이 일상에서 겪고 있는 문제는 젠더만이 아니라 고용과 빈곤, 노동, 장애 등 여타의 사회불평등과 연관된다. 그러나 마을과 생활협동조합 그리고 지역에서 여성주의 의제를 만들기는 쉽지 않다.

젠더이슈는 여타 이슈와 결합되기는커녕 배제되기 일쑤다. 그러니 여성들은 젠더불평등을 해소시키려는 의제를 항상 의지적으로 인지하고 주창해야하는 처지이다. 더욱이 핵가족을 기본 구도로 놓고 엄마의 역할과 살림, 생명보존을 내세우는 것은 여타의 여성운동 가치와 충돌할 여지도 있다. 2014 여성회의는 이러한 지점들을 짚으면서 가부장적 언어의 탈젠더화와 재구성을 확인한다. 동시에 비혼, 성소수자, 장애, 한부모 등 다양한 가족과 공동체 구성도 페미니즘 관점에서 확장시켜야 할 의제임을 짚어본다.

새로운 여성운동을 모색하려는 여성회의의 열기는 후속 모임으로 이어졌다. 참가자들은 여성운동의 전환을 모색하기 위한 방법으로, 페미니즘 교육을 꼽았다. 그 해 12월 12일 '여성주의 교육을 고민한다 : 지향·기획·조건'이라는 주제로 전국 각지에서 여성운동 활동가와 연구자 30여 명이 모였다. 그래서 페미니즘 교육을 위해서 고려해볼 이슈와 관점들을 풀어냈다. 참가자들은 "무엇을 페미니즘 교육으로 볼 것인가, 대중에게 페미니즘을 어떻게 설명할 것인가, 어떤

관점과 가치로 페미니즘 교육을 구성할 것인가를" 토론하고 점검했다.[3] (195p 표 3 참조)

3. 지속가능한 페미니즘 물결 이어가기
— 2016 여성회의와 2018 여성회의

2015년을 지나 2016년에는 페미니즘의 물결이 높고 세찼다. 마치 침체한 페미니즘이 타임캡슐을 열고 부활한 듯했다. 2005년 호주제 폐지 이후에 한국사회는 이미 성평등이 다 이루어진 것 같은 타임캡슐에 머물면서 여성에 대한 혐오발언과 역풍이 일어나기 시작했다. 또한 2008년부터 약 10년 동안 보수정권은 여성정책을 관료제 안에 정체시키고 진보적 여성운동 단체를 협력 파트너로 삼지 않았다.

이 와중에 20~30대 여성들은 온라인에서 여성혐오와 분투하고 있었다. 사이버 공간에서 여성혐오를 비판하던 여성들이 거리와 광장에 나와 여성들의 안전한 삶과 성적 권리의 보장을 외치기 시작했다. 2016년 강남역 살인사건은 여성이라는 이유만으로 불안을 느껴야했던 여성들을 거리로 나오게 했다. 3만 5,000여 장의 포스트잇은 추모 이상의 것이었다. 그리고 2018년 #미투운동, 불법 촬영물 반대, 낙태죄 폐지 등 여성들은 온·오프라인에서 목소리를 냈다.

여성들은 자신들에게 일어난 공포와 불안, 차별을 설명할 언어들을 페미니즘에서 찾았다. 페미니즘은 출판계에서 성황을 이루는

---

3   한국여성재단, "여성주의 교육을 고민하다", 2014 여성회의 후속모임, http://womenfund.or.kr/

주제가 됐다. 페미니즘 관련 서적들이 호황을 누리고 여성들이 출연하는 프로그램과 여성감독이 만드는 영화 등이 각광을 받으며 페미니즘은 대중들 사이에 퍼져갔다. 신자유주의 소비문화와 포스트 페미니즘 시대에 성장한 20~30대 여성들은 여성들의 경험을 페미니즘 관점에서 해석하면서 정치적 주체가 되었다.

이른바 메갈리아 세대(이하 메갈 세대)의 여성들은 온라인만이 아니라 오프라인에서 페미니즘 활동을 기획하고 단체를 조직했다. 페미니즘은 여성들의 입장에 따라 빠르게 분화됐다. 페미니즘이 부상하는 만큼 그에 대한 역풍도 컸다.

페미니즘의 부활 못지않게 2016년 하반기에는 민주주의를 외치는 촛불혁명도 있었다. 2017년 3월에 박근혜 전 대통령 탄핵이 결정되기까지 시민들의 촛불은 광화문의 밤을 연일 밝혔다. 여성들은 촛불시위 과정에서 일어나는 성차별이 담긴 발언이나 태도를 공공연히 고발하고, 여성혐오의 성격이 짙은 공연을 취소하도록 또 다른 시위를 하면서 민주주의 완성은 성평등에 있음을 주창했다.

한국여성재단은 새로운 페미니스트 주체들이 등장하고 좀 다른 페미니즘의 물결이 일렁이는 상황을 주목한다. 이 상황은 "모든 한국 여성들이 자기의 삶을 되돌아보는 계기"가 되었다.4 한국여성재단은 이를 함께 읽어내고, 세대를 넘어 페미니즘 물결을 잇는 공론장을 만든다. 2016 여성회의는 그렇게 시작한다. 그리고 2018 여성회의는 그 이후를 내다본다.

---

4 이혜경(2016), "개회사," 『2016 여성회의 현장속기록』, 한국여성재단.

2016 여성회의, 새로운 물결 페미니즘 이어달리기

2016년 여성회의는 크게 두 축으로 구성됐다. 하나는 2015년 이후 일어난 새로운 여성운동의 물결을 한국여성운동의 흐름에서 맥락화하는 것이다. 페미니즘의 새로운 물결이라고 말할 수 있는 이 전환은 새로운 여성주체들의 출현으로 이루어졌다. 온라인을 정치적 공간으로 삼고 여성혐오를 비판하며 형성된 이 페미니스트들은 이전 시기의 여성들과는 다른 운동 방식을 구사한다는 점에서 새롭다.

여성운동 주체들은 다변화되었다. 시대의 흐름에 따라 살펴보면 세 층위로 볼 수 있다. 먼저 1980년대 진보적 여성운동을 표방하면서 여성단체를 결성한 후 지금까지 활동한 중견활동가이다. 이 세대는 법을 제정하고 제도를 마련하는 활동에 중점을 두었다. 일부 여성활동가들은 정부와 국회에 진출하여 여성정책을 입안하고 실행하는 정치활동에 직접 참여하였다. 이 시기는 민주정부와 참여정부가 들어서면서 여성운동의 의제가 정부 정책안으로 들어가 제도화되었고, 정치가와 정책실행자, 여성활동가들이 협치하는 국가 페미니즘이 작동하기 시작했다. 2000년 여성부가 신설되면서 이러한 흐름은 가세되었다.

한편, 1990년대 여성운동의 제도화가 진보성을 잃어가고 있다며 여성운동의 전환을 꾀한 여성주체들이 등장한다. 이른바 영페미니스트들은 1990년대 중반에서 2000년대에 대학에서 여성주의 활동을 하면서 사이버 공간에서 여성주의 정치를 펼치는 새로운 페미니스트 세대로 주목받는다. 그들은 여성들의 차이를 강조하고 소수자와의 연대를 지지하며 성정치를 일상에서 사회문화적으로 펼쳤다.

그리고 최근 2015년 이후, 메갈 세대라고 불리우는 여성주체들이 출현한다. 그들은 온라인과 SNS에서 여성문제를 논하고 페미니즘을 학습한다는 점에서 영페미니스트들과 구별하여 영영페미니스트라 명명된다.[5] 그들은 여성혐오를 패러디한 미러링 전략을 구사하고 강남역 살인사건을 페미사이드로 공론화하면서 탄생했다. 메갈 세대의 페미니스트들은 온오프라인에서 활동하면서 페미니즘 대중화를 이끌어낸다. 그들은 각자 다른 입장들을 가지고 활동하는데, 특히 래디컬페미니즘을 표방하는 여성들은 트랜스젠더를 배제하고 성소수자와의 연대를 거부하면서 여성범주에 관한 논쟁을 일으킨다.

2016 여성회의는 새로운 여성주체들이 등장한 사회경제적 조건을 짚고(2016 여성회의 1부) 시대적 상황 속에서 일어나는 페미니스트들의 물결들을 서로 잇는다. 특히 영페미니스트들의 운동 경험과 영영페미니스트들의 이야기를 한 자리에 펼치면서 여성들의 활동 이야기를 여성운동의 역사로 만든다(2016 여성회의 2부).

게다가 30여 년 동안 지속된 여성운동의 의제를 오늘날의 사회·정치적 맥락에서 다시 읽는다. 이것이 2016 여성회의의 또 하나의 축이다. 여성의제는 크게 젠더폭력, 여성노동, 여성정치세력화, 문화운동, 생태주의, 퀴어페미니즘으로 잡았다(2016 여성회의 2부). 이 의제들은 오랜 기간동안 여성운동을 구성하는 큰 흐름이지만 2016 여성회의의 접근은 남다르다. 법과 제도, 국가의 프레임을 넘어 일상의 삶과 풀뿌리운동에서 다시 살피면서 다중적으로 교차하는 여성들의 삶

5　중견활동가, 영페미니스트, 영영페미니스트라는 호명은 여전히 논란 중이다. 세대의 구분이라며 비판적으로 보는 페미니스트들도 있다. 그럼에도 불구하고 이 글은 논란 중인 용어를 그대로 사용한다. 여성회의에서 참석자들은 그렇게 호명했고, 이 용어가 문제적이라는 언급도 하였으므로 회의의 내용을 살린다는 뜻에서 그 자체를 기술한다.

을 이야기한다. 그리고 페미니즘은 이를 어떻게 담아낼 것인가, 어떻게 지속가능한 운동의 비전이 될 것인가를 상상한다. 2011년부터 한국여성운동의 전환을 모색하며 표출된 논제를 심화하는 셈이다.

이를 바탕으로 회의는 다양한 여성운동 주체들과 이슈들을 어떻게 연결하고 연대할 것인가를 논한다(2016 여성회의 3부). 그래서 여성회의는 삶의 현장과 운동, 페미니즘 지식이 만나는 공간, 개별 단체를 넘어 함께 운동의 전망을 그리는 공론의 장, 액션을 기록하고 해석하는 기억공간을 만든다. 무엇보다 중견활동가와 영페미니스트 그리고 영영페미니스트 그룹들을 연결시킨 것은 여성회의가 준 쾌거였다. (195p 표 4 참조)

2018 여성회의, 페미니즘 함께 달리기

2016년은 디지털 시대에 신생한 여성조직들을 살피며 페미니즘 물결들의 연속성을 강조했다면, 2018년은 그 연속성 속에서 연대와 협력에 집중한다. 먼저 세대 간의 연대이다(2018 여성회의 1부). 1980년대 여성학의 문을 연 장필화는 여성회의와 같은 여성들의 공간은 "가부장제와 남성들이 세워놓은 잣대로 칭찬받거나 인정받거나 평가받는 것으로부터 단절"할 힘을 주며 "공통된 체험을 나누고 서로 공감하고 지지하는 가운데 새로운 논리를 발전시킬 수 있다"고 말한다. 이 과정에서 윗 세대의 경험은 다음 세대가 경험하지 않아도 얻을 수 있는 판단과 지식의 공동 유산이 될 것이라고 보았다.

2000년대 초 영페미니스트 세대인 김보명은 페미니스트 정치학은 다양한 모습으로 나타나는데, 젠더 정의를 실현하는 과정에서 논쟁과 갈등이 있다며 페미니스트 되기에서 보다 중요한 것은 페미니즘에 눈을 뜨는 시작이 아니라 페미니스트로서 지속적인 삶이 유지되는 것이라 말한다. 그런데 페미니스트로서 자신의 삶이 지속될 수 있는 것은 페미니스트로서 자신의 불완전성과 미완결성을 인정하고 통찰할 때라고 언명한다.

메갈 세대의 여성활동가인 이가현은 입장 차이를 더 구체적으로 이야기한다. 익명의 시위자들과 이름있는 조직들 사이에는 사회적 이슈에 대한 대응을 둘러싸고 견해 차이가 있는데, 비방과 낙인이 반복되면서 피로도가 꽤 높아져 절망감을 가져오기도 한다. 여성 범주는 어디까지인가, 혹은 남성과의 관계는 무엇이 될 것인가에 관한 논란이 계속되면서 그녀는 페미니스트로서 위치 잡기를 고심해왔음을 고백한다. 20대 페미니스트로서 어떻게 하면 지치지 않고 살아갈 것인가가 화두이다.

이러한 문제제기는 페미니스트로서 지속가능한 삶과 운동을 어떻게 할 것인가, 지속가능하게 하는 힘은 무엇인가라는 논의로 이어진다(2018 여성회의 1부). 그리고 이어 참가자들은 사이버성폭력과 마을공동체운동, 여성정치세력화 등 현안을 함께 토론한다(2018 여성회의 2부). 특히 2018년 몰카 중단을 요구하는 혜화역 시위와 #미투운동이 강한 바람을 일으키면서 페미니즘의 물결은 거세졌지만 한편으로 역풍도 컸다. 그래서 여성들은 폭력으로부터 안전한 공간을 찾는 반면 교감하고 소통할 수 있는 공간도 찾는다. 이러한 욕구들은 여성들이 단체를 조직하는 동력이 된다.

한국여성재단은 새롭게 조직되는 여성단체와 그룹들이 지속가능한 운동을 하는 데 어떤 역할을 할 수 있을까를 과제로 안는다. 동시에 페미니즘은 어떤 역할을 할 수 있을까, 여성운동을 위해 어떤 언어를 제공할 수 있을까 라는 과제 또한 참가자 모두의 몫이 된다. 그래서 2018 여성회의는 '함께'의 에너지를 모은다(2018 여성회의 4부). 함께 하는 이 힘은 혐오와 분노, 낙인을 지나 여성운동의 판을 다시 어떻게 만들 것인가라는 논의의 바탕이 된다. (196p 표 5 참조)

4. 신생 단체들의 지속가능한 운동을 위해

한국여성재단은 새롭게 시작하는 여성들의 조직을 지원하고 양성한다. 신생 여성단체와 차세대 여성들의 페미니즘 운동을 활성화시키기 위해서이다. 이름하여 신생여성단체 지원사업과 차세대 여성운동지원사업이다. 2015년부터 시행된 두 사업은 성평등 사회 조성사업의 일환이다. 그들이 페미니즘 운동에 참여한다는 것은 곧 성평등이 확산되는 것과 같다. 이를 위해서는 먼저 여성들이 서로 힘을 주며 기댈 수 있는 여성단체들을 지속가능하도록 하는 것, 그리고 여성들이 연대할 수 있는 네트워킹을 구축하는 것이 필요하다.

새로운 인식개선에 기여하다

신생여성단체 지원사업으로 한국여성재단은 2015년에 2개 단체, 2016년 3개 단체, 그리고 2017년에는 1개 단체를 지원했다. (196p 표 6 참조) 신생여성단체는 여성운동 중에서 그동안 주목받지 못하다가 부상된 분야들이다. 비혼모, 여성가장, 한부모가족, 농촌여성,

마을지역 여성집단들이다.

대표적으로 한부모가족은 자조모임으로 출발되었다가 여성운동 의제로 발전되었다. 정상가족과 대비되어 비정상가족이라는 사회적 편견 속에서 한부모여성들은 여성가장으로서 자녀들을 양육해야 하는 생활고에 시달리지만 자신에게 당면한 어려움이 개인의 문제가 아니라 사회구조의 문제임을 깨닫고 한부모운동을 세운다. 사회적으로 한부모가족은 저소득층이 많다.

전체 한부모가족 중 41%가 기초생활보장과 차상위가구에 속한다. 이 비율은 2012년에 비하면 10% 증가한 수치이다. 그러니 그들이 자립할 수 있는 정서적·물적 조건은 필수적이다. 그래서 한부모인 당사자 여성들은 자조 모임을 만들었다. 그리고 한부모와 부모들을 상담할 창구를 만들고 함께 이 문제를 다룰 기초상담원을 양성하기로 한다. 또한 지역주민들의 사회적 지지를 끌어내는 인식 개선 프로젝트를 수행하면서 한가족문제를 단순히 개인의 복지차원이 아닌 사회적 의제로 만든다.

비혼모도 유사하다. 2016년 당시 2만 5,000여 명으로 집계되는 비혼모는 사회적 편견과 경제적 고통을 겪으며 직장을 다니기가 쉽지 않다. 여성재단의 후원은 비혼모 여성들이 서로 힘주기를 하고 그 낙인의 꼬리를 끊기 위한 주민인식개선에 기여한다.

또한 가부장적 농촌문화를 바꾸기 위해 고전분투하는 농촌 거주 여성들의 활약도 후원한다. 일명 농촌 페미니즘 캠페인은 성별분업이 뚜렷한 농촌마을에서 전통적으로 여성이 하던 일을 남성주민들이 하도록 하고, 지역협의회의 운영위원을 남녀동수로 하는 방안을 제안하며, 남성주민들의 성희롱 문화를 바꾸어간다. (196p 표 6 참조)

차세대 지원사업

여성운동은 여성혐오 정동의 파고 속에 여성들의 미러링이 시작된 2015년 이후 새로운 전환을 맞는다. 2005년 개똥녀와 김치녀로 시작된 ○○녀는 모든 여성을 지칭하는 용어로 확대되고, 비단 온라인 사이트만이 아니라 광고, 대중가요, 웹툰, 개그 프로그램과 같은 매체에서도 널리 나타나고 있었다. 여성에 대한 혐오발화는 여성을 성적으로 소비하고 비하할 뿐만 아니라 여성이 무엇인지 규정하고 통제하는 효과도 낸다. 그러나 일부 여성들은 침묵하지 않았다. 메갈리아 사이트를 개설하여 여성혐오를 패러디한 미러링 전략으로 대응했다. 미러링은 문장의 주어를 바꾸어 발화자에게 되돌려주는 방식으로 여성혐오를 비틀고 낯설게 만들었다. 여성들은 남성들의 격분하는 말을 혐오가 만들어진 맥락으로부터 이탈시켜서 소음으로 만들고 이의 허구를 폭로했다.

혐오에 대한 대항행동은 이뿐만이 아니라 글쓰기를 하고 집회를 열고 동영상을 제작하는 등 다양한 방식으로 나타났다. 특히 2016년 강남역 살해사건은 수많은 여성들이 거리로 나온 계기가 됐다. 강남역에 남긴 포스트잇의 메모 '나는 우연히 살아남았다'가 말하는 것처럼 여성들은 자신이 피해자가 될 수 있다는 공포를 느꼈고 그 공감대는 컸다. 일상 공간에서 늘 그런 위협을 느꼈던 여성들은 이에 대해 분노하면서 자신에게 일어난 일들을 해석하고 이해하고 싶어 했다. 페미니즘은 그들에게 언어가 되고 힘이 됐다.

이 시기 탄생한 새로운 여성주체들은 온라인만이 아니라 오프라인에서 여성조직을 생성한다. 〈강남역 10번 출구〉, 〈나쁜페미니스트〉, 〈불꽃페미액션〉 같은 차세대 여성조직들은 여성의 몸을 다시 읽

는 작업에서부터 사이버성폭력을 규제하는 법 제정 요구까지 활발한
활동을 전개한다. 한국여성재단은 차세대 지원사업으로 2017년 10개
조직을, 2018년 3개 조직을 지원했다. (197p 표 7 참조) 메갈 세대의
새로운 물결이 힘을 갖고 지속가능하도록 물적 조건을 마련하려 한
것이다. 그래서 차세대 여성조직들이 좀 더 안정된 조건에서 활동할
수 있게 됐다. 대표적으로 〈사람을 생각하는 인권 법률 공동체 두런두
런〉은 혐오사회를 전환하기 위한 대안과 실천방법을 모색하고 성평
등 의식을 확산하는 프로그램을 개발할 수 있었다. 〈페이지터너〉는
온라인에서 그동안 전개했던 여성운동의 활동들을 책으로 기록했다.
좀 더 친절하게 페미니즘을 설명하고 홍보하는 〈사이다제작소〉의 여
성주의 창작 프로젝트도 마찬가지이다.

특히 2018년은 #미투운동이 모든 영역에서 불같이 번지며 일어
났다. 법조계에서부터 예술문화계, 종교계, 학교, 기업 등에서 여성들
은 자신의 성폭력 경험을 고발하고 신고하고 말하기 시작했다. 그뿐
아니라 1만여 명의 여성들이 혜화동 거리에 모여 몰카, 디지털 성폭
력, 페미사이드 철폐를 위한 대책마련을 국가에게 촉구했다. 빨간 물
결로 거리를 채운, 이른바 2018년 혜화역 시위는 한국사회를 들썩이
며 주목받았다. 20~30대 여성들의 불안과 공포가 무엇인가를 그대
로 보여준, 연이은 대규모 집회들은 새로운 여성운동의 이슈를 만들
어갔다. 불법촬영물 삭제와 사이버성폭력의 근절을 위한 다양한 활동
은 차세대 여성조직들이 새롭게 일구는 영역이다.

한국여성재단은 차세대 여성조직들이 여성의 몸과 성 정치학을
여성운동으로 만들어가는 과정에 힘을 보태어 그들의 노력을 더 단
단하게 만든다. 이를테면 〈Digital Sexual crime Out〉은 디지털성범

죄 인식 개선을 위한 활동을 펼친다. 〈BOSHU보리의 충청도 방언〉는 여성 축구팀 FC우먼스플래잉을 만들어 여성들의 참여를 독려하고 스포츠의 젠더 편견을 깬다. 페미니즘 관점으로 여성의 몸을 깨우고 재구성하는 것이다.

차세대 지원사업은 여성운동의 성장과 확산을 위한 여성들의 네트워킹 사업에도 기여한다. 서울에 소재하는 대학 내 여성주의 동아리 구성과 활동을 촉진시킨다. 또한 서울만이 아니라 대전, 광주, 부산, 대구, 울산 등에서 활동하는 학내 20~30대 여성들의 활동을 지원한다. 그래서 여성들은 지역 내 여성활동가들과 서로 연결하고 지역을 넘어 전국으로 연대하면서 서로를 성장시킨다. 나아가 〈부산의 대학여성운동 역사복원 프로젝트팀 브릿지BRIDGE〉의 경우는 1985년부터 2005년까지 20년간의 타임라인을 만들고, 당시 대학에서 활동한 여성운동가들의 경험을 기록하여 과거와 현재의 운동을 연결한다. 그래서 지역 여성운동을 역사화한다. (197p 표 7 참조)

5. 페미니즘들의 비전 되기

(1)
쉽게 만날 수 없는 세대들을 한자리에서 만나는 기회.
다양한 페미니스트들을 만나고 생각을 나눌 수 있었다.
소통에 대한 설렘이 다시 생겼다.
공감할 수 있음을 확인했다.

(2)

새로운 여성주의 흐름을 알 수 있었다. 그 안에서 내가 하는 운동이 어딘지 보았다.

내 사고가 확장됐다.

내가 해야 할 몫이 있음을 확인하는 자리였다.

페미니즘은 계속 변화하고 움직인다. 주체적으로 운동할 힘을 얻었다.

(3)

돌아가서 계속 하겠다.

우리는 계속/함께/이어달린다.

참정치, 감정, 쾌락의 페미니스트, 공동체의 부지런한 일꾼으로 이어 달리자.

서로 지지하고 연대해 나가는 것, 함께 천천히 걸어가는 방법을 찾겠다.

페미니스트로서 동력을 나누면 좋겠다.

우리가 딸 새판이 무엇인지 좀 더 구체적인 논쟁으로 이어지길 바란다.

여성회의 참여자들의 소감이다.6 첫 (1)은 다양한 여성들의 만남과 소통, 공감이 이루어진 곳이 여성회의라고 말한다. (2)는 페미니즘 지식의 확장, 앎을 통해 내적 힘을 키우며 자아를 돌보는 여성개인을 보여준다. (3)은 여성들이 '우리'가 되어 함께 연대하고 지지하며 달리는 지속가능성을 다짐하는 내용이다.

여성회의는 이렇게 활동가 개인들이 숨결을 고르고 때로 위안을 받으며 우리의 운동과 개인 삶의 어울림을 생각하는 시간이자 공간이

---

6 2014 여성회의, 2016 여성회의, 2018 여성회의 참가자들의 평가 중 공통의 내용을 발췌했다.

었다. 무엇보다 여성회의는 서로 다름을 확인하나 여성들 사이의 차이를 위계화하지 않으며, 이 가운데 서로 협력하고 연대하는 힘을 생성하려는 다각적인 시도가 펼쳐진 마당이었다. 여기에는 운동 주체와 내용, 방식이 사회문화적 조건에 따라 다변화하므로 운동을 돌아보고 돌보는 성찰이 수반됐다. 그리고 활동가들과 연구자들은 현장의 요란한 소리들을 언어화하고 해석하면서 운동의 아젠다를 발굴하고 운동의 비전을 내다보았다. 그 과정에서 그들은 때론 충돌하고 갈등하지만 막다른 길에서 폐쇄적 숨막힘을 봉합하진 않았다. 어디엔가 만나는 길이 있음을 믿었고 그 길을 찾으려 했다. 여성들이 서 있는 곳이 다양하고 다중적인 만큼 다양성과 다중성이 통하고 교차하는 곳이 여성회의였다. 이 공론장에서 여성들은 놀고 휴식하고 토론하며 여성운동을 사유했다. 말 그대로 여성회의는 페미니즘의 자원이자 여성운동이자 역사였다.

이제 여성회의는 연결망이나 공론장에서 나아가 플랫폼임을 상상해본다. 모여서 다양한 아젠다를 나열하고 공유하는 것에서 나아가 여성들이 창출하는 정보와 지식, 가치가 교환되고 움직이면서 강한 파동을 일으키는 상생의 공간. 비슷한 내용과 동질의 취향을 공유하는 통합 공간이 아닌, 꽤 다른 정보와 경험의 해석이 함께 섞이고 유동하는 이질적이고 혼종적인 공간. 말 그대로 정적인 연결망에서 움직이는 플랫폼으로의 탈바꿈이다. 유용한 정보가 풍부하게 교류되고 페미니즘 운동의 발칙한 모델들이 생성되고 유통되는, 그리고 낮은 문턱으로 유연하게 넘나드는 공간을 상상해보자. 사이버의 가상공간만이 아니라 여성회의 실제 공간에서 말이다.

표 1. 여성회의 목록

회수	여성회의 제목	일시	장소
1	여성운동 새로운 전환의 모색	2011.4.28~4.30	한국여성수련원
2	한국여성운동의 전환을 꿈꾸다	2014.10.17~10.18	한국여성수련원
3	새로운 물결 페미니즘 이어달리기	2016.9.22~9.23	충남아산 ㈜교원구몬 도고연수원
4	페미니즘 함께 달리기	2018.8.31~9.1	한국여성수련원

표 2. 2011 여성회의 세부 내용

구분	주제	세부 내용
1부	그룹 다이나믹스	소통하라, 그러면 열릴 것이다!
	비전토크	발표 5명 : 여성운동, 역사를 넘어 오늘을 만나다
	세션1 2011년, 여성운동의 안부를 묻다	발표1 신자유주의 경제 하의 생활정치와 여성운동
		발표2 2011 여성운동 현장에서 생각나는 것들
		지정토론
2부	세션2 전환을 위한 실험, 위기 혹은 기회	발표1 그날 저녁의 페미니즘, 새벽의 아이디어 그리고 로그인
		발표2 동네한바퀴—풀뿌리 여성들의 일상 속으로
		발표3 에코페미니즘—여성들과 건강한 마을을 꿈꾸다
		발표4 대전여민회 20년 새로운 분화와 재정립을 꿈꾸다
		발표5 노동운동의 여성주의, 따로 혹은 함께
	세션3 여성운동 리-디자인 : 이슈부터 운동방식까지	여성노동 분과 : 여성노동운동, 패러다임의 성찰
		여성과평화 분과 : 비폭력을 향한 여성들의 운동 그리고 성찰
		환경생태 분과 : 생명 위기와 여성
		정치 분과 : 여성을 살리는 정치, 정치를 살리는 여성
		여성폭력 분과 : 갇힌 여성폭력/피해자, 변태하다
		섹슈얼리티 분과 : 섹슈얼리티 정치와 여성운동
		전체보고와 토론
		여성활동가의 밤 : 우리의 밤은 당신의 낮보다 아름답다
3부	세션4 여성운동, 새길을 찾다	전체 프로그램 논의와 보고
		여성운동의 과제와 전망, 비전 토론

표 3. 2014 여성회의 세부 내용

구분	주제	세부 내용
1부	여성운동의 진단과 전망	발표 4명, 모둠토론, 종합토론
2부	여성운동의 전환을 위한 대화	1분과 여성운동은 왜 마을로 들어가야 하는가?
		2분과 사회적 이슈와 여성주의는 어떻게 만날 것인가?
		3분과 사회적 경제, 여성들에게 희망이 될까?
		4분과 거버넌스와 제도화 전략은 여성운동에 어떤 영향을 미치는가?
		5분과 여성학과 여성운동의 농염한 대화 : '그리고'를 넘어서
		6분과 여성운동의 활동가 재생산, 어떻게 할 것인가?
		7분과 농업과 먹거리의 위기, 여성운동은 어떻게 응답할 것인가?
		자유대화
3부	새로운 여성운동의 기획과 전략	분과별 패널발표, 종합토론 / 참가 소회 나눔

표 4. 2016 여성회의 세부 내용

구분	주제	세부 내용
1부	여는 강연	강연1 2016년 한국사회, 그리고 페미니즘의 도전
		강연2 여성혐오, 페미니즘 물결로 맞서다
2부	페미니즘 이어달리기	발표 5그룹 : 페미니즘 새로운 물결이 일다
		패널 5명 : 여성운동 톡톡 — Herstory 이해를 위한 대화
	분과토론 : 페미니즘 이어달리기	1분과 젠더폭력
		2분과 여성노동
		3분과 여성정치세력화
		4분과 여성주의 문화운동
		5분과 생태주의와 여성
		6분과 퀴어 페미니즘
		영화상영(페미니스트 정당 창당기), 참여자 주도 프로그램
3부	분과토론 결과발표와 종합토론	발표와 토론 : 문제의식 공유 및 연대를 통한 확산 전략
		마무리 100인 선언 : 2018년을 향하여

표 5. 2018 여성회의 세부 내용

구분	주제	세부 내용
1부	그룹 다이나믹스	질문 있습니다!
	세대 간의 대화 : 우리 지치지 않고 계속 할 수 있을까	발표1 함께 새판짜기를 위하여
		발표2 페미니스트 되기, 그리고 페미니스트로서 살아가기
		발표3 페미니즘, 마라톤, 그리고 파워에이드
		질의응답과 토론
	나의 경험 나누기	나를 지속하게 하는 힘
2부	우리의 힘 모으기 : 주요 여성 이슈 발표	이슈1 불법촬영 문제를 통해 바라보는 여성운동의 새로운 과제
		이슈2 동네에서 말하고 설치고 생각하는 페미니스트의 이야기
		이슈3 여성정치세력화, 적극적 조치에서 국민주권으로
		이슈4 기타 현장에서 주제 선정 및 모듬 구성
	이슈별 집중 토론	이슈1 온라인 성폭력
		이슈2 동네 페미니스트
		이슈3 여성정치세력화
		이슈4 기타 현장에서 주제 선정 및 모듬 구성
3부	네트워킹 파티	격려와 위로의 퍼포먼스 : 몸으로 하는 여성 & 써클댄스
	아침열기	바닷가에서 함께 하는 써클댄스
4부	종합토론 및 폐회	함께 토론하기

표 6. 신생여성단체 지원사업명

연도	단체명	사업명
2015	관악여성회	여성들의 성평등 의식 UP 프로그램
2015	인천한부모가족지원센터	홀가족이 되기 위한 홀걸음
2016	문화기획달	농촌성문화 다시보기 이제 "퉁치지 말자"
2016	변화된 미래를 만드는 미혼모협회 인트리	새로운 반의 시작
2016	인천한부모가족지원센터	우리는 홀가지
2017	부산한부모가족센터	도약을 뛰어넘어 꿈이 현실로

표 7. 차세대단체 지원사업명

연도	단체명	사업명
2017	Digital Sexualcrime Out	디지털 성범죄 개선 및 근절 사업
2017	FACE	청춘, 나의 첫 페미니즘
2017	강남역10번출구	영-영 페미니스트 그룹 연대 "꼴펨유니온(가)" 결성 사업
2017	나쁜페미니스트	강남역 여성혐오 살해사건 1년. 지금, 여기, 우리
2017	불꽃페미액션	누구도 알려주지 않았던 언니들의 성교육
2017	사람을 생각하는 인권 법률 공동체 두런두런	떠들고 움직이는 페미니즘, 와글와글
2017	사이다제작소	언어와 미디어를 비트는 여성주의 창작 프로젝트
2017	여성과 남성이 다르지도 똑같지도 않은 이유	학내 여성주의 운동 부활을 위한 프로젝트
2017	여성주의 컨텐츠 상영회 〈페미씨네〉	페미씨네 달빛극장
2017	페이지터너	온라인 페미사이드를 넘어서
2018	BOSHU	여성이 모이다, 몸을 깨우다
2018	BRIDGE	특명, 언니를 찾아랏!
2018	범페미네트워크	전국 페미니스트 네트워크 강화사업

참고문헌

- 한국여성재단 (2011), 『2011 여성회의 자료집: 여성운동, 새로운 전환의 모색』
- 젠더네트워크 (2011), 『2011 여성회의 최종보고서』
- 한국여성재단 (2011), 『여성회의 준비회의 회의록(1차, 2차, 3차 4차)』
- 한국여성재단 (2011), 『여성회의 평가회의 회의록(1차, 2차, 3차)』
- 한국여성재단 (2014), 『2014 여성회의 자료집: 한국여성운동의 전환을 꿈꾸다』
- 한국여성재단 (2014), 『여성회의 평가회의 회의록』
- 한국여성재단 (2014), 『여성회의 평가설문조사 분석』

- 한국여성재단 (2015), 『성평등사회조성사업 결과보고서』
- 한국여성재단 (2016), 『2016 여성회의 자료집: 새로운 물결 페미니즘 이어달리기』
- 한국여성재단 (2016), 『여성회의 현장속기록』
- 한국여성재단 (2016), 『여성회의 평가회의 회의록』
- 한국여성재단 (2016), 『성평등사회조성사업 결과보고서』
- 한국여성재단 (2017), 『성평등사회조성사업 결과보고서』
- 한국여성재단 (2018), 『2018 여성회의 자료집: 페미니즘 함께 달리기』
- 한국여성재단 (2018), 『여성회의 평가회의 회의록』
- 한국여성재단 (2018), 『여성회의 현장속기록』
- 한국여성재단 (2018), 『2018년 미투 기금 지원사업 기획안』
- 한국여성재단 (2018), 『성평등사회조성사업 결과보고서』

한국여성재단 2000~2019
연도별 지원사업

지정기탁

▪ SBS ARS 모금특별생방송_저소득모자가정 겨울나기 지원사업

한국여성기금

▪ 일본군 성노예전범 국제법정에 참가하는 정신대 할머니 여비지원사업 (한국정신대문제대책
 협의회)

지정기탁

▪ 미래동반자재단_여성실업자 재취업교육 지원사업

한국여성기금

▪ 시소게임―지역내 부부 성평등의식조사 (충남성폭력피해상담소)
▪ 장애여성의 성인식 실태조사 (장애여성공감)
▪ 농촌지역중심 여성건강증진 교육프로그램 개발을 위한 조사연구 (대한여성건강학회)
▪ 여성의 정치참여확대를 위한 사업 (한국여성단체협의회)
▪ 나의 삶에서 우리의 평화를―여성주의와 인간보호 (매매춘근절을 위한 한소리회)
▪ 2003 지구정상회담 NGO포럼 및 아시아 여성환경회의 참가지원 (여성환경연대)
▪ 나를 찾아 떠나는 여행:여성, 몸, 성 워크숍 (한국여성민우회 가족과성상담소)
▪ 비혼여성자리찾기 (대구여성회)
▪ 여성문제 대중정론지 〈여성과 사회〉 제14호 발간 (한국여성연구소)
▪ 3.8세계여성의날기념 비정규직 여성권리의식향상을 위한 문화공연 (서울여성노동자회)
▪ 성차별적 문화개혁과 양성평등문화확산을 위한 여성문화제 (한국여신학자협의회)
▪ 대상별 여성주의 성교육사업 (서울여성의전화)
▪ 삶의 질을 향상시키는 여성장애인 문화학교 (복지세상을 열어가는 시민모임)
▪ 평화교육전문가 양성을 위한 강사트레이닝 및 여중생 평화캠프 (평화를 만드는 여성회)
▪ 학교로 찾아가는 남녀평등 교육극 (어린이문화예술학교)

- 가정폭력예방 근절을 위한 가정폭력전문상담원양성교육 프로그램 (인천 내일을 여는 집 부설 가정폭력상담소)
- 남녀평등확산사업-21세기 남녀평등대학 (부산성폭력피해상담소)
- 빈곤지역 공부방 여성실무자 지역사회조직활동촉진을 위한 여성지도력 개발 프로그램 (부스러기사랑나눔회)
- 이주노동자지원활동가를 위한 양성평등교육 프로그램 (한국교회여성연합회)
- 지역사회 여성NGO활동가 양성을 위한 여성리더십아카데미 (한국여성지도자연합)
- 국회여성보좌진 양성교육 (한국여성정치연구소)
- 여성주의 성교육 워크숍 (한국여성의전화연합)
- 학습동아리 활동을 통한 지역여성의 새로운 사회적역할 모델개발 프로그램 (녹색 삶을 위한 여성들의 모임)
- 여성지역사회교육-주부의 힘으로 마을 공동체를 만든다 (금샘사랑방문화클럽)
- 21세기 일하는 아름다운 여성을 찾습니다 (광주YMCA)
- 여성지도자리더십 개발을 위한 갈등중재 훈련 프로그램 (광주전남여성단체연합)
- 제주도 가정폭력, 성폭력 상담기관 및 쉼터 종사자를 위한 명상치료 워크숍 (한빛여성의쉼터)
- 여성운동발전을 위한 지도자 수련회-업그레이드 여성운동 만들기 (한국여성단체연합)
- 여성노동운동가 양성 및 리더십 향상을 위한 교육훈련 (한국여성노동자협의회)
- 전국여성지도력향상교육 (전국여성노동조합)
- 빈곤여성가장의 자아개념 강화를 위한 문화 프로그램 (부산진구종합사회복지관)
- 빈곤여성가장의 가족기능 강화를 위한 지역사회 통합적접근 프로그램 (삼전종합사회복지관)
- 빈곤여성가장 종합지원사업 (광주여성노동자회)
- 저소득 실직여성가장의 생활력 향상을 위한 통합적 접근 프로그램 (남산종합사회복지관)
- 한부모가족-자기개발을 위한 창작교실 (군포여성민우회)
- 저소득층 중장년여성 직업훈련 및 취업알선 (중풍치매전문간병인회)
- 소외된 여성계층을 위한 나를 찾아 떠나는 테마여행 (수궁원)
- 저소득 모자가정의 가족기능강화를 위한 집단상담 프로그램 (월성종합사회복지관)
- 홀로된 여성을 위한 슬픔치유 프로그램 (각당복지재단)
- 정신지체 여성장애인들을 위한 성폭력예방 프로그램 (경원사회복지회부설여성장애인성폭력상담소)
- 여성장애인 자립생활 프로그램 개발을 위한 실태 및 욕구조사 (대구여성장애인연대)
- 여성장애인을 위한 생활정보가이드북 (부산여성장애인연대)
- 이주여성노동자의 문화적 갈등해소를 위한 한국문화체험 프로그램 (기독여민회)
- 가정폭력 피해 여성의 사회기능강화 프로그램 (잠실종합사회복지관)
- 성매매 피해 여성 직업재활 프로그램 작품 전시회 (새움터)

지정기탁

- 미래동반자재단_여성실업자 재취업교육 지원사업
- SBS ARS모금특별생방송_저소득모자가정 지원사업
- 영국부인회_성매매 피해 여성 지원사업

2003 ···

한국여성기금

- 법조인들의 성의식·성평등 의식 실태조사와 대안모색을 위한 공개세미나 (한국성폭력상담소)
- 여성인권운동 20년, 〈인권백서〉 발간사업 (한국여성의전화연합)
- 가정폭력예방·근절을 위한 가정폭력 전문상담원 양성교육 프로그램 (경기여성연대)
- 실업계 여고생 진로탐색 워크숍, 2003 나를 위한 세상 열기 (대전여민회)
- 평등 민주사회 실현을 위한 삶의 정치교육 (안양여성회)
- 가정폭력예방·근절을 위한 가정폭력 전문상담원 양성교육 프로그램 (인천 내일을 여는 집)
- 자신있는 삶을 위한 여성강좌와 문화체험 및 인적 네트워크 구성 (전국여성노동조합인천지부)
- 이주노동자 자원활동가를 위한 양성평등교육 프로그램 (한국교회 여성연합회 외국인노동자상담소)
- 여성정치리더십 개발을 위한 모의 유세대회 (한국여성유권자연맹)
- 청소년 정치캠프, 미래의 여성정치인을 꿈꾸며 (여성정치세력민주연대)
- 성평등 및 성폭력 예방 교육을 위한 인형극 공연 (강릉성폭력상담소)
- 정신지체장애인을 위한 너와나, 우리 몸 지키기 (경원사회복지회 부설 여성장애인 성폭력상담소)
- 아빠와 딸을 위한 동화 (마산YWCA)
- 여성 아르바이트 상담전화 운영 매뉴얼 제작 (서울여성노동자조합)
- 여성 사이버 행동력 향상을 위한 인터넷 환경 개발 (언니네)
- 일상생활속의 성상품화 전시회, 밀실에서광장으로 (여성문화인권센터)
- 딸들을 위한 캠프 (전주여성의전화)
- 성교육을 통한 자아성장 : 저소득층 및 시설 청소년을 위한 집단 프로그램 (천주교 성폭력상담소)
- 성적 의사결정 능력향상을 위한 워크숍 및 캠프 (한국여성민우회 가족과 성 상담소)
- 전북여성영화제 여성영화 아카데미 (전라북도여성단체협의회)
- 여성의 정치세력화, 광주에서 열어간다 (대한어머니회광주연합회)
- 주민자치 여성참여 확대를 위한 리더십 교육 (전북여성단체연합)
- 여성이 만드는 평화의 아파트 (제주여민회)
- 노동조합 여성지도력 향상교육 (전국여성노동조합)

- 2003 전국여성운동가 한마당:몸·마음으로 통하는 아름다운 여성연대 (한국여성단체연합)
- 전국 여성단체 정책실무자 워크숍 (한국여성단체협의회)
- 3.8 세계여성의 날 기념, 여성노동자 걷기 대회 (한국여성노동자회협의회)
- 일본군성노예와 강제노동 국제회의 참가 및 국제 NGO포럼 (정대협)
- 한부모 여성가정 및 취업전 자녀의 자활을 위한 자기기능 능력증진 훈련 프로그램 (각화종합 사회복지관)
- 여성가장 삶의 만족을 위한 집단활동 프로그램 (구미아동상담센터)
- 저소득·빈민여성을 위한 엄마와 딸이 함께하는 행복만들기 (날뫼터)
- 영구임대아파트 밀집지역의 저소득 모자세대의 정서지지 및 가족기능 강화를 위한 통합적 접근 프로그램 (등촌7종합사회복지관)
- 저소득층 중장년 여성 취업알선을 위한 임산부·산모도우미 교육 프로그램 (마산사랑의전화)
- 빈곤여성 한부모의 심리적·정서적안정과 사회적 인식개선을 위한 프로그램 (울산여성회)
- 빈곤여성가장의 가족기능 향상을 위한 통합적 접근 프로그램 (장안종합사회복지관)
- 가정폭력 피해 여성의 욕구충족 프로그램, 나도 할 수 있다!(제주상담센터 부설 가정폭력상담소)
- 가정폭력 피해 여성의 심리사회적 잠재역량개발을 위한 임파워먼트 (잠실종합사회복지관)
- 성매매 피해 여성 자립(창업)기금 마련을 위한 콘서트, 언니에게 희망을!(새움터)
- 자립을 위한 소녀들의 직업체험 기행 (은성직업기술원)
- 기지촌에 유입된 외국인 성매매 피해 여성들을 위한 문화복지 프로그램 (두레방)
- 좋은 엄마가 되고 싶어요! 여성시각장애인의 자녀양육지원사업 (실로암시각장애인복지회)
- 비혼여성의 지위향상과 네트워크 구축을 위한 지원사업 (연제가정폭력상담소)
- 여성단체 실무자 연수 프로그램 〈짧은 여행, 긴 호흡〉 지원사업

한국여성기금(수시)

- 호주제폐지시민연대_호주제 폐지, 평등가족실현 시민한마당사업
- 시민단체연대회의_풀뿌리지역 시민운동 사례공모사업
- 2004년 17대 총선연대_여성정치참여확대사업
- 참여여성노동복지터_여성단체 설립기반 지원사업

지정기탁

- 교보생명_ 외국인여성노동자 교육사업 (이주여성노동자)
- 교보생명 사회공익단체 역량강화를 위한 빔프로젝터 지원사업
- 우림건설_우림루미아트 여성장학금 지원사업 (청소년)
- 한국 P&G_실직여성 직업훈련 프로그램 지원사업
- (주)이폴리머_빈곤여성 생활비 지원사업

- 김성주사장_여성장애인 경제적 자활 돕기 위한 컴퓨터 지원사업 (여성장애인)
- 최종근·이연자씨 부부_청각장애학생 치료비 지원사업 (매월 100만원씩 10개월간)
- CJ·LG홈쇼핑_한부모가족 한가위선물나눔 지원사업

2004 ···

한국여성기금

- 평등가족의 새로운 명절문화 만들기 (김해여성회)
- 성평등 사회정착을 위한 TV드라마 바로보기 및 설문조사 (미디어세상열린사람들)
- 언니네 사이트·여성네티즌과 여성단체,소규모 여성모임 (언니네)
- 전북여성영화아카데미-2기 (전북여성단체협의회)
- "끌려간여성들 빼앗긴여성들" 중국거주 위안부피해자 여성사진 영상전시회 및 포토에세이집 발간 (평화인권센터일본군위안부역사관)
- 여성노동영화제 및 전국 릴레이 상영회 (한국여성노동자회협의회)
- 대학내 반성폭력문화 확산을 위한 워크숍 및 학내캠페인 (한국여성민우회 가족과성상담소)
- 여성문제 대중정론지 〈여성과 사회〉 2004년분 발간 (한국여성연구소)
- 여성정치세력화를 위한 유권자의 의식조사 및 실천전략개발 (울산여성회)
- 아줌마 내공 프로그램 (줌마네)
- 지방분권시대 여성의 지역자치학교 "지역자치여성이 맡는다"(경남여성회)
- 풀뿌리 여성지도자 활동 사례개발 및 역량강화훈련 프로그램 (녹색 삶을 위한 여성들의 모임)
- 나눔과 이음을 위한 지역 여성학 강사 워크숍 및 네트워킹 (부산여성사회교육원)
- 여성이 만드는 평화의 아파트—두 번째 (제주여민회)
- 지역생활정치를 일구는"여성자치학교"(춘천여성민우회)
- 더 좋은 상담—성폭력 사건 지원자를 위한 매뉴얼북 제작 배포 (한국성폭력상담소)
- 2004 여성의 자기표현 워크숍 (여성문화예술기획)
- 비정규직 여성노동자 세력화를 위한 교육활동 (전국여성노동조합)
- 자신있는 삶을 위한 여성강좌의 문화체험 및 인적네트워크 구성 (전국여성노동조합인천지부)
- 2004 우리농업지키기 여성농민한마당 (전국여성농민회총연합)
- 여성평화운동 업그레이드 "여성평화운동 지도력 향상 및 인프라 형성"(평화를만드는여성회)
- 2004 보육의 세기를 열어갈 전국보육교사 한마당 (한국보육교사회)
- 21세기 여성운동의 전망 만들기 (한국여성단체연합)
- 전국활동가수련회-우리는 희망 (한국여성의전화연합)
- 남녀가 함께 웃는 세상을 향한 태백여성한마당 (태백가정폭력상담소)
- 아시아여성환경회의-젠더와 물 (여성환경연대)

- 빈곤여성한부모의 자신감 회복을 위한 역량강화 프로그램 (서울YWCA가락종합사회복지관)
- 가정폭력 피해 여성의 장기적 사례관리를 위한 자조모임 조직화 프로그램 (잠실종합사회복지관)
- 창문 밖 세상 만들기 (제주상담센터부설가정폭력상담소)
- 성매매 피해 여성의 자존감 회복을 위한 연극치유 프로그램 (성매매 근절을 위한 한소리회)
- 탈성매매 여성을 위한 치유 및 자활 프로그램 "다시 시작하기"(여성문화인권센터)
- 보호시설 청소녀를 위한 방문 성교육 (천주교성폭력상담소)
- 여성장애인의 복지전문모니터 인적자원개발 (대구여성장애인연대)
- 여성이주노동자들과 함께 가꾸는 건강한 노동, 아름다운 생활 (외국인이주노동자 대책협의회의료공제회)
- 이주여성노동자를 위한 여성주의 성교육 프로그램 (한국교회 여성연합회 부설 외국인여성노동자상담소)
- 광주전남지역의 한국남성과 혼인한 이주여성의 실태조사 및 토론회 (한국여성의전화연합광주지부)
- 전북지역 여성농민 농부증 예방을 위한 건강교실 (전북여성농민회연합)
- 우울한 오후에 날개달기 (우울문제가 있는 알코올 의존자 부인대상 생활구조개선 프로그램, 중랑한울지역정신건강센터)

맑은정치여성기금

- 총선여성연대 유권자 캠페인 (총선여성연대)
- 17대 여성국회의원 축하연 (맑은넷, 총선여성연대)
- 맑은정치여성네트워크 실무자 인건비 지원 (맑은정치여성네트워크)
- '2004 국정모니터-평등국회지킴이 사업' 및 『한국의 여성정치세력화운동 어디까지 왔나』 단행본 발간 (여성정치세력민주연대)

한국여성기금(수시)

- 시민리더십컨퍼런스 지원사업 (시민의신문)
- 제2회 풀뿌리 지역시민운동 사례 공모사업 (시민사회단체연대회의)
- 제9회 아시아 이주노동자회의 지원사업 (외국인이주노동자대책협의회)
- 어린이 성폭력 피해자지원을 위한 토론회 (전국성폭력상담소.피해자보호시설협의회)

지정기탁

- 교보생명_〈짧은 여행, 긴 호흡〉
- (주)이폴리머 _빈곤여성생활비 지원사업

- 성주디앤디_한국여성재단 지원
- 성주디앤디_차세대 리더 개발 장학사업
- 우림건설_우림 루미아트 장학금
- 우림건설_소년소녀 해외여행
- SK Telecom_남북여성교류 연구지원사업, 한국여성재단 홍보비 지원
- CJ, 유한킴벌리, 애경포인트_빈곤여성가장 한가위 선물나눔
- 장인마루_성매매피해여성쉼터 은성원 마루 시공

2005 ···

한국여성기금

- 미디어 속의 여성 바로보기 (미디어세상열린사람들)
- 양성평등교육을 통한 여성의 지역사회 활동강화 (살기좋은우리(금천)구만들기여성회)
- 강원도 내(춘천/원주/강릉/속초) 대학생 성매매 예방캠페인 "성매매 근절! 이젠 자기선언이다"(속초성폭력상담소)
- 제2회 언니네 페미니즘 캠프 (언니네)
- 용인 시민단체회원 양성평등의식 확산을 위한 워크숍 (용인여성상담소)
- 전북여성영화제 여성영화아카데미-3기 (전북여성단체협의회)
- 여성의 눈으로 역사 바로보기 "여성문화발굴단"(제주여민회)
- 어린이성교육인형극단교육및활동지원사업-"호호아줌마랑 놀자!"(충남성폭력상담소)
- 페미니즘과 대안적 가치:최근의 한국사회변화에 관한 젠더분석과 전망모색 (한국여성연구소)
- 2006 지방자치선거 여성후보양성 프로그램 (경남여성회)
- 새 정치의 희망, 여성이 일군다 (광주전남여성단체연합, 광주시여성단체협의회, 광주YWCA)
- 중,고령 여성을 위한 "원예관리사 양성과정" 개발 및 일자리연계사업 (여성이만드는일과미래)
- 청소년 정치캠프 "정치야놀자"(여성정치세력민주연대)
- 여성정치세력화를 위한 지역네트워크 구성과 기반조성사업 (울산여성회)
- 2005여성노동자 현실과 희망 사진전 및 게릴라 버스캠페인 (한국여성노동자협의회)
- 북한이주여성과 더불어 살아가는 연습 : 이해와 소통을 위한 프로그램 (또하나의문화)
- 레즈비언 전시"작전L"과 레즈비언 문화생산자 네트워크 구축사업 (한국성적소수자문화인권센터)
- 성폭력 피해자 권리보장을 위한 〈성폭력-법적 쟁점 분석 워크숍〉 및 법조인, 예비법조인 대상 교재 단행본 〈피해자 관점에서 보는 법담론〉 발간 (한국성폭력상담소)
- 해방60주년, 이제는 일본군 '위안부' 피해 여성들에게 명예와 인권을!(정대협)
- 전여대협 제2회 역사기행 (전국여대생대표자협의회)
- "여성이 만드는 새로운 세계는 가능하다" 신자유주의 세계화와 새로운 여성운동의 과제도출

- 을 위한 전문가 워크숍 및 심포지움 (한국여성단체연합)
- 〈한국여성평화운동사〉 발간 (평화를만드는여성회)
- 한부모가족이 함께 나누는 '행복지수 높이기'(부산여성회한부모가족자립센터)
- 자조모임을 통한 한부모 여성가장 힘기르기 프로그램 (이화부설성산종합사회복지관)
- 성매매 피해 여성을 위한 self-up & growth 프로그램 개발 및 실시 (다시함께쉼터)
- 살림(survivors)사는 여자들, 글쓰다 (성매매 피해 여성지원상담소'살림')
- 가정폭력 피해자 임파워먼트 향상을 위한 집단프로그램 "새로운 시작을 위한 힘찬 도약"(여성문화인권센터)
- 장애여성공감 난장 '일평단심:한 평의 공간 단단한 마음'(장애여성공감)
- 장애여성, 섹슈얼리티 그리고 정체성 찾기 (장애여성문화공동체)
- 이주여성노동자 모아보호 (남양주이주노동자여성센터)
- 이주여성이 함께 만든 평화의 섬 제주 "우리도 제주사람 이우다"(한빛여성의쉼터)
- 전북지역 여성농민 농부증 예방을 위한 건강교실 (전국여성농민회총연합전북연합)
- 정신지체 자녀를 둔 역량강화 프로그램 (경원사회복지회부설여성장애인성폭력상담소)
- 동대문의 불을 밝히는 봉제의류 여성노동자들의 삶에도 희망의 불씨를!(참여성노동복지터)

새날기금

- ESCAP 아시아 태평양 여성환경회의 (여성환경연대/대전여성환경포럼)
- 세계여성운동의 전망모색과 연대를 위한 국제세미나 (한국여성노동자협의회·전국여성노동조합·CAW)
- 갈등, 분쟁 해결을 위한 글로벌여성평화리더십 만들기 (평화를만드는여성회)
- 동남-동아시아지역 여성농민지도자연수 (전국여성농민회총연합)
- 이주여성 인권지원을 위한 활동가 국제활동 역량강화 프로그램 (한국여성의전화연합)

한국여성기금(수시)

- 3·8 세계여성의날기념 시민사회단체활동가를 위한 젠더감수성훈련 (시민사회단체연대회의, 제21회 한국여성대회준비위원회)
- 호주제 폐지 축하연 (호주제 폐지를 위한 시민연대)
- 2005 안티성폭력페스티벌 porNO porNA(IF, 꿈꾸는지렁이들의모임 등 15개 단체)
- 제3회 시민과 함께 성장하는 풀뿌리지역시민운동 사례공모 (여성발전기금의 합리적 운용을 위한 공동대책위원회)
- 여성발전기금의 존치와 합리적 운용방안 마련을 위한 사업 (아시아이주여성포럼준비위원회)
- 아시아 이주여성 포럼 (워크숍) (아시아이주노동자포럼, 외국인이주노동자대책협의회 등)
- 2006 지방선거 여성정치참여 확대를 위한 '생활자치·맑은정치여성행동' 발족 및 여성의 지방

의회참여 여론확대사업 (생활자치·맑은정치여성행동)

지정기탁

- 교보생명_〈짧은 여행, 긴 호흡〉
- 교보생명_사회공익단체 역량강화를 위한 빔프로젝터 대여사업 (총7대)
- 교보생명_서울여성의전화 부설 중부여성쉼터 전세자금 지원사업
- 교보생명_도움닫기 프로젝트
- 한화, 한화건설_여성노숙인드롭인센터 마련 지원사업
- 삼성코닝 정밀유리_새생명·새희망 불임치료 지원사업
- 우림건설_우림 루미아트 여성장학금 지원사업
- 태평양_'2005 남북여성통일행사' 물품지원
- 유한킴벌리_한가위 선물나눔
- 풀무원_한가위 선물나눔
- 애경_3·8 세계여성의날기념 빈곤여성가장 물품지원
- SK Telecom_SKTelecom과 함께하는 행복PC 지원
- 이기열 모금위원(덕수케미칼)_시청각장애를 가진 여성공익활동가를 위한 물품지원
- 샘터 봉사회_여성지도자 양성을 위한 교육지원금 지원
- PBMS_여성노숙인 응급구호 물품지원
- PBMS의 론가우드 사장 부자_여성노숙인쉼터 우리들의좋은집 여성정보화사업 물품지원
- 현대인재개발원여성리더십센터_여성NGO리더교육 후원사업
- 농협사료_여성농민정책토론회 지원사업
- CJ홈쇼핑_빈곤여성가장 및 가족 대상 여성건강기금지원사업
- 박승철헤어스튜디오_박승철헤어스튜디오 저소득층 여성 전문 헤어디자이너 양성 프로젝트

2006 ···

한국여성기금

- 웰컴 투, 희망정치! 여성유권자가 지역을 바꾼다 (경남여성회)
- 2006년 지방선거를 위한 여성후보 발굴과 유권자 교육 (광주광역시여성단체협의회)
- 제1기 여성주의 미디어 액티비스트 양성교육워크숍—미디어, 빼앗긴 소통의 창구 (대안영상문화발전소아이공)
- 지역의 희망, 여성의 정치참여- "정치횡단 프로젝트"(대전여민회)
- 주부의 힘으로 마을공동체학교 만들기-안성지역 여성인력개발을 위한 문화예술교육 Educa-

tor양성교육 (여럿이함께만드는학교)

- 여성의 사회참여 확대를 위한 '환경건강관리사' 양성 프로그램 (여성환경연대)
- 북한 이주청소녀와 함께하는 여성주의학교 (또하나의문화)
- 딸들을 위한 평등성문화, 성교육 교실 (밀양성폭력상담소)
- 3회 언니네트워크 페미니즘 캠프 (언니네)
- 전여대협 3회 '여성역사기행' (11기전국여대생대표자협의회)
- 어린이 성교육 인형극단 보수교육 및 활동지원사업 (충남성폭력상담소)
- 아자! 양성평등 가족문화는 엄마손으로 (한국걸스카우트연맹)
- 여성인권영화제 "여전히 아무도 모른다" (서울여성의전화)
- 근로빈곤여성 문화교실 및 리더십 훈련 (인천여성노동자회)
- 제6기 여성장애인성폭력 전문상담원교육 (한국여성장애인연합)
- 기지촌 운동 20년의 의미와 향후 전망에 대한 논문집 출판 (두레방)
- 여성의 눈으로 문화, 역사 바라보기 "여성문화발굴단"–두번째 (제주여민회)
- 한부모가족이 함께 나누는 "행복지수 높이기" (부산여성회 한부모가족자립센터)
- 가족의 미래를 열어가는 봉제의류 여성노동자들의 "엄마교실" (참여성노동복지터)
- 외국인 이주여성 인권 보호사업 (한국이주여성인권센터)
- 탈성매매 여성의 사회적응을 위한 인간관계 훈련 및 자활 프로그램 (광주성매매상담소언니네)
- 자조집단을 통한 여성장애인의 모성권 보호와 권익신장 프로그램 (제주도장애인종합복지관)
- 전북임실지역 여성농민 농부증 예방 및 치료사업 (임실군여성농민회)
- 나도 가끔은 주인공이 되고 싶다–연극, Movement 미술치유접근 (깸예술치유시민네트워크)
- 직업교육을 통한 여성새터민의 경제활동지원 프로그램 (부산WCA새터민지원센터)

행복한 가족기금(100인 기부릴레이모금)

- 모라동의 행복한 둥지 틀기 (부산여성회아동센터)
- 조손 가정의 가족기능 향상 프로그램 "샛별과 은빛가족 이야기" (서귀포가정폭력상담소)
- 저소득 한부모가족들의 치유를 위한 Lucky(樂,喜) 프로그램 (한국여성민우회군포지부)
- 국제결혼부부의 초기 갈등해소를 위한 문화지원 프로그램 (안산외국인노동자센터)
- 여성한부모동아리의 지역사회 참여증진을 통한 행복한 가족만들기 (이대성산종합사회복지관)
- 가족구성원이 행복한 가족만들기– 노인정책에 대한 여성주의적 접근 (한국여성단체연합)

한국여성기금(수시)

- 한국사회포럼 2006(한국사회포럼 2006조직위원회)
- 난자채취 피해자 신고센터운영 및 손해배상청구소송 지원사업 (한국여성민우회)

- 풀뿌리지역시민운동사례 공모사업 (시민사회단체연대회의)
- 5·31 지방선거 여성정치참여 확대를 위한 광역단체장 초청 여성정책 토론회 및 유권자 캠페인 (생활자치맑은정치여성행동)
- 운동사회내 성폭력을 다시 묻다' 토론회 (한국성폭력상담소)

지정기탁

- 교보생명_사회공익단체 역량강화를 위한 빔프로젝터 대여사업
- 교보생명_도움닫기 프로젝트
- 교보생명_짧은 여행, 긴 호흡
- 교보생명_시민단체 활동가를 위한 건강지원사업 (시민사회단체연대회의)
- 우림건설_여성장학금 지원사업
- CJ홈쇼핑(엄마에게 희망을 모금방송)_빈곤여성가장 및 가족의 의료비 지원사업
- 삼성코닝 정밀유리_새생명·새희망 불임치료 지원사업
- G마켓_여성폭력예방 사랑의 호루라기나눔프로젝트
- 수법사 지수스님_여성노숙인 지원사업
- (주)코리아나화장품_2006남북여성통일행사물품후원
- CJ나눔재단_한가위 선물나눔
- 이랜드복지재단_한가위 선물나눔 지원사업
- 부산 익명의 후원자_한가위 선물나눔
- 유한킴벌리_한가위 물품나눔
- 유한킴벌리_폭력 피해 여성을 위한 생리대 지원
- 유한킴벌리_중고 노트북 지원
- 풀무원_성매매 피해 여성과 장애여성 건강 지원사업
- 마린랜드_저소득 여성가장 자녀 장학금 지원사업

2007 ···

100인 기부릴레이+일반기부금

- 동네방네 행복정치 프로젝트 (경남여성회부설여성정치발전소)
- 경력단절 여성을 위한 직업설계 프로그램 개발 및 시범운영 워크숍 (여성이만드는일과미래)
- 19세 새내기 여성유권자 투표참여선언 '친구들아 투표하자' (의회를사랑하는사람들 울산지부)
- '비정규직 여성 힘내라!' 전국 캠페인 및 이동 상담 (전국여성노동조합)
- 여성장애인 성폭력 피해자를 위한 자기강화교실 (부산여성장애인연대부설성폭력상담소)

- "제주여성 그 강인함 뒤에 숨겨진 차별 드러내기"-개인의 차별 기록을 중심으로 (제주여민회)
- 어린이성폭력예방인형극 DVD 제작 및 배포사업 (충남성폭력상담소)
- 여성노동자회 창립20주년기념 심포지움 (한국여성노동자회협의회)
- 제2회 여성노동영화제 (서울여성노동자회)
- 성평등문화로 농촌지역 행복지수 높이기 (전국여성농민회총연합)
- 이태원지역 성매매에 대한 현장활동단체의 개입방안 모색을 위한 실태조사사업 (막달레나의 집 현장상담센터)
- 제2회 여성인권영화제"피움" (서울여성의전화)
- 외국인 이주여성 인권보호사업 (한국이주여성인권센터)
- 1회 여성주의 액션 박람회 (언니네)
- "한국여성민우회 20년사 여성운동 새로쓰기" 출판 사업 (한국여성민우회)

SK텔레콤 이웃사랑성금

- 한부모가족이 함께 나누는"행복지수 높이기" (부산여성회한부모가족자립센터)
- 이야기치료를 활용한 빈곤여성 한부모의 힘찬 세상 만들기 (이대성산종합사회복지관)
- 탈성매매 여성의 자기성장(self-empowerment) 프로그램 (광주성매매여성인권지원센터 부설 언니네)
- 경제, 내 손안에 있소이다!—가정폭력 피해 여성의 경제운영능력활용 프로그램 (제주상담센터 부설 가족사랑쉼터)
- 도서지역의 탈성매매 지원을 위한 현장방문상담 프로그램 (여수YWCA 성매매피해여성현장 상담센터)
- 국제결혼 베트남의 딸들이 한국인가족으로서의 정착을 위한 "한국의 모든 것 알리기" (대전 열린가정폭력상담소)
- 외국인여성 한글교육 및 문화체험 프로그램 (무안여성상담센터)
- 아산결혼이민자 직업훈련 및 자아실현 프로그램 (아산결혼이민자가족지원센터)
- 함께 이루는 가정, 함께 여는 미래 (씨울 여성회)
- 중증장애여성 자립생활 동료상담 리더양성교육 (성동장애인자립생활센터)
- 성인여성장애인과 여성수발자의 건강권 확보를 위한 생활속 지킴이 (여성장애인 전문 성프란 치스꼬장애인종합복지관)
- 창신동 아줌마 미싱으로 잘먹고 잘살기 (참여성노동복지터)

기획공모

- 삼성·사회복지공동모금회 (여성활동가글로벌리더십육성지원사업)_
  "피해자 중심의 성매매 왜 근절되어야 되는가" 국제회의 (성매매 근절을 위한 한소리회)

- 글로벌 여성인권 영상제 (여성성공센터W-ing)
- '2008,여성자회담' 개최를 위한 동북아 여성단체 네트워크 형성 (평화를만드는여성회)
- 예비여성정치지도자의 글로벌 리더십연수 (광주YWCA, 광주여성단체연합, 광주여성단체협의회)
- 공정무역 아시아여성네트워크 구축 및 생산자지원을 위한 SGP(Small Grant Program) 개발 (여성환경연대)
- 유럽의 커뮤니티 조직에서 배운다, '스웨덴-독일-프랑스의 돌봄과 교육체 탐방' (한국여성단체연합)
- 글로벌네트워킹을통한이주여성인권지원, '국경을 넘어 함께' (한국여성의전화연합)
- 여성폭력 추방! Global Friends 만들기 캠페인 (한국정신대문제대책협의회)
- 일본 통합선거 체험프로그램— '풀뿌리 생활자치의 현장을 가다' (여성정치세력민주연대)
- 인신매매성 국제결혼방지를 위한 베트남·캄보디아와의 연대구축 (한국이주여성인권센터)
- 국제결혼문제해결을 위한 베트남여성단체와의 공동협력네트워크구성 (결혼이민가족지원연대)
- 여성활동가의 다문화 이주여성 언어·문화 체험프로그램 (안산외국인노동자센터)
- 내안의아시아, '우리'가 만드는 아시아 (언니네트워크)
- 삼성생명_결혼이주여성과 가족들의 친정방문 날(NAL)자
- 유한킴벌리_미래여성리더십장학사업
- 교보생명_짧은 여행, 긴 호흡
- 교보생명_도움닫기 프로젝트
- CJ홈쇼핑 모금방송기금_엄마에게희망을 여성건강지원사업
- 우림건설_우림필유장학사업

100인 기부릴레이+일반기부금(수시)

- 6월 민주항쟁 20주년기념여성행사 '여성운동과 만난 6월 민주항쟁 20년' (6월항쟁 20주년 여성추진위원회)
- 제5회 풀뿌리 시민운동사례 공모사업 (시민사회단체연대회의)
- 2007 한국사회포럼 (한국사회포럼 2007조직위원회)
- 2007 대선후보초청토론회
- 여성에게 좋은 기업 만들기 실천단 전국캠페인 : 이랜드 불매운동

지정기탁

- SBS사회공헌_ '여성 한부모 가족의 탈빈곤을 위한 돌봄서비스 지원사업'

100인 기부릴레이+일반기부금

- 제2기 여성주의미디어액티비스트 양성워크숍—걸프렌즈, 미디어 빠워! (대안영상문화발전소 아이공)
- 인문학강좌를 활용한 여성리더 양성과정 '도봉여성희망학교' (방아골종합사회복지관도봉시민회)
- 여성, 지방의회진출 50%프로젝트 "도전하는 여성이 바꾸는 지역살림" (의회를사랑하는사 람들울산지부)
- 지역사회 공동체 활성화를 위한 아줌마전문기자단 양성과 소통매체개발 시범사업 (줌마네)
- 노인을 위한 소비자상담전문가 양성프로그램 (한국씨니어연합)
- 줌마들이 만드는 지역차별 개선 프로젝트 "우리는 평등서포터즈" (안양여성의전화)
- 여성주의 지역문화 해설사 양성과정 (울산여성회)
- 비정규직 여성노동자들의 권리찾기 및 성평등의식 정착을 위한 한걸음 프로젝트 (전국여성노 동조합서울지부)
- 성교육전문강사 인프라 구축 및 활동지원사업 "성에 대한 즐거운 수다" (충남성폭력상담소)
- 3·8세계여성의날 100주년기념 '평등의식향상을 위한 문화공연' (한국여성노동자회)
- 산업형 성매매밀집지역 실태조사와 밀착형 홍보사업 "여성들의 여성들을 위한 희망 프로젝트" (대전여민회, 구세군정다운집)
- 연극을 통한 청소년 가정폭력 예방교육 "ready go! 비폭력4막5장" (여성문화인권센터)
- 1060 "여성이반"의 역사와 세대를 잇는 깍지끼기 "육색찬란회동(캠프)+깍지끼기(멘토링)" (한국성적소수자문화인권센터)
- 3·8세계여성의날 100주기기념 한국여성대회 역사자료집 제작 및 '한국여성대회가 여성운 동에 끼친 영향'토론회 (한국여성단체연합)

SBS모금방송+SK텔레콤 이웃사랑성금

- BRIDGE PROJECT(동료활동가교육 및 양성프로그램) (성매매피해상담소언니네)
- 이태원지역 클럽종사여성들을 위한 사랑방프로젝트: Women+Space=Empowerment (막달레나의집 현장상담센터)
- 이주여성의 경제적, 사회적, 정서적 복지를 위한 공방사업 (안산이주민센터)
- 여성장애인 말문을 트다 (진주시민미디어센터)
- 신나는 여성이 만드는 신나는 농촌 (홍성여성농업인센터)
- 여성새터민의 경제활동을 위한 서비스프로그램 (광주광역시여성단체협의회)
- 홈리스여성의 휴일(休+Work)카페프로그램 (열린복지)

기획공모

- 삼성·사회복지공동모금회 (여성활동가글로벌리더십 육성지원사업)
- 유럽 여성정치참여 운동, 현장에서 대면한다 (여성정치세력민주연대)
- 한.일 지역생협네트워크 형성을 위한 지역생협 여성활동가의 일본지역생협탐방 (한국여성민 우회소비자생활협동조합)
- 아시아여성네트워크 결성1주년기념 국제심포지움 '아시아 성평등과 여성역량강화'(한국여성 의전화연합)
- 액티브 뮤지엄 글로벌 네트워크조직강화활동— "여성들은 지난 전쟁을 어떻게 기억하고 있 는가"(한국정신대문제대책협의회)
- 여성활동가들의 기(氣)업(UP) 프로젝트:변화하는 시대를 이끌어가기 위해 독일 시민교육을 배운다 (서울WCA)
- 아시아 여성들의 조각보연대 (언니네트워크)
- 희망무역을 통한 풀뿌리 여성환경인의 글로벌리더십 양성프로그램 (여성환경연대)
- 지역먹을거리 해외정책 탐방— '여성농민인도방글라데시정책연수'(전국여성농민회총연합)
- 교보생명_짧은 여행, 긴 호흡
- 교보생명_도움닫기 프로젝트
- 교보생명_모금전략워크숍
- CJ모금방송_엄마에게희망을 여성건강지원사업
- SBS,전교조_여성가장 긴급지원 캐쉬SOS
- 유한킴벌리_미래여성리더십장학사업
- 우림건설_우림필유장학사업
- 풀무원_장학지원 프로젝트
- 생명보험 사회공헌위원회_다문화다함께 프로젝트
- G마켓_제3회 G마켓 공모전
- G마켓_다문화가정 자녀 학습지원 위드멘토
- 삼성생명_결혼이주여성과 가족들의 친정방문 날자 (NAL) 프로젝트
- 우정사업본부_다문화가족안전망구축프로젝트

지정기탁

- 교보생명_빔프로젝터 대여사업

100인 기부릴레이+일반기부금(수시)

- 전국여성지방의원네트워크 발족 및 민선4기 지방의회 2년, 지방의원 풀뿌리 생활정치 의정평

가 토론회 (여성정치세력민주연대)

- 동북아 여성평화회의 평가워크숍 (평화를만드는여성회)
- 안전한 먹을거리 확보를 위한 국민캠페인-W.W.F(We Want Safety) (한국여성민우회소비
  자생활협동조합)
- 한국사회포럼2008 (전국교수노동조합)
- 제6회 풀뿌리시민운동사례공모사업 (시민사회단체연대회의)

2009 ....

100인 기부릴레이+일반모금

- 지역사회 공동체활성화를 위한 아줌마 전문기자단양성과 소통매체개발 시범사업 (줌마네)
- 2010지방선거, 여성세력화지원 네트워크 구축사업 (한국여성단체연합)
- 돌봄노동 경제공동체 모델 만들기 (인천여성노동자회)
- 차세대 여성주의 문화지도자육성을 위한 여성주의 문화교육 프로그램 (또하나의문화)
- 성(聖)스러운성(性)이야기―중년 여성의 성과 성역할 바로 세우기 (미디어세상열린사람들)
- 성인지예산운동 확산을 위한 도움닫기 (대전여성정치네트워크, 성인지예산전국네트워크)
- 울산여성주의 문화기행으로 성평등한 울산을 만나다 (울산여성회)
- 6회생존자말하기대회: 분노와 희열을 노래하라 (한국성폭력상담소)
- Writing Itaewons: '후커힐', 그리고 이태원 이야기 (막달레나의집 현장상담센터)
- 여성이반커뮤니티 역량강화를 위한 프로젝트 (한국성적소수자문화인권센터)
- 반성매매운동활성화를 위한 희망네트워크 (성매매 근절을 위한 한소리회)
- 대학내 여성주의 문화확산과 여성운동 활성화를 위해 "웹.0세대 여성운동을 접속하다" (한국
  여성민우회)

SBS모금방송+SK텔레콤 이웃사랑성금

- My New Partner: 찾아가는 성매매 피해 여성 학습 및 취미활동 지원프로그램 (여수성매매피
  해여성현장상담센터새날지기'무지개쉼터')
- 장애여성 춤추는 학교 〈상상보다 큰 호흡〉 (장애여성공감)
- 새로운 눈으로, 열린 가슴으로 살아가기 (씨알여성회부설광주결혼이민자센터)
- 다문화가정의 사회적응을 위한 찾아가는 교육프로그램 (광주여성회)
- 한부모 희망날개달기 (대구여성노동자회)
- 한부모·빈곤가정의 여성가장들을 위한 역량강화와 건강한 가족문화 정착프로그램 (제주상담
  센터부설가족사랑상담소)

- 홈리스·주거불안계층 여성의 부업프로그램"희망일터" (열린복지)
- 저소득 가족공동체 심성교육지원프로그램I: 내안의 분노, 사랑하며 다스리며 (포항여성회)

기획공모

- 삼성·사회복지공동모금회 (여성활동가글로벌리더십육성지원사업)_
- 2009 동북아 여성평화회의—여성6자회의 (동북아여성평화회의추진위원회)
- 아시아를 두드리는 여성주의액션 (언니네트워크)
- 한·일 지역생협 네트워크강화를 위한 일본지역생협 여성활동가초청교류회 (한국여성민우회 소비자생활협동조합)
- 임파워링·연대 그리고 변화:여성인권실현을 위한 아시아네트워크 활동강화 (한국여성의전화)
- 여성인권을 향해 날자 세계로! 미래로!—전쟁과 여성인권 국제네트워크 조직강화 (한국정신대 문제대책협의회)
- 새로운 여성폭력추방운동의 전략모색 (송란희)
- 호주성매매 여성지원 '프로젝트리스펙트' 참여와 어학연수를 통한 국제적 역량강화 (이윤미)
- 삼성생명_결혼이주여성과 가족들의 친정방문 날자(NALJA) 프로젝트
- 교보생명_짧은 여행, 긴 호흡
- 교보생명_모금전략워크숍
- 우정사업본부_다문화가족 안전망구축 프로젝트
- 아모레퍼시픽_여성생활, 이용시설 및 비영리여성단체시설개보수사업
- 태평양복지재단_여성가장자녀 교복비지원사업
- 유한킴벌리_미래여성NGO리더십장학사업
- CJ모금방송_엄마에게희망을 여성건강지원사업

지정기탁

- 교보생명_빔프로젝터 대여사업
- 국민은행 국민은행노동조합_빈곤여성가장 역량강화를 위한 교육사업 (일하는여성아카데미)
- 우림건설_강허달림콘서트, 소리 그녀가 되다 (강허달림후원회)
- 대구도시가스_제6회 고정희청소년문학상 (경남여성회)
- 넥스토디아이_다문화연구사업 (이주여성인권포럼)
- 민주당_유가족지원사업 (용산참사유가족연합회)
- 마린랜드_빈곤여성가장 및 자녀학비지원
- 기업은행_2009 기업은행과 함께하는 '클린카' 사회공헌사업 (백혈병환우회)
- 필하모니아코리아_2009 한국여성재단10주년기념음악회 ((주)부영)

100인 기부릴레이 + 일반모금

- 가출청소년의 휴게소 "1318 뽀송뽀송 아지트" (광주여성인권지원센터 부설 광주성매매피해상담소 언니네)
- 성인지예산운동의 확산을 위한 여성행동 (대전여성정치네트워크)
- 성평등한 마을 만들기 "함께 행복해지는 성평등한 마을공동체" (사단법인 부산여성회)
- 2010 지방선거 여성후보+유권자 힘주고 힘받기 프로젝트 "여성이 뛴다! 여성이 뜬다!" (여성정치세력민주연대)
- 홈리스·주거불안 계층 여성의 부업프로그램 "희망일터" (열린복지 부설 열린여성센터)
- 인형극과 체험식 부스를 활용한 학령전 아동 거리 성폭력 예방교육 (용인성폭력상담소)
- 〈풀뿌리 여성활동가로부터 듣는다〉 교육사업 (일다)
- 소·녀·비·행 (제주여성인권연대)
- 성교육을 통한 성 정체성 확립 프로그램 (충남장애인정보화협회부설 천안장애인성폭력상담소)
- 예비직장인이 바라는 성평등한 일터문화 확산을 위한 영화 "예비직장인이 예비직장인에게" (충남여성민우회)
- 성폭력 가해자 상담원을 위한 역량강화 워크샵 "성폭력 가해자와 공동체의 관계를 다시 질문하다!" (한국성폭력상담소)
- 20대의 노동과 삶, 상생의 출구찾기! (한국여성노동자회)
- 3.8세계여성의날 기념 세계여성행진 & 강연 콘서트 "세상의 반이 걷는다, 빈곤·차별·폭력없는 세계를 향해!" (한국여성단체연합)
- 함께 해 온 역사, 함께 나아갈 내일—여성인권 한마당 (한국정신대문제대책협의회)
- 2010지방선거 남녀동수 범여성연대 (여성정치세력민주연대)
- G20 서울정상회의대응 여성행동 Gender Justice Action (한국여성단체연합)
- 북한이탈여성 역량강화 및 남북여성 네트워크 구축 기획회의 (여성인권을 지원하는 사람들)

기획공모

- 삼성생명_이주여성과 가족들의 친정방문 〈날자〉프로젝트
- 우정사업본부_다문화가족 안전망 구축 프로젝트
- 생명보험 사회공헌위원회_저소득층 가구 보육서비스 사업
- LG이노텍_다문화가정자녀 1:1 멘토링사업 '희망멘토링'
- 미혼모지원네트워크_미혼모 인식 개선 및 당사자 조직과 활동가 육성을 위한 지원사업
- CJ홈쇼핑 모금방송 기부자_'엄마에게 희망을' 건강지원사업

- 24개의 문화기획사_문화나눔
- 유한킴벌리_NPO여성리더십과정 (미래여성NGO리더십과정, 계명—유한킴벌리 NPO여성리더십과정)
- 우림건설_우림필유 장학사업
- 교보생명_모금전략아카데미
- 교보생명_짧은 여행, 긴 호흡
- 삼성사회봉사단_2010 여성활동가 글로벌리더십 육성지원사업
- 아모레퍼시픽복지재단_태평양시설개보수사업
- SBS_여성가장 생계비 대출(마이크로크레딧) '캐쉬SOS'
- 전국교직원노동조합_여성가장 자녀 교육비 대출(마이크로크레딧) '교육희망나누기'
- 보건복지부_여성가장 창업 대출(마이크로크레딧) '희망키움뱅크'

지정기탁

- G마켓_ 충북이주여성인권센터 무지개사업단 아시아의 창 다언어 홈페이지 '망고넷' 지원
- 아름다운가게_ 경찰병원 사회복지기관
- 진선미 변호사_ 미래센터
- 넥스토디아이_ 이주여성인권포험
- 마린랜드_ 서울구로쉼터 지역자활센터
- 대웅제약_ 시민사회단체연대회의

2011 ···

100인 기부릴레이 + 일반모금

- 가출 청소년 날다 "성·인·임 Project" (광주여성인권지원센터 부설 성매매피해상담소 언니네)
- 여성주의로 이주여성UP! 여성운동UP! – 소통과 연대를 위한 아시아페미니즘학교, 아시아페미니즘캠프 (대구이주여성인권센터)
- 영상자료를 활용한 성평등 교재 개발 및 제작 (서울국제여성영화제)
- 비혼 세대 네트워크와 역량강화 프로젝트 : 비혼 PT나이트 (언니네트워크)
- 희망과 연대의 하모니 – 비정규직 여성노동자들의 교육문화활동 지원사업 (전국여성노동조합 부산지부)
- 기독여성 (활동가)을 위한 웰컴 투 SEXUALITY 프로젝트 (한국교회여성연합회)
- "성폭력가해자 상담과 여성주의 상담의 접점 찾기" 제2회 성폭력가해자 상담원을 위한 역량강화 워크샵 (한국성폭력상담소)

- 빈곤여성 리더십 강화 및 돌봄여성노동자 권리향상 프로그램 (한국여성노동자회)
- 새로운 지방 정치를 위한 "지방자치 아카데미 및 100가지 지역 여성정책 만들기" (한국여성단체연합)
- [2011 새롭게 쓰는 낙태 이야기] – 낙태, 여성의 경험으로 세상과 공명하다 (한국여성민우회)
- 활동가 성장 프로그램 "행복하고 즐거운 활동가!" (경기여성단체연합)
- "눈빛과 마음으로 공감하는 우리들의 여로 女路" (경기자주여성연대)
- 교육과 환경을 살리는 여성들의 동네프로젝트 (광주여성회)
- 또 하나의 우리집 "교육문화센터" – 여성들이 만들어나가는 교육, 문화공동체 세상 (대전여성회준비위원회)
- 20대, 불량소녀가 되자!—새내기를 위한 여성 리더십 캠프, 여름 페미니즘 캠프 (서울지역총여학생회 모임 및 리얼퍼플)
- 고사리손 기금사업 (네팔 박타푸르 지역의 사라스왓티 초등학생 215명 물품지원)

기획공모

- SBS_ 캐쉬SOS
- 전국교직원노동조합_교육희망 나누기
- 보건복지부_희망키움뱅크
- 삼성생명_날자프로젝트
- 우정사업본부_2011 다문화가족 안전망 구축 프로젝트
- 생명보험사회공헌위원회·삼성생명_다문화가정 직업·창업 지원 및 출산지원 사업
- LG이노텍_희망멘토링
- 아모레퍼시픽복지재단_BB희망날개
- CJ홈쇼핑 모금방송기금, SBS 모금방송 기금, 최명숙기금_ 엄마에게 희망을, 최명숙기금
- 풀무원건강생활_ Bravo, Your Life! 갱년기 바로알기 지역교육
- 한국미혼모지원네트워크KUMSN_미혼모 지원사업
- 아모레퍼시픽복지재단_ 여성쉼터 거주자 자녀 Happy Smile 신학기 프로젝트
- 생명보험사회공헌재단_ 보육 사각지대를 해소하는 보육서비스, 신생아·영아 케어 서비스
- 생명보험사회공헌위원회·교보생명_ 여성공익단체 역량강화 지원사업
- 성평등사회조성기금_ 글로벌 여성리더십 육성지원사업
- 유한킴벌리_ 유한킴벌리 NGO여성장학사업
- 우림건설_우림필유 장학사업
- 아모레퍼시픽복지재단_〈Happy Bath, Happy Smile〉〈ARITAUM in U〉

지정기탁

- 박영숙기금_아시아위민브릿지 두런두런
- 박영수기금_살림정치쎄시봉
- 마린랜드_ 서울구로쉼터 지역자활센터
- 넥스토디아_ 이주여성인권포럼
- NHN_ 평창초등학교 2개교
- 광동제약_시민사회단체연대회의

2012 ···

100인 기부릴레이 + 일반모금

- 우리 같이 있자 (진주여성민우회)
- 개발도상국 여성지원을 통한 세계 여성 네트워크 강화 사업 (한국여성단체협의회)
- 글로벌 여성환경의제 발굴과 여성환경 분야 여성국제리더십 강화–리우+20을 위한 한국여성 위원회 보고서 작성 및 여성환경회의 참가지원 (여성환경연대)
- 〈정치격동기 2012〉 직접행동 여성시민! 젠더감수성 충전 프로젝트 (여성정치세력민주연대)
- 2012 산부인과 바꾸기 프로젝트(부기Boogie 프로젝트) — 여자, 몸, 춤추다 (한국여성민우회)
- 성인지사업 모니터요원 양성과정 (대전 YWCA)
- 성인지적 영화읽기 〈여성영화 가이드북〉 활용 워크숍–쾌girl女담 (서울국제여성영화제)
- 이주여성이 직접 제안하는 공공기관 서비스 개선 프로젝트 (한국이주여성인권센터)
- 세상을 향해 외친다 "결혼을 안 해도 나는 엄마다" (한국미혼모가족협회)
- 엄마 힘내세요, 우리 함께 가요 (진주가정폭력상담소)
- "Stop, 가정폭력!" (양산가정폭력상담소)
- "마을여성리더교육–풀뿌리 여성운동이 마을을 바꾼다" (풀뿌리 여성센터 바람)
- 품앗이 경제활성화를 통한 빈곤여성 자립 강화와 지역호혜경제활성화 (경주여성노동자회)
- 여성주의 라이브러리에 접속하다–여성주의 문화운동의 비전찾기 프로젝트 (언니네트워크)
- 2012 대한민국 여성, 불안을 말하다 —"절망범죄와 여성폭력" (한국여성단체연합)
- 고사리손기금사업 (네팔 박타푸르 지역의 사라스왓티 초등학생 300명 물품지원)

기획공모

- 개인기부_엄마에게희망을
- 최명숙기금_여성활동가 암치료를 위한 최명숙기금사업
- 삼성생명_결혼이주여성과 가족들의 친정방문 〈날자프로젝트〉

- 우정사업본부_다문화가정 행복스타트 프로젝트
- LG이노텍_LG이노텍 임직원, 다문화가정 1:1멘토링사업 〈희망멘토링〉
- 외환은행나눔재단_다문화아동 리더십개발 멘토링 프로그램〈우리는 글로벌 리더! I CAN DO!〉
- 아모레퍼시픽복지재단_문화다양성을 위한 다문화여성커뮤니티 지원프로젝트 〈BB희망날개〉
- 봄빛장학재단, 개인기부_봄빛기금장학사업
- 생명보험사회공헌위원회, 교보생명_여성공익단체역량강화지원사업 (짧은 여행, 긴 호흡/여성활동가 비전여행/도움닫기/여성단체 맞춤형 뉴미디어 교육/여성단체 리더를 위한 휴먼브랜딩 워크숍)
- 우림건설_우림필유 장학사업
- 유한킴벌리_NGO여성장학사업 (미래여성NGO리더십과정/상지-유한킴벌리·NGO여성활동가 리더십과정·여성운동 아카데미)
- 아모레퍼시픽복지재단_시설개선지원사업 (Happy bath, Happy smile·ARITAUM in U·보수공사)
- 생명보험사회공헌재단_보육 사각지대를 해소하는 보육서비스

지정기탁

- 한국미혼모지원네트워크 사업 및 운영비 지원_ 한국미혼모지원네트워크
- 몰드서비스코리아_아시아의창

2013 ....

100인 기부릴레이 + 일반모금

- 색깔있는 "청춘 도(都)시(時)락(樂)" (경남여성회)
- 여성비정규직—당당한 날개를 펴다 (김해여성회)
- 서로 손잡고 가는 풀뿌리 여성주의 정치운동 접속&지속 (여성정치세력민주연대)
- 나의 페미니즘을 소통하라 (일다)
- '집나온 여자들'에 관한 영상물 제작팀 구성을 위한 워크샵 (줌마네)
- 지역 여성들이 만드는 여성주의 부활프로젝트 "여성주의 물듦, 번짐 그리고 행동"
- '여성·평화·안보에 관한 유엔 안보리 결의 1325호' 국가행동계획 수립 & 이행을 위한 한국여성시민사회의 역량강화 프로젝트 (평화를만드는여성회)
- 엄마 힘내세요, 우리 함께 가요 (진주가정폭력상담소)
- 젠더감수성교육 매뉴얼 개발 (한국성폭력상담소)
- 돌봄을 협동조합으로 디자인하다! (한국여성노동자회)

- 포스트 2015, 한국 여성운동의 미래를 준비한다 (한국여성단체연합)
- 2013 "다르니까 아름답다" 캠페인 (한국여성민우회)

기획공모사업

- 인천YWCA_ 여성친화도시정책 모니터링 (안전한 도시생활환경부문)
- 여성환경연대_ 성평등한 지속가능발전 정책포럼과 정책제안서 발간
- 개인기부_엄마에게 희망을
- 최명숙기금_여성활동가 암치료를 위한 최명숙기금사업
- 내츄럴엔도텍_내츄럴엔도텍과 함께하는 여성건강지킴이 Project
- 하이큐검진네트워크_하이큐기금 건강지원사업
- 2012년 만만클럽 온라인캠페인_여성 장애인 성폭력 피해자 및 가족 치유 지원
- Carl Marks Foundation_미혼모 삶의 질의 향상을 위한 지원사업 공모사업
- 도호 기금_멘토와 함께 떠나는 여행 프로젝트
- AK Plaza_싱글맘 홀로서기 지원사업
- 교보생명_짧은 여행, 긴 호흡
- 유한킴벌리_미래여성NGO리더십과정/이화–유한킴벌리 NGO여성활동가 리더십과정/여성운동 아카데미
- 봄빛장학재단, 개인기부_봄빛기금장학사업
- 아모레퍼시픽복지재단_Happy Bath, Happy Smile. ARITAUM in U 시설개선사업
- 우정사업본부_다문화가정 자립지원 프로젝트
- 아모레퍼시픽복지재단_희망날개
- 생명보험사회공헌위원회, 삼성생명_다문화아동 외갓집방문 지원사업
- LG이노텍, 사회복지공동모금회_희망멘토링
- 필리핀재난구호특별모금_고사리손기금사업
- 생명보험사회공헌위원회, 한화생명_아이들이 안전하고 엄마들이 안심하는 우리동네

수시지원사업

- 여성폭력근절을 위한 여성행동_ 한국여성의전화

지정기탁

- 몰드서비스코리아_아시아의 창
- Carl Marks Foundation_한국미혼모지원네트워크

100인 기부릴레이 + 일반모금

- 색깔있는 "청춘 도(都)시(時)락(樂)" 도시에서 청춘들이 시도때도 없이 만나 소통하는 즐거움 (경남여성회)
- 〈레알페미니스트 프로젝트:여성주의, 일상이 되다〉 (군포여성민우회)
- 여성노동자 살다!살다!살다! (대구여성노동자회)
- 여성운동판 언어 다시 짜기 프로젝트 (부산여성사회교육원)
- "경찰과 함께하는 여성폭력 인식개선 교육&캠페인" – 여성폭력 NO!NO!NO 함께하는 포돌이 행복한 여성 (여성인권상담소 소냐의집)
- 여성들이 유쾌한 상상과 전환 – 에코페미니즘 대중화와 정책화 사업 (여성환경연대)
- 페미니즘, 영화로 접속하라 (인천여성영화제)
- 20대 여성의 노동과 정체성, 기록에 담다 (일다)
- 여성활동가 자기조직화와 네트워크 만들기 "동행" (일하는여성아카데미)
- '집나온 여자들(가제)'에 관한 영상물 제작을 위한 워크숍과 상영회 (줌마네)
- 건강하고 평등한 연애를 위한 "데이트공작소" (한국여성의 전화)
- 성평등은 제도보다 참여와 실천으로 이뤄낸다 (창원여성살림공동체)
- [Post-2015, 여성운동 미래전망 만들기 연석토론회] (한국여성단체연합)
- 일본군성노예문제 해결을 위한 남북해외여성토론회 (한국여성단체연합)
- 아시아태평양 여성시민단체의 네트워크 지원사업 (한국여성단체협의회)

기획공모

- 생명보험사회공헌위원회, 교보생명_양육미혼모 모자가장 건강지원사업
- Carl Marks Foundation_미혼모 삶의 질 향상을 위한 교육모델개발 연구사업
- 개인기부, 건강사회를 위한 치과의사회_엄마에게 희망을
- 최명숙기금_여성활동가 암치료
- ㈜내츄럴엔도텍_내츄럴엔도텍과 함께하는 여성건강지킴이프로젝트 리더자인 토크콘서트 나우NOW
- 교보생명_짧은 여행, 긴 호흡
- 유한킴벌리_유한킴벌리 여성NGO장학사업
- 아모레퍼시픽복지재단_Happy Bath, Happy Smile, ARITAUM in U 시설개선사업
- 캐쉬SOS 상환금_변화를 만드는 여성리더지원사업
- 봄빛장학재단, 개인기부_봄빛기금 장학사업

- 고사리손기금사업
- 생명보험사회공헌위원회, 삼성생명_다문화아동 외가방문 지원사업
- 아모레퍼시픽복지재단_문화다양성을 위한 다문화여성 커뮤니티지원 '희망날개'
- LG이노텍, 사회복지공동모금회_희망멘토링
- 생명보험사회공헌위원회, 한화생명_아이가 안전하고, 부모는 안심하는 우리동네
- 시그나사회공헌재단_지치지 않는 가정사랑 프로젝트
- YTNDMB 시청자위원회_산골 아동 청소년의 따뜻한 겨울나기&신나는 봄맞이

지정기탁

- Carl Marks Foundation_한국미혼모지원네트워크

2015 ···

100인 기부릴레이 + 일반모금

- 비문해 여성들을 위한 성평등 인식향상 프로그램 '늦깎이 여성주의자를 위한 완생(完生) 프로젝트' (가톨릭여성회관)
- 도레미 프로젝트, 도시에 뜬 레인보우 미디어 프로젝트 (레주파)
- 언니들에게 듣는다! "여성노동자, 살아있는 역사들" (마산창원여성노동자회)
- 성평등세상을 꿈꾸는 풀뿌리 여성학교 "참여로 일구는 여성생활정치" (서울동북여성민우회)
- 젠더브릿지 역할을 통한 성주류화 전략 실효성 강화 (성인지예산전국네트워크)
- 청소년 인권운동과 여성주의 인문학의 만남 "그렇고 그런 사이" (여성문화이론연구소)
- 장애여성 재생산권 새로운 패러다임 만들기 (장애여성공감)
- 2016 총선을 맞이하는 여성정치 platform 만들기 (젠더정치연구소 여.세.연)
- 한반도 중심고을의 성평등문화 만들기 (충주 YWCA)
- 여성, 광복70년, 분단 70년을 말하다: 여성들의 스토리텔링 라운드 테이블 (평화를만드는여성회)
- Volume up! '을'들의 당나귀 귀 (한국여성노동자회)
- 〈멋진 할머니 되기 프로젝트〉할 수 있는 것이 많은 머니 걱정 없는 노년을 상상하다 (한국여성민우회)
- 글로벌 여성행동 네트워크 (한국정신대문제대책협의회)
- 가정폭력예방을 위한 가족소통프로그램 "우리 가족이 달라졌어요!"
- '도담도담 울타리가 되어줄게!' 아동 및 장애 청소년의 건강한 성의식 향상을 위한 집단상담 프로그램 (의왕장애인성폭력상담센터)

- '비상' 탐라에서 나를 찾다 (평화여성의집)
- 성평등한 사회를 위한 성폭력 판례 뒤집기 (한국성폭력상담소)
- 여성들의 성평등의식 UP 프로그램 (관악여성회)
- 효가족이 되기 위한 효걸음 (인천한부모가족지원센터)
- 제20대 총선 의제 만들기−더 나은 삶을 위한 100가지 전략 (한국여성단체연합)
- 민족의 화해와 단합, 평화와 통일을 위한 '남북여성들의 모임' (한국여성정치연구소)

기획공모

- 생명보험사회공헌위원회, 교보생명_양육미혼모 모자가정 건강지원사업
- 개인기부, 건강사회를 위한 치과의사회_엄마에게 희망을
- 최명숙기금_여성활동가 암치료
- ㈜내츄럴엔도텍_내츄럴엔도텍과 함께하는 여성건강지킴이프로젝트 리디자인 토크콘서트 나우NOW
- 교보생명_짧은 여행, 긴 호흡
- 개인기부_변화를 만드는 여성리더지원사업
- 유한킴벌리_유한킴벌리 여성NGO장학사업
- 봄빛장학재단, 개인기부_봄빛기금 장학사업
- 아모레퍼시픽복지재단_공간문화개선사업
- J.P.Morgan_다문화&저소득층 여성창업지원사업 "My Future, My Business"
- 생명보험사회공헌위원회, 삼성생명_다문화아동 외가방문 지원사업
- 아모레퍼시픽복지재단_희망날개 2011~2014 성과평가연구사업
- 시그나사회공헌재단_지치지 않는 가정사랑 프로젝트
- 고사리손기금사업
- 생명보험사회공헌위원회, 한화생명_아이가 안전하고, 부모는 안심하는 우리동네

지정기탁

- Carl Marks Foundation_한국미혼모지원네트워크 (미혼모 삶의 질 향상을 위한 지원사업)

2016 ···

100인 기부릴레이 + 일반모금

- 성평등한 구로 만들기 네트워크 구축—풀뿌리 여성모임을 찾아서 (구로여성회)
- 페미니즘 미디어 아티비스트 비엔날레 2016 (대안영상문화발전소 아이공)

- 여성주의 액션 매거진 〈언니네〉 (언니네트워크)
- '우리는 어떻게 말하고 살아갈까':생존·자립·연대를 꿈꾸는 2030에코페미니즘 학교&포럼 (여성환경연대)
- 20,30대 여성들의 '차별 드러내기' (일다)
- 여기에 우리도 있다, 전해라! 코리안디아스포라 여성들의 말하기 대회 (조각보)
- Y-Feel-通 '성평등사회조성을 위한 생각과 행동이 소통되는 지역사회만들기' (창원YWCA)
- 지역 성인지정책 참여활동 응원 플랫폼 구축사업-'성주류화는 경계가 없다' (한국성인지예산네트워크)
- Pride, Connected:동등한 권리 (한국성적소수자문화인권센터)
- 젠더 관점에서 최저임금 현실화 운동 방향 찾기 (한국여성노동자회)
- 외모 피로사회·사진 없는 이력서로 시작되는 변화 (한국여성민우회)
- 여성주의 인권활동가 양성 프로그램·인권의 날개로 평등을 (행복누리)
- 지역 아동 청소년의 당당하고 안전하고 즐거운 성! (서울동북여성민우회)
- "도담도담, 울타리가 되어 줄게!"(Ⅲ) 아동 및 장애 청소년의 성의식 향상을 위한 상담 심화프로그램 (의왕장애인성폭력상담센터)
- 2016 성평등한 사회를 위한 〈성폭력 판례 뒤집기〉 (한국성폭력상담소)
- "이주여성에 의한 이주여성 인권보호" 이주여성 성폭력 상담원 양성프로그램 (한국이주여성인권센터)
- 농촌 성문화 다시보기 "이제 통치지 말자" (문화기획달)
- 새로운 반의 시작 (변화를 만드는 미혼모협회 인트리)
- 우리는 혼가지 (인천한부모가족지원센터)
- 강남역 여성 살해사건 관련 긴급 집담회 대한민국 젠더폭력의 현주소 (한국단체연합)

기획공모

- 개인기부, 건강사회를 위한 치과의사회_엄마에게 희망을
- 최명숙기금_여성활동가 암치료
- 생명보험사회공헌위원회, 교보생명_양육미혼모 모자가정 건강지원사업
- Carl Marks Foundation_양육미혼모 삶의 질 향상을 위한 지원사업
- 교보생명_짧은 여행, 긴 호흡
- 개인기부_변화를 만드는 여성리더지원사업
- 유한킴벌리_유한킴벌리 여성NGO장학사업
- 봄빛장학재단, 개인기부_봄빛기금 장학사업
- 아모레퍼시픽복지재단_공간문화개선사업
- 생명보험사회공헌위원회, 삼성생명_다문화아동 외가방문 지원사업

- 하나금융그룹, 사회복지공동모금회_캄보디아 다문화가정자녀 외가방문 지원사업 Twinkle, Together Project
- J.P.Morgan_다문화&저소득층 여성창업지원사업 "My Future, My Business"
- 고사리손 캠페인, 김은하기금_고사리손 기금사업
- 교육희망기금 상환금_아이가 안전하고 부모는 안심하는 마을 만들기
- 이씨엠디_다문화가정 자녀와 함께하는 Harmony Project

2017 ···

100인 기부릴레이 + 일반모금

- 경남 페미들아, 담쟁이가 되어 벽을 넘고 평등과 상생의 세상으로 가자! (경남여성단체연합, 연대단체:김해여성의전화, 진주여성민우회)
- 페미3.0프로젝트 : 여성미디어아티비스트 워크숍 (대안영상문화발전소 아이공)
- 농촌 페미니즘 활력 충전소 (문화기획달)
- 필름 아카이브를 통한 지역 여성영화제 활성화 사업 (서울국제여성영화제)
- 퀴어페미니스트매거진 〈펢〉 (언니네트워크)
- 중장년층 여성과 함께 하는 성평등한 동화구연 사업 (익산여성의전화)
- PRIDE HOUSE:스포츠에서의 성평등 (한국성적소수자문화인권센터)
- 관악 아동폭력 인천네트워크 구축 (관악여성회, 연대단체:난곡학부모네트워크)
- 현장과 이론, 활동이 만나는 반성매매페미니즘 (성매매문제해결을위한전국연대)
- 이주분야 젠더 폭력 가해자 상담 가이드라인 만들기 (한국이주여성인권센터)
- 도약을 뛰어 넘어 꿈이 현실로 (부산한부모가족센터)
- 디지털성범죄 인식개선 및 근절 사업 (Digital Sexualcrime Out)
- 청춘, 나의 첫 페미니즘 '성평등 아카데미' (FACE)
- 영·영 페미니스트 그룹 연대 "꼴펨유니온(가)" 결성 사업 (강남역 10번 출구)
- 강남역 여성혐오 살해사건 1년. 지금, 여기, 우리. (나쁜페미니스트Feat.대구)
- 누구도 알려주지 않았던 언니들의 성교육 (불꽃페미액션)
- 떠들고 움직이는 페미니즘, 와글와글 (사람을 생각하는 인권·법률 공동체 두런두런)
- 언어와 미디어를 비트는 여성주의 창작 프로젝트 (사이다제작소)
- 학내 여성주의 운동 부활을 위한 프로젝트 (여성과 남성이 다르지도 똑같지도 않은 이유)
- 페미씨네 달빛극장 (여성주의 컨텐츠 상영회 〈페미씨네〉)
- '온라인 페미사이드를 넘어서' 책 출간, 북콘서트 (페이지터너)
- 19대 대통령 후보 초청 성평등정책 연속 간담회 (여성문화네트워크)
- 2017 페미니스트 직접행동 "나는 오늘 페미니즘에 투표한다" (한국성폭력상담소)

- #여성이 세상을 연다_성평등개헌 (젠더정치연구소 여.세.연)

기획공모

- 개인기부, 건강사회를 위한 치과의사회_엄마에게 희망을
- 최명숙기금_여성활동가 암치료
- 이케아코리아_양육미혼모 행복만들기 Mom-up project
- Carl Marks Foundation_양육미혼모 삶의 질 향상을 위한 지원사업
- 푸른내일을여는여성들_양육미혼모 모자가정 지원사업
- 교보생명_짧은 여행, 긴 호흡 여성공익단체 역량강화지원사업
- 유한킴벌리_유한킴벌리 여성NGO장학사업
- 아모레퍼시픽복지재단_공간문화개선사업
- 캐쉬SOS상환금_변화를 만드는 여성리더지원사업
- 봄빛장학재단, 개인기부_봄빛기금 장학사업
- 생명보험사회공헌위원회, 삼성생명, 사회복지공동모금회_다문화아동 외가방문 지원사업
- 하나금융그룹, 사회복지공동모금회_캄보디아 다문화가정자녀 외가방문 지원사업 Twinkle, Together Project
- J.P.Morgan_다문화&저소득층 여성창업지원사업 "My Future, My Business"
- 이씨엠디_다문화가정 자녀와 함께하는 Harmony Project
- 교육희망기금 상환금_아이가 안전하고 부모는 안심하는 마을 만들기
- 고사리손 캠페인, 김은하 기금_고사리손 기금사업

2018 ···

100인 기부릴레이 + 일반모금

- 장애여성 피해경험 재해석, 다른 삶의 전략 만들기 (장애여성공감_2년 지원사업)
- 성평등 의식 확산을 위한 여성인권 영화 보급 및 여성문화 인력 육성 (한국여성의전화_2년 지원사업)
- 경남 페미! 일.단.만.나! '경남페미! 일상의 단단한 페미니즘을 만나다!' (경남여성단체연합)
- 농촌×페미니즘+남성 '회오리와 친구들' (문화기획달)
- 서울국제여성영화제 〈아카이브 보라〉 디지털화 사업 (서울국제여성영화제)
- 모두를 위한 스포츠:2018 퀴어여성 생활체육대회 (언니네트워크)
- 실천하는 에코페미니스트 플랫폼을 위한 담론개발과 대중화 (여성환경연대)
- 여성의 섹슈얼리티 담론을 확장하라 (일다)

- 함께 만드는 대안 이력서: 여자들의 일 경험 되살리기·기록하기 (줌마네)
- 재생산권 확보를 위한 담론 확산 및 입법 방안 검토 (한국여성단체연합)
- 여성이 모이다, 몸을 깨우다 (BOSHU)
- 특명, 언니를 찾아랏! (BRIDGE)
- 전국 페미니스트 네트워크 강화사업 (범페미네트워크)
- #미투(MeToo)를 너머 #위드유(WithYou) 성평등한 사회로 (전북여성단체연합)
- 2018년 성차별·성폭력의 시대를 끝내기 위한 2018분 이어말하기 (한국여성단체연합)
- 성차별·성폭력 끝장집회-#미투로 바꿀 세상 우리가 만들자 (한국여성의전화)
- 미투 퍼포먼스 "미투, 세상을 부수는 말들" (성매매문제해결을위한 전국연대)

기획공모

- 365mc병원·의원, 서울사회복지공동모금회_여성이 안전한 세상 만들기 지원사업
- 100인 기부릴레이, 일반모금, 365mc병원·의원_#MeToo 지원사업
- 이케아코리아_양육미혼모 행복만들기 Mom-up project
- 연대여성치과의사회_양육미혼모 지원사업 With Mom Project
- 개인기부, 건강사회를 위한 치과의사회_엄마에게 희망을
- 고 이종욱 전 WHO 사무총장 추모기금_여성장애인 산전검진비용 지원사업 행복든든 고운맘
- 최명숙기금_여성활동가 암치료
- 교보생명_여성공익단체 역량강화지원사업 짧은 여행, 긴 호흡
- 아모레퍼시픽복지재단_공간문화개선사업
- 유한킴벌리_유한킴벌리 여성NGO장학사업
- 캐쉬SOS상환금_변화를 만드는 여성리더지원사업
- 봄빛장학재단, 개인기부_봄빛기금 장학사업
- 생명보험사회공헌위원회, 삼성생명_베트남 다문화아동 외가방문 지원사업
- 하나금융그룹, 사회복지공동모금회_캄보디아 다문화가정자녀 외가방문 지원사업 Twinkle, Together Project
- 풀무원푸드앤컬쳐_다문화가정 자녀와 함께하는 Harmony Project
- J.P.Morgan_다문화여성 경제적자립 지원사업 "My Future, My Business Ⅱ"
- 고사리손 캠페인, 김은하기금_고사리손 기금사업

100인 기부릴레이 + 일반모금

- 페미니스트 토크쇼 정·반·합: 세대별 페미니즘 운동, 종합을 향하다 (한국사이버성폭력대응센터)
- 페미니스트×2020 총선 "페미니스트 정치, 국회를 점거하겠습니다" (젠더정치연구소 여·세·연)
- 함께 만드는 대안 이력서2: 여자들의 일 경험 기록하기·공유하기 (줌마네)
- 스밈:곳곳에 스며드는 에코페미니스트들의 목소리 (여성환경연대)
- 여성, 영화로 만나다 (대구여성영화제)
- 페미니즘 리부트 이후, 페미니스트 ACTion 발굴 (일다)
- 성평등, 노동을 잇다 (창원여성회)
- 저출산 '위기' 담론 속에서 '위기'에 처한 여성의 권리 찾기:난임지원정책분석 및 정책 대안 제시를 중심으로 (한국여성민우회)
- 성평등 의식 확산을 위한 여성인권영화 보급 및 여성문화 인력 육성 (한국여성의전화)
- 장애여성 피해경험 재해석, 다른 삶의 전략 만들기 (장애여성공감)
- 난민 여성의 그림책 만들기 프로젝트 : 이야기책 (대구이주여성인권센터)
- 우리에겐 조금 먼 가족이 필요해 (보스턴피플)
- 스쿨미투가 학교를 바꾼다 (청소년페미니즘모임)
- 치맛바람라이더스 캠프아웃 (치맛바람라이더스)
- 〈불편한 연극〉 말하기·국가지원연극의 성평등성 모니터링 (성폭력반대연극인행동)
- 스물미투 부스터 — '담장을 부수다' (울산페미니즘기획단)
- 페미찾아삼만리 (행동하는 페미니스트)
- 디지털성폭력예방교육 대상별 강의안 및 인식개선 콘텐츠 개발사업 (안양나눔여성회)
- 제21회 서울국제여성영화제 쟁점포럼, '선을 넘는 남자들, 벽을 깨는 여자들:룸, 테이블, 클럽의 성정치'
- 페미시국광장 '다시 쓰는 정의, 검찰·경찰개혁 여자들이 한다' 〈이제는 강간죄다, 폭행·협박 증명요구 폐기하라〉 (한국여성단체연합)

기획공모

- 우리금융그룹_WOORI, 여성안심 불빛사업
- 개인기부, 건강사회를 위한 치과의사회_엄마에게 희망을
- 유한킴벌리_희망뱅크 기저귀 지원사업
- 개인기부_봄빛기금 장학사업

- 유한킴벌리, 해피빈모금_생리대 지원사업 '힘내라, 딸들아!'
- 현대자동차그룹_경력보유여성 마을버스기사 취업지원사업 여성일자리 W-ing
- 캐쉬SOS후원금_변화를 만드는 여성리더지원사업
- 아모레퍼시픽복지재단_공간문화개선사업
- 유한킴벌리_유한킴벌리 여성NGO장학사업
- 교보생명_여성공익단체 역량강화지원사업 짧은 여행, 긴 호흡
- 이케아코리아_양육미혼모 행복만들기 Mom-up project
- 연대여성치과의사회_양육미혼모 지원사업 With Mom Project
- J.P.Morgan_다문화여성 경제적자립 지원사업 "My Future, My Business Ⅱ"
- 고사리손 캠페인, 김은하기금_고사리손 기금사업
- 하나금융그룹, 사회복지공동모금회_캄보디아 다문화가정자녀 외가방문 지원사업 Twinkle, Together Project
- 주식회사 동서식품_다문화 한부모가족 역량강화 지원사업

여성의 미래를 펀딩하다
— 한국여성재단 20년의 기록

초판 1쇄 인쇄 2020년 7월 28일
초판 1쇄 발행 2020년 8월 3일

엮은이 한국여성재단
글쓴이 이혜경,홍미희,김은희,송다영,김영선,김엘리
펴낸이 유숙열

편집 조박선영
교정 이미현
마케팅 김영란
표지디자인 디자인멘토
본문디자인 미디어열다

펴낸곳 이프북스
등록 2017년 4월 25일 제2018-000108
주소 서울 은평구 연서로71 살림이 5층
전화 02.387.3432
이메일 ifbooks@naver.com
홈페이지 http://www.onlineif.com
페이스북 https://www.facebook.com/books.if/
인스타 https://www.instagram.com/if_book_s/
팟캐스트 http://www.podbbang.com/ch/9490

ISBN 979-11-90390-04-0 (03330)